本书由"兰州大学管理学院教师学术出版基金"资助

政府跨部门协同治理绩效损失问题研究

霍春龙 著

中国社会科学出版社

图书在版编目（CIP）数据

政府跨部门协同治理绩效损失问题研究/霍春龙著. -- 北京：中国社会科学出版社，2024.4

ISBN 978-7-5227-3441-5

Ⅰ.①政… Ⅱ.①霍… Ⅲ.①公共管理—行政管理—研究—中国 Ⅳ.①D63

中国国家版本馆CIP数据核字(2024)第073855号

出 版 人	赵剑英
责任编辑	王 琪
责任校对	杜若普
责任印制	张雪娇

出　　版	中国社会科学出版社
社　　址	北京鼓楼西大街甲158号
邮　　编	100720
网　　址	http://www.csspw.cn
发 行 部	010-84083685
门 市 部	010-84029450
经　　销	新华书店及其他书店
印　　刷	北京明恒达印务有限公司
装　　订	廊坊市广阳区广增装订厂
版　　次	2024年4月第1版
印　　次	2024年4月第1次印刷
开　　本	710×1000 1/16
印　　张	15
插　　页	2
字　　数	206千字
定　　价	78.00元

凡购买中国社会科学出版社图书，如有质量问题请与本社营销中心联系调换
电话：010-84083683
版权所有 侵权必究

序

我院青年教师霍春龙副教授的新作《政府跨部门协同治理绩效损失问题研究》马上要与读者见面了，我感到由衷地欣喜，表示热烈的祝贺。

之所以欣喜，因为这是一本系统研究政府绩效损失的专著，据我所知应该是学界第一本。在这一前沿领域深挖并产生系统研究成果，实属不易。

自公共行政学诞生以来，政府做什么和怎样做就成为其基本问题，政府的体制改革、职能职责体系的变革优化、政府的结构再造等都围绕这一基本问题而展开。那么，公共行政这一基本问题的逻辑和原则是什么呢？特别是在后现代背景和VUCA（易变性、不确定性、复杂性和模糊性）时代，这一问题更具有根本性和方向性。霍春龙的这本专著就是在这些背景下展开的研究。

《政府跨部门协同治理绩效损失问题研究》一书的亮点颇多：一是，本书在对跨部门协同治理绩效损失的界定基础上系统梳理了国内外学者的观点和研究成果，为这一前沿领域的深入研究打下了良好的基础。二是，根据基于公共价值的政府绩效治理理论（PV-GPG）的观点和理论进路，运用社会认知过程理论和组织协同治理过程理论构建了政府跨部门协同治理绩效损失研究的理论框架，系统运用案例研究方法和编码技术构建政府跨部门协同绩效生产过程模型，并用该理论模型阐释了跨部门协同治理绩效损失的影响因素和内在机理，为减少政府跨部门协同治理绩效损失提供了学术理论依据。三是，在对政府跨部门协同治理绩效损失概念分析的基础上，对政府跨部门协同治理绩效损失的测度进行探讨，并提出了衡量标准和测度方法。四是，从微观与宏观结合的层面，就政府跨部门协同治理绩效损失的治理提出改进路径和方向，在政府跨部门协同治理中，从公共政策、公共服务要素等方面为减少绩效损失提供理论和方法论方面的指导。这对促进国家治理体系和治理能力现代化建设，促进高质量发展尤为关键。

当然，作为一本创新的探险之作，还有进一步深入的空间。比如，对诸如政府跨部门协同治理绩效损失界定、政府跨部门协同治理绩效损失产生流程的分析，因理论视角切入的多样性等原因，还有进一步专门研究的必要。

总之，霍春龙这部著作在学术和政府改革实践层面都具有重要的价值，为政府绩效治理理论大厦添砖加瓦做出了贡献，也为这一领域的研究开拓了新的路径。希望霍春龙在这一领域深耕细作，不断贡献新成果。

包国宪
2024 年 1 月于金城开鉴庐

目　　录

第一章　绪论 …………………………………………………（1）
　　第一节　研究背景与问题的提出 ……………………………（1）
　　第二节　研究贡献 ……………………………………………（15）
　　第三节　相关文献述评 ………………………………………（18）
　　第四节　研究设计 ……………………………………………（43）

第二章　核心概念界定与参照理论 …………………………（51）
　　第一节　核心概念界定 ………………………………………（51）
　　第二节　理论基础与参照理论分析框架 ……………………（77）

第三章　政府跨部门协同治理绩效损失的产生过程 ………（88）
　　第一节　研究问题的提出 ……………………………………（88）
　　第二节　案例研究设计 ………………………………………（90）
　　第三节　政府跨部门协同治理绩效损失产生过程的编码
　　　　　　呈现与理论模型 ……………………………………（97）
　　第四节　小结 …………………………………………………（117）

**第四章　政府跨部门协同治理绩效损失的影响因素及
　　　　　社会心理机制** ………………………………………（119）
　　第一节　研究问题的界定与研究方法 ………………………（119）

第二节 政府跨部门协同治理绩效损失产生的影响
因素…………………………………………… （121）
第三节 政府跨部门协同治理绩效损失影响因素的
社会心理机制………………………………… （143）
第四节 政府跨部门协同治理绩效损失产生的影响
因素与社会心理机制的理论模型…………… （153）
第五节 小结…………………………………………… （157）

第五章 减少政府跨部门协同治理绩效损失的对策………… （159）
第一节 树立政府跨部门协同治理绩效生产的正确
绩效观………………………………………… （160）
第二节 培养政府跨部门协同治理绩效生产所需的
复杂性思维…………………………………… （164）
第三节 构建跨部门协同治理绩效生产的利他协同
共生环境……………………………………… （169）
第四节 提升政府跨部门协同治理绩效生产的协同
能力…………………………………………… （174）
第五节 运用智能技术实现政府跨部门协同的组织
流程再造……………………………………… （180）
第六节 加大政府跨部门协同治理绩效生产的政治
资源保障……………………………………… （184）
第七节 小结…………………………………………… （189）

附 录………………………………………………………… （192）

参考文献……………………………………………………… （220）

后 记………………………………………………………… （232）

第一章

绪　论

第一节　研究背景与问题的提出

一　研究背景

（一）政府所面临的公共事务日趋复杂

高度的复杂性和不确定性是我们这个时代的基本特征①。造成政府公共事务日趋复杂的主要因素有以下几个。

首先，市场经济发展的流动性特质是造成政府公共事务日趋复杂的根源。齐格蒙特·鲍曼指出现代性正在从"固体"阶段向"流动"阶段过渡②。改革开放以来，特别是社会主义市场经济体制的确立及其不断发展打破了原有制度的束缚。本质上说，市场经济要求人、财、物等市场要素的自由流动。据国家统计局公布的《第七次全国人口普查公报（第七号）》显示：全国人口中，人户分离人口为492762506人，其中，市辖区内人户分离人口为116945747人，流动人口为375816759人。流动人口中，跨省流动人口为124837153人，省内流动人口为250979606人。与2010年第六次全国人口普查相比，人户分离人口增加231376431人，增长88.52%；市

---

① 张康之：《走向合作的社会》，中国人民大学出版社2015年版，第2页。
② ［英］齐格蒙特·鲍曼：《流动的时代：生活于充满不确定性的年代》，谷蕾、武媛媛译，江苏人民出版社2012年版，第1页。

辖区内人户分离人口增加 76986324 人，增长 192.66%；流动人口增加 154390107 人，增长 69.73%[①]。流动性增加了人与人、组织与组织、地区与地区，乃至国家与国家之间的联系，鲍曼指出，在一个资本与商品自由流动的星球上，任一地方所发生的事必然对其他地方人民的生活方式产生影响[②]。较之传统社会经济体制，流动性必然造成既有经济和社会体制的无序性和不确定性。

其次，信息社会的出现也增加了社会的不确定性和复杂性。卡斯特很早就预见人类社会将进入网络社会[③]。网络社会对当代社会造成的影响大致表现在两个方面：一方面，网络社会的开放性和共享性特征造就了互联互通，连接成为网络社会的基本需要，连接比拥有更重要[④]。网络社会的开放性和连接性特征打破了传统社会信息传递的壁垒，形成了碎片化的、跨区域的小团体。这无疑增加了社会的不确定性和复杂性。另一方面，如果说现代社会的流动性造就了陌生人社会，那么随着移动互联网和智能移动设备的普及，人类社会就进入了匿名社会[⑤]。信息化带来的多元力量，造就了多样的利益团体[⑥]。而匿名社会的出现，给这些利益分歧提供了开放的平台。在政府规制缺失的情况下，有可能放大"恶"的一面，对社会政治经济秩序形成挑战。

最后，在流动性和信息技术的双重作用下，社会生活出现了加速的特征，其具体表现为科技加速、社会变迁加速和生活步调加

[①] 《第七次全国人口普查公报（第七号）》（http://www.stats.gov.cn/tjsj/tjgb/rkpcgb/qgrkpcgb/202106/t20210628_1818826.html，2022 年 12 月 31 日）。

[②] [英] 齐格蒙特·鲍曼：《流动的时代：生活于充满不确定性的年代》，谷蕾、武媛媛译，江苏人民出版社 2012 年版，第 7 页。

[③] [美] 曼纽尔·卡斯特：《网络社会的崛起》，夏铸九、王志弘译，社会科学文献出版社 2001 年版，第 1—4 页。

[④] 陈春花：《价值共生：数字化时代的组织管理》，人民邮电出版社 2021 年版，第 21 页。

[⑤] 张康之：《社会治理的经络》，社会科学文献出版社 2020 年版，第 32 页。

[⑥] 罗家德：《复杂：信息时代的连接、机会与布局》，中信出版社 2017 年版，第 22 页。

速①，这种社会生活的变化给人类制造了新的时空生活体验、新的生活互动模式以及新的主体模式，同时也造成了社会病态和人类的痛苦、不满②。

总之，当代社会所呈现的高度复杂性和不确定性必然反映为人民群众在利益、价值等方面的多元诉求。党的十九大报告提出"以人民为中心"的发展要求，要做到这一点，政府必须有效回应人民群众的多元诉求，政府所面临的公共事务必然呈现复杂性和不确定性的特点。

(二) 治理实践呼唤政府部门间协同治理

当代社会公共问题的高度复杂性和不确定性特征客观上要求政府做出有效的回应。在中国情境下，社会复杂性和不确定性是随着改革开放的不断发展而产生并不断发展的，同样，政府对复杂性和不确定性的应对也在逐步深化，具体表现为政府机构改革过程中政府职能的改革与重组。改革开放初期，为了适应经济体制改革的要求，政府机构的数量逐渐减少，并由专业化向综合化转变③。中国加入WTO后，1998年政府机构改革在机构数量和机构职能整合方面的步伐较大，比如政府行政机构的数量减为29个。进入21世纪，为了进一步适应市场机制作为资源配置基础作用的要求，以及应对因过度重视经济发展而导致的种种社会问题，比如三大差距（东西部差距、城乡差距和贫富差距）拉大而产生的社会不公现象，再如生态环境破坏严重等社会问题，2008年启动了新一轮政府机构改革，即"大部制"改革。"大部制"改革的要义是将政府职能相近、业务范围类似的机构进行整合，以此避免多头管理，提升效率。"大部制"改革的最终指向是，面对政府公共事务的复杂性和

---

① ［德］哈特穆特·罗萨：《新异化的诞生：社会加速批判理论大纲》，郑作彧译，上海人民出版社2018年版，第13页。

② ［德］哈特穆特·罗萨：《新异化的诞生：社会加速批判理论大纲》，郑作彧译，上海人民出版社2018年版，第64页。

③ 陈俊星：《论中国"大部制"改革的基础》，《社科纵横》2009年第3期。

不确定性，必须进行职能整合。然而，有学者指出"大部制"改革的效用有限，"大部制"改革聚焦政府职能结构的调整，并不能解决合并后政府运作机制的问题[①]。党的十八大以来，中共中央提出了统筹推进"五位一体"总体布局、协调推进"四个全面"战略布局的要求，因此需要从顶层设计上进一步推动政府机构改革。党的十九大适时提出了推进国家治理体系和治理能力现代化的要求。2018年，党的十九届三中全会审议通过了《中共中央关于深化党和国家机构改革的决定》，针对党政机构设置和职能配置不完善、不健全的现象，提出了以推进党和国家机构职能优化协同高效为着力点的改革方向。党的十九届四中全会审议通过了《中共中央关于坚持和完善中国特色社会主义制度 推进国家治理体系和治理能力现代化若干重大问题的决定》作为新一轮政府改革的纲领性文件。习近平总书记在关于《中共中央关于坚持和完善中国特色社会主义制度 推进国家治理体系和治理能力现代化若干重大问题的决定》的说明中指出，相比过去，新时代改革开放具有许多新的内涵和特点，其中很重要的一点就是制度建设分量更重，改革更多面对的是深层次体制机制问题，对改革顶层设计的要求更高，对改革的系统性、整体性和协同性要求更强，相应地建章立制、构建体系的任务更重[②]。总之，通过对改革开放以来政府机构改革历史的梳理，我们可以发现，政府部门间协同是政府治理实践的内在要求，是统筹推进党和国家战略的必然选择，也是保证党的全面领导的必然要求。

（三）政府绩效观念的广泛传播与共识

绩效一直都是公共行政发展的主题之一。随着新公共管理运动

---

① 周志忍：《"大部制"：难以承受之重》，《中国报道》2008年第3期。
② 《习近平谈治国理政》（第三卷），外文出版社2020年版，第112页。

的出现和发展，政府绩效观念从隐性向显性转变[①]，政府绩效管理理念在世界各国广泛传播。中国现代意义上的政府绩效考评缘起于20世纪80年代的目标责任制。当时，实施目标责任制的目的在于有效落实"以经济建设为中心"的国家战略要求。进入20世纪90年代，随着西方新公共管理运动的理论与实践经验被介绍到我国，我国地方政府开始探索政府绩效评估实践，比如山东烟台的"社会服务承诺制"、福建漳州的"效能政府建设"。进入21世纪，中国政府绩效评估理论与实践获得了较大发展，一方面，学者们开始系统地介绍并研究政府绩效评估的理论；另一方面，政府绩效评估实践从地方探索向国家顶层设计转变。2011年，《关于开展政府绩效管理试点工作的意见》就政府绩效管理在各级政府的实践进行指导。2012年，党的十八大报告明确提出"推进政府绩效管理"的要求。2018年，中共中央、国务院又出台了《关于全面实施预算绩效管理的意见》。这些陆续出台的政府文件表明，实施政府绩效管理已经成为国家顶层设计的要求。在组织层面上，2011年，国务院批准建立政府绩效管理工作部际联席会议制度，联席会议办公室设在监察部。通过上述中国政府绩效评估实践发展的历史可以看出，政府绩效管理始终是落实国家战略规划、重大政策的抓手，是党和国家战略方针有效落实的需要。

总之，如何提升政府跨部门协同治理绩效不仅是当前各级政府迫切需要解决的重要问题，同时也是治理理论所关注的前沿问题。21世纪以来，在全球化和互联网的双重刺激下，后工业社会的特征日趋凸显，人类社会呈现出高度的复杂性、不确定性和冲突性，进入VUCA（易变性、不确定性、复杂性和模糊性）时代。在VUCA时代，人类需要通过"共生共在"应对复杂性和不确定性带来

[①] 霍春龙、包国宪：《论公共行政发展过程中的绩效范式变迁及其演化规律》，《兰州大学学报》（社会科学版）2018年第4期。

的挑战。为了人类的共生共在,迫切需要走向合作的社会[①],公共服务和公共产品的供给客观上需要通过合作生产[②]来实现。在此背景下,作为社会系统中重要主体的政府所应对的公共问题更棘手,客观上需要打破政府部门的界限,以政府跨部门协同应对日益复杂的、不确定的和冲突性的公共事务。随着中国改革开放进入深水区,中国的社会结构、利益结构发生了深刻变革,社会公共问题的复杂性、不确定性和冲突性增加。为了应对这些棘手问题,中国政府实施了精准扶贫战略、区域经济一体化战略、生态型政府战略等。这些战略布局的实现也迫切需要政府跨部门协同作战。然而,在体制和利益因素的影响下,科层制模式下的部分政府部门仍然固守碎片化的科层制治理模式,政府跨部门协同治理绩效损失较高。就世界政府改革的趋势以及中国政府当下的治理实践之需求而言,如何有效减少政府跨部门协同治理绩效损失是一个亟待解决的难题。

通过上述对本书研究背景的分析和梳理,我们可以发现:(1) 政府跨部门协同治理需要日益增多。改革开放以来,特别是在新时代背景下,区域经济一体化、大规模城市群的发展,以及一系列国家重大战略的落实(比如乡村振兴战略、生态环境建设等)客观上要求加强政府跨部门协同,换言之,政府跨部门协同的需求日益增多,且对跨部门协同需求满足程度的高低(政府跨部门协同治理绩效的高低)直接关系着国家重大战略能否有效实现。(2) 在绩效管理被广泛应用的背景下,正确的绩效观提示我们思考政府跨部门协同治理绩效的生产问题。因此,本书将中国情境下的政府跨部门协同治理绩效生产过程作为研究对象,从绩效损失的视角分析政府跨部门协同治理绩效损失的产生过程、影响因素与发生机制。

[①] 张康之:《走向合作的社会》,中国人民大学出版社 2015 年版,第 1—10 页。

[②] Victor Pestoff, Taco Brandsen, Bram Verschuere, *New Public Governance, The Third Sector, and Co-Production*, Routledge, 2012, pp. 1 – 13.

二 研究问题的提出与界定

（一）研究问题的提出

1. 绩效社会的来临

人类进入工业社会以来，特别是20世纪以来，在新自由主义政治思潮的影响下，在工具理性主导的社会范式中，社会按照生产导向和经济发展导向的逻辑运转，因而，"持续增长"是人类社会的普遍追求。市场从社会领域中脱嵌，并逐渐形成了市场社会。在市场社会中，通过竞争提升绩效的观念深入人心，人们为了实现无休止增长的目标，必须通过某种管理手段实现持续竞争，这种管理手段就是绩效管理。绩效管理通过对组织目标的层层分解形成指标，然后将这些绩效指标分包给下级组织及各组织内个体，并以绩效评估的方式将组织或个体所实现的绩效进行差异化区分，最后以差异化的绩效结果对组织或个体进行正向激励或惩罚。可见，绩效管理是上级组织有效控制和引导下级组织或个体的管理工具，也是推动政府绩效实现的工具。

马克斯·韦伯在理想官僚制组织模式的理论设想中提出运用功绩制（merit）来实现对组织人员的激励，并以个人功绩作为其获得晋升资格和增加薪酬的标准。随着官僚制模式在全球普及，一个以绩效作为控制手段的绩效社会得以形成。在绩效社会中，统治者通过绩效管理的手段激励组织和组织内个体，在这一激励机制下，组织和组织内个体要生存抑或要获得丰厚的收入，改善组织和组织内个体的生存境况，就需要不断提高绩效。继而社会上的所有行动者都必须通过不断增加绩效来获得自身存在的合法性[1]，这意味着行动者必须不断通过自我剥削、自我管理、自我激励来实现个人绩效，从而获取合法性。因此，韩炳哲认为21世纪不再是规训社会，

---

[1] 张乾友：《绩效合法性与行政哲学的可能性》，《公共管理与政策评论》2019年第2期。

而是绩效社会①。

2. 绩效管理的异化与绩效生产的正义性转向

通过对绩效社会的形成和运行规则的分析和描述,我们可以发现,绩效社会是以结果为导向的社会,换言之,在绩效社会中绩效是资源获取或分配的重要机制之一,绩效是组织和个人获得存在合法性的重要依据。绩效社会的初期,绩效管理手段确实提升了组织或组织内个体的效率,同时绩效作为资源配置的机制也打破了按照资历进行资源配置的方式,有利于分配公平。

韩炳哲认为,绩效社会中存在精神暴力,即组织内的个体为了得到更好的绩效需要不断压榨自己才能在竞争中获胜。在市场化的社会背景下,不断增长的指标和无休止的过度竞争,使得绩效主体不得不加速前进,像时钟一样无休止地循环,进而超出自身的能力产生疲倦、焦虑、倦怠和抑郁等症状②。如何理解绩效社会的绩效异化现象?换言之,我们是否可以因为绩效社会中出现的"社会病"而否定绩效管理的积极价值?

诚然,在绩效社会中,人们会片面地放大绩效管理的工具性价值,将其作为控制下级的工具,上级的指标是一种强制性的目标,下级只能在"上级指定的绩效"与"非上级指定的绩效"中进行选择,忽略了绩效来源的多样性原则,导致了绩效管理的异化。所谓绩效管理异化,是指绩效管理旨在提升组织目标、实现人们的幸福,但在绩效管理实践中却走向了其反面,成为实现组织目标的障碍,同时也不利于组织内成员幸福感的提升。在组织管理中,不能否认,上级绩效指标逐年增长确实给下级造成了巨大的压力,更严重的是这些压力超出了下级的承受能力而使他们产生了心理上的

---

① [德] 韩炳哲:《倦怠社会》,王一力译,中信出版社 2019 年版,第 15 页。另,在中文翻译中,也有学者将"绩效社会"翻译成"精英社会",在本书中我们取"绩效社会"这个翻译,以此表示当代社会以绩效作为资源分配机制。

② [德] 韩炳哲:《倦怠社会》,王一力译,中信出版社 2019 年版,第 15—20 页。

病症。

然而，我们认为，不能因此完全否定绩效管理的积极价值。马克思和恩格斯在《德意志意识形态》中指出：我们首先应当确定一切人类生存的第一个前提，也就是一切历史的第一个前提，即人们为了能够"创造历史"，必须能够生活。但是为了生活，首先就需要吃喝住穿以及其他一些东西①。马克思和恩格斯的这一经典论述证明了劳动与人的关系，即人类的生存和发展离不开劳动，劳动能创造人类生存和发展所必需的全部物质条件和精神条件。既然人类的生存和发展离不开劳动，就不能否认绩效管理在促进劳动效率方面的积极作用。

那么我们该如何理解绩效管理的异化现象呢？我们认为，绩效管理异化本质上是人类片面的工具性思维造成的社会现象，其潜在的含义是，上级设定的绩效目标与组织内个体的能力和组织使命相违背。因此我们需要超越绩效管理的工具性思维，把关注的焦点转移到绩效生产以及绩效目标和手段的合法性上来。换言之，现代社会关注组织绩效，也试图通过绩效管理的手段推动组织绩效的提升。然而，过度的绩效管理的工具主义思维不仅不利于组织绩效的提升，反而造成了社会心理疾病。但不能因为绩效管理的异化而反对追求绩效，绩效是人类劳动的体现，也是人类生存价值的体现，我们需要通过绩效生产的合理性转向克服绩效管理的异化现象。具体来说，绩效管理工具性思维只看重绩效结果而忽视绩效生产过程的公正性以及绩效来源问题。因此，有必要将绩效结果与绩效生产统一起来，以绩效主体的共同生产和价值共创实现绩效结果。

3. 绩效社会中的政府绩效生产过程

上文我们论证了绩效社会中绩效管理的异化客观上要求超越绩效管理的工具性思维，将关注焦点转移到绩效生产过程的合理性和

---

① 《马克思恩格斯选集》（第一卷），人民出版社2012年版，第158页。

正当性上。同样，在政府绩效管理的实践中，我们也需要超越工具性思维，将政府绩效管理的焦点放在公共价值和公共价值的生产之上[①]。从研究背景的分析中可以发现，在后工业社会和数字社会，协同治理是政府应对复杂性和不确定性的重要举措，因而协同治理绩效直接关乎政府解决公共问题的能力。绩效是公共行政发展过程中永恒的主题[②]，可以说政府对绩效的追求和关注是理解政府行动的公因子。以往的公共行政理论重点关注如何处理社会公共问题以及由之而来的政府行为过程，韦伯理性官僚制模型通过将功绩制引入官僚制组织来提升组织个体的绩效，新公共管理运动以来运用政府绩效评估这一工具性手段来实现行政效率，然而很少有人关注政府的绩效是从何而来的这一根本问题。因此我们可以尝试从绩效生产的角度发现和理解公共行政的本质。按照马克思主义的观点，满足自身需要的动机促使人们从事生产活动[③]。马克·莫尔提出政府应该创造公共价值。按照莫尔的观点，政府创造公共价值行动本质上是"非物质"价值的生产过程，换言之，是政府生产公共服务或公共产品的过程。总之，我们认为，政府绩效生产过程是分析和理解公共管理的公因子，正是对政府绩效生产过程的关注才引发了我们对政府绩效损失的研究。

4. 政府跨部门协同治理实践的需要与政府绩效合作生产

从世界各国的政府治理改革实践趋势来看，政府跨部门协同治理作为一种解决复杂性和不确定性的有效工具已经成为实务界和学术界的共识[④]。就我国而言，2022年10月，国务院办公厅印发了

[①] 包国宪、王学军：《以公共价值为基础的政府绩效治理——源起、架构与研究问题》，《公共管理学报》2012年第2期。

[②] 霍春龙、包国宪：《论公共行政发展过程中的绩效范式变迁及其演化规律》，《兰州大学学报》（社会科学版）2018年第4期。

[③] 王浦劬：《利益政治分析的模型建构》，《政治学评论》2022年第2期。

[④] Scott Douglas, Chris Ansell, "Getting A Grip on the Performance of Collaborations: Examining Collaborative Performance Regimes and Collaborative Performance Summits", *Public Administration Review*, Vol. 81, Issue 5, 2021.

《国务院办公厅关于加快推进"一件事一次办"打造政务服务升级版的指导意见》[1]，提出强化部门间业务协同、系统联通和数据共享，对业务流程、办理要素、申报方式、受理方式、联办机制、出件方式等进行优化，大幅减时间、减环节、减材料、减跑动，实现多个事项"一次告知、一表申请、一套材料、一窗（端）受理、一网办理"。同时，国务院办公厅还印发了《国务院办公厅关于扩大政务服务"跨省通办"范围进一步提升服务效能的意见》[2]。在这两份意见中，可以发现，加强政府跨部门协同治理已经成为中央政府应对复杂环境的重要举措，政府职能的协同需求日益增多。然而，在政府跨部门协同需求日益增长的同时，其实践效果却不尽如人意，诚如我国学者周志忍[3]所言，"大部制"改革并不能承受人们的期待；虽然我国从中央到地方都通过建立"领导小组"、议事协调机构等推动政府跨部门协同治理，但各级政府间开展跨部门协同治理依然面临许多问题和困难[4]。此外，在公共政策制定、公共政策执行以及公共服务供给过程中存在大量的政府跨部门协同失灵现象[5]。

综上所述，在政府治理实践情境中，存在着协同治理需求日益增多与协同失灵之间的矛盾。因此，自党的十八大以来，政府职能协同高效成为国家治理体系和治理能力现代化的重要内容之一。从政府绩效管理角度而言，我们将政府跨部门协同治理过程看作政府跨部门协同治理绩效生产过程。基于此，我们将协同治理需求日益增多与协同治理绩效不高所导致的协同失灵现象理解为协同治理绩

---

[1] 《国务院办公厅关于加快推进"一件事一次办"打造政务服务升级版的指导意见》（http://www.gov.cn/zhengce/content/2022-10/03/content_5715693.htm，2022年12月13日）。

[2] 《国务院办公厅关于扩大政务服务"跨省通办"范围进一步提升服务效能的意见》（http://www.gov.cn/zhengce/content/2022-10/05/content_5715850.htm，2022年12月13日）。

[3] 周志忍：《"大部制"：难以承受之重》，《中国报道》2008年第3期。

[4] 赖先进：《论政府跨部门协同治理》，北京大学出版社2015年版，第90页。

[5] 蒋敏娟：《中国政府跨部门协同机制研究》，北京大学出版社2016年版，第112—145页。

效损失问题。那么，如何解释政府协同治理绩效生产过程中协同治理绩效损失较高的现象？鉴于政府跨部门协同治理绩效损失问题是基于中国公共管理实践①所产生的困惑或难题，并且政府跨部门协同治理绩效损失与政府跨部门协同治理失灵现象有着相似的特征，因此我们需要对本书研究问题及研究问题的合理性做出阐释和界定。

在中国政府跨部门协同治理实践需求和学术理论研究需要的双重驱动下，实务界和理论界人士已经认识到政府跨部门协同治理的重要性。通过研究背景的分析和梳理，我们可以得出如下结论：在数字社会，政府组织内或组织间的协同是效率的重要来源，而系统整合效率将更加依赖组织内或组织间协同治理来实现②。习近平总书记在深化党和国家机构改革总结会议上指出，完成组织架构重建、实现机构职能调整，只是解决了"面"上的问题，真正要发生"化学反应"，还有大量工作要做③。这有两个深层含义，即一方面政府跨部门高效协同是未来行政改革的重要内容之一；另一方面，当前政府跨部门协同治理绩效不高，存在绩效损失。通过文献检索，国内外学者对协同治理的意义、过程和机制④等议题的研究较多，然而，从绩效视角研究政府跨部门协同治理的研究成果较少，从绩效损失角度研究政府跨部门协同治理的研究成果更少。基于此，如何解决政府跨部门协同治理绩效损失问题就成了公共管理学界的重大课题。为了分析和解释政府跨部门协同治理绩效损失问题，首先就必须界定何谓政府跨部门协同治理绩效损失。其次，还需要研究政府跨部门协同治理绩效损失的产生过程、影响因素及其

---

① 何艳玲：《指向真实实践的中国行政学研究：一个亟待关注的问题》，《中国行政管理》2009 年第 8 期。

② 陈春花、朱丽：《协同：数字化时代组织效率的本质》，机械工业出版社 2019 年版，第 23 页。

③ 《习近平谈治国理政》（第三卷），外文出版社 2020 年版，第 106 页。

④ 王浦劬、臧雷振编译：《治理理论与实践：经典议题研究新解》，中央编译出版社 2017 年版，第 302—329 页。

作用机理。最后，还应研究如何在中国情境下提升政府跨部门协同治理绩效。

（二）研究问题界定

从绩效损失视角研究政府跨部门协同治理绩效问题的重点并不是对政府跨部门协同治理绩效损失进行评估，而是运用社会心理学、公共管理学、政治学等理论，将政府跨部门协同治理绩效的生产过程作为重点研究对象，以提升政府跨部门协同治理绩效为目标，分析政府跨部门协同治理绩效损失的产生过程、影响因素以及影响因素的作用机理。为了更好地展开研究，客观上需要进一步界定研究问题，比如研究单位的界定、研究对象、研究范围等，具体来说有以下几个方面。

1. 研究单位的界定

本书的研究单位是政府部门。所谓政府部门是指具有政府行政权力的组织机构。按照科层制的运作原理，政府公共事务的实施最终落实到部门；根据公共事务的复杂程度，其实施或者由某个部门单独实施，或者由某个部门牵头，多个部门协同完成。因此，我们将政府部门作为研究单位分析其在完成复杂性、综合性公共事务（比如生态环境保护以及政府综合性改革等）过程中所产生的协同治理行为。

2. 研究对象

所谓政府跨部门协同治理绩效生产过程，是指在复杂和不确定环境下，为了有效回应公众需求，由两个以上的政府职能部门围绕共同目标所开展的协同治理行动的过程。其最终目的是实现公共价值。本书主要分析政府跨部门协同治理绩效损失的产生过程、影响因素以及其作用机理。而协同治理绩效损失产生于协同治理绩效生产过程之中，因此，我们的研究对象是政府跨部门协同治理绩效生产过程。按照政府绩效生产理论，政府跨部门协同治理绩效生产过程包括协同治理绩效需求表达—协同治理绩效计划—协同治理绩效目标—协同治理绩效制度安排—协同治理绩效制度执行—协同治理绩效结果六个环节。从这六个环节，我们可以看出，协同治理绩效生产过程本质上与协同治理过程是同一过程。按照协同治理过程理论，协同治理源起于政府部门之间的依赖（协同需求），通过协商、谈判等方式制定协同计划并明确协同目标，继而制定协同制度安排并产生协同行动，最后实现协同目标。

3. 研究范围

在政府跨部门协同治理过程中，跨部门所涵盖的范围实际上非常广泛。按照政府组织结构理论，可以分成政府部门的横向协同和政府部门的垂直协同。在政府跨部门协同治理实践过程中，很多公共事务包括横向和纵向两个维度，比如ZJ省LS市机关内部"最多跑一次"改革案例，这个改革不仅涵盖政府横向部门如财政局、人社局、大数据管理局等，还包括垂直部门如LS市所辖QT县"跑改办"、LQ县"跑改办"、SC县"跑改办"等。同样，在SX省XZ市"随手拍"平台案例中，其所涵盖的政府部门既包括XZ市委宣传部、XF区政府办、自然环境局、公安交警等横向部门，也包括XZ市政府下辖各区县。由于在政府跨部门协同治理实践过程中，综合性的公共事务的治理遵循"项目"原则，比如ZJ省LS市机关内部"最多跑一次"改革就是一个项目。因此，本书中的政府跨部门协同既包括政府横向部门协同，也包括政府纵向部门协同。

在研究过程中，我们也意识到这种对政府部门跨度广泛的研究策略存在风险，即政府横向跨部门协同治理绩效损失的影响因素与政府纵向跨部门协同治理绩效损失的影响因素可能是不同的。的确，按照科层制的赋权逻辑，在政府横向跨部门协同与纵向跨部门协同过程中，由于权力、责任配置和资源禀赋不同，的确可能存在协同动机的不同，然而，我们的研究是以"项目"为主，根据调研，在同一个项目背景下，横向跨部门和纵向跨部门的协同因素有很多是相同的。所以，我们最终还是将政府横向跨部门和纵向跨部门的协同都纳入了研究范围。

第二节 研究贡献

针对如何解释政府跨部门协同治理绩效损失的产生过程、影响因素及其作用机理等问题，本书运用社会心理学、公共管理学、政治学等理论分析政府跨部门协同治理绩效损失问题，既具有理论价值，也具有实践意义。

一 理论价值

（一）拓展了政府绩效治理理论的范围

自新公共管理运动以来，关于政府绩效的研究历经政府绩效评估、政府绩效管理和政府绩效治理三个主题。就具体研究内容而言，也体现了从宏观到具体、由表及里的研究规律。概言之，当前政府绩效管理领域的研究可以分成两条路径：一条路径是基于政府绩效管理领域的发生、发展等问题而展开的研究，比如早期对政府绩效评估的价值、主体、指标以及功能的研究；在政府绩效管理研究领域，对政府绩效管理的内容、政府绩效管理的反馈，对政府绩效管理的可持续性、中国政府绩效管理制度变迁等内容的研究。另一条路径则是将如何提升政府绩效作为研究目标，研究政府绩效生产过程。根据已有文献，当前对后一种路径的研究成果较少，然而，在党的十九大提出将国家制度优势转化为治理效能的背景下，这一路径显得尤为重要。就本书的研究对象即政府跨部门协同治理绩效的生产过程而言，据现有文献，还鲜有人对政府跨部门协同治理绩效损失进行研究，因此，从这一角度来说，本书无论是从研究的视角还是从研究的对象而言，都是对政府绩效治理理论的丰富与拓展。

（二）有助于政府协同治理理论的丰富和拓展

尽管国内外对政府跨部门协同治理的研究成果日渐增多，但大多数研究都集中在跨部门协同的价值、跨部门协同的过程与机制以及跨部门协同的模式等方面。从绩效生产角度分析和解释政府跨部门协同治理的研究成果则较少。当前经济社会背景下，政府跨部门协同是解决重要公共问题的手段，这已经成为理论界和实务界的共识[①]。这就是说，政府跨部门协同治理绩效已经成为衡量政府治理水平的重要指标之一，而提升政府跨部门协同治理绩效则成为提升政府治理水平的关键性因素。因而，我们可以说，解决政府跨部门协同治理实践的难题迫切需要研究政府跨部门协同治理绩效生产过程，也即以绩效损失视角分析和研究政府跨部门协同治理绩效生产过程。这无疑是对政府跨部门协同治理理论视角的拓展。

（三）构建了政府跨部门协同治理绩效损失产生过程和机理的理论模型

本书运用社会认知理论分析政府跨部门协同治理绩效损失的产生过程。通过案例研究法分析了政府跨部门协同治理绩效损失产生过程，运用社会认知过程理论和跨部门协同过程理论分析了政府跨部门协同治理绩效损失产生的三种过程，继而运用社会心理学的认知理论、判断偏差理论（包括损失厌恶、刻板印象、易得效应、禀赋效应和当下偏差等）、噪声理论（主要是情境噪声）分析了政府跨部门协同治理绩效损失产生的微观机理，并最终建构了政府跨部门协同治理绩效损失产生过程和发生机理的理论模型。

---

① 理论界的共识可以从已有研究文献中发现。实务界的共识体现在政府机构改革的思路上，从"大部制"改革到党的十八大以来提出"职能协同"的具体要求，都体现了实务界对协同治理的共识。

二 实践意义

(一) 为政府跨部门协同治理实践提供政策建议

党的十九届三中、四中、五中和六中全会都提出将政府机构职能优化协同高效作为政府行政改革的主要目标。这说明，在建设现代国家治理体系和提升现代国家治理能力的过程中，存在政府职能协同不力，政府职能之间的协同需求与实际协同行动效果差距较大，政府部门职责不清、相互推诿等问题。事实上，随着数字时代和智能时代的来临，政府面对的公共问题更复杂，因此政府部门之间的协同需求日益增加。实践需求呼唤着理论回应，近几年关于政府跨部门协同治理的研究成果日益增多。从当前研究文献来看，大部分都是关于政府跨部门协同治理的价值、机制的研究，这些研究成果的特点是对政府跨部门协同治理的"正向研究"，而从绩效损失角度即"反向研究"的成果较少。基于此，本书可以为政府改进跨部门协同治理提供一些政策建议。

(二) 能够帮助提升政府跨部门协同治理的能力

提升治理能力既是政府应对公共问题挑战的客观要求，同时也是政府自身发展的内在逻辑要求。从当前中国政府治理实践来看，碎片化的制度障碍、观念障碍和利益障碍导致政府治理能力不足。从国外发达国家的治理经验以及中国部分政府治理改革创新经验来看，必须改变碎片化的科层制治理模式，走向协同治理模式。政府跨部门协同治理本质上体现的是系统性思维、整体性思维和关系性思维，是整体性政府理论在实践中的应用。本书试图从政府跨部门协同治理绩效损失的视角分析如何发挥各部门的业务资源优势，涵养部门差异基础之上的整体性和系统性的复杂性思维，减少政府部门各自为政带来的治理成本增加的压力，对提高政府部门绩效，对提高政府部门的公共服务水平、质量和效率具有重要的实践意义。

(三) 能够帮助提升政府治理效能

党的十九届四中全会提出了如何将制度优势转化为国家治理效

能这一命题。政府治理效能是国家治理效能的重要组成部分,政府治理效能的提升对国家治理效能的提升具有至关重要的影响。按照上面的论证,当前束缚政府治理效能的根本因素之一就是政府部门之间缺乏有效的职能协同。如果上述判断成立的话,从绩效损失视角分析政府跨部门协同治理问题的实践价值不言而喻。通过对政府跨部门协同治理绩效损失问题的理论研究,从学理上分析政府跨部门协同治理绩效损失产生的过程、影响因素与其作用机理等问题,就可以理解为何当前政府跨部门协同治理不畅,从而为政府部门提高治理效能提供可能。

第三节 相关文献述评

从相关知识谱系来看,政府跨部门协同治理绩效损失问题涉及两个研究领域,即其既是协同治理研究领域的子问题,又是政府绩效治理研究领域的子问题。若从学理上解释政府跨部门协同治理绩效损失的产生过程、影响因素,总体上需要深刻理解并分析两类文献,即关于协同治理的相关文献,以及关于政府绩效损失的研究文献。

具体来说:首先,要全面梳理与协同治理有关的文献,其原因有二:一方面,协同治理绩效生产及其损失是一个系统的课题,根据现有的政府绩效领域的文献,政府绩效与政府行为、能力有直接关系,这就是说,要理解并系统分析政府跨部门协同治理绩效损失,必须先了解政府跨部门协同治理的必要性、协同治理的概念、协同过程、协同影响因素等。此外,在跨部门协同治理过程中有很多影响因素,这些影响因素散见于不同的研究之中,因此需要全面梳理关于协同治理理论、协同治理过程、协同治理必要性等方面的文献。当然,本书在文献梳理过程中也存在侧重,比如对协同理论、协同过程、协同影响因素等与政府跨部门协同治理绩效有直接关系的文献着重梳理,其他的文献,按照相关性原则简略梳理。另一方面,政府跨部门协同治理绩效损失是新提出的概念,如前所述,当前在中国政府治理情景中,存在着政府跨部门协同治理需求日益增多与协同治理失灵相矛盾的现象。因此,需要全面整理协同治理的相关文献,从文献中发现学者们关于协同治理需要以及协同发生条件与机理的研究。其次,本书还需要全面梳理协同治理绩效与政府绩效损失的相关文献,这两类文献是与本书最相关的两类文献,其重要性无需赘述。因此,我们需要从协同治理和政府绩效损失两个领域审视政府跨部门协同治理绩效损失问题。

一 关于协同治理的理论研究

从学术史角度来看,对协同治理问题的研究大致分为两个阶段,即从行政协调走向协同治理(学界对该术语的使用存在分歧,比如跨域治理、合作治理、整体性治理、协力治理、全观型治理等)。有学者认为协同治理更适合中国话语体系[1]。

公共服务需求的多元化和复杂化,客观上需要政府与社会组织跨部门合作来提供公共服务。但由于各个部门的利益和出发点不同,导致部门之间的协同出现了一系列问题,在此条件下,需要赋予协调新的内涵[2]。特别是20世纪80年代以来,随着治理话语体系的出现,"跨部门协同治理"被学界认可和关注,并逐渐成为公共管理研究的热点问题之一。就跨部门协同治理的知识生产来看,理论与实践是互构的,因此,我们先梳理理论,再梳理实践范式。具体来说,当前关于跨部门协同治理的研究内容有协同治理的必要性、协同治理的概念界定、协同治理的相关理论问题、协同治理的障碍、协同绩效管理等几个方面。

---

[1] 蒋敏娟:《中国政府跨部门协同机制研究》,北京大学出版社2016年版,第10—17页。
[2] 周志忍、蒋敏娟:《中国政府跨部门协同机制探析———个叙事与诊断框架》,《公共行政评论》2013年第1期。

(一) 跨部门协同治理的必要性

从当前国内外公共管理研究文献来看，以协同治理方式提供公共服务和公共产品已成为理论界和实务界的基本共识，其原因主要有：一是在 20 世纪 80 年代后，由于人们价值观和需求的多样性甚至冲突性特征，加之西方国家因经济危机导致政府公共财政能力下降，在此背景下，面对日益增长的公共需求与政府公共部门财政能力下降的矛盾，仅靠政府部门单独提供公共服务和公共产品的做法已行不通，而协同治理是应对公共服务复杂性以有效供给公共服务和产品的手段①。二是在后现代社会，权力下放、快速的技术变革、稀缺的资源和不断增长的组织之间的相互依赖度等因素使部门之间提高了协作水平②，易言之，日益复杂和棘手的公共问题呈现了跨界（cross-boundary）特征，协同治理是应对跨界公共问题的重要措施③。三是认为协同治理是弥补新公共管理运动负面效果的重要手段。为了提升公共服务效率并减少公共财政支出，新公共管理理论主张在政府公共服务实践中采用竞争和服务外包等管理手段。新公共管理改革实践的初期，改革确实有效改善了公共服务质量，然而因分权和权力下放导致的碎片化负面效应也日益凸显。凯特尔认为"政府的任务是找到一种方法来利用这些合作伙伴——使它们的活动紧密地结合在一起"④，易言之，部门协同是解决公共服务碎片化问题的重要手段。四是协同治理是人类公共管理实践发展的逻辑必然。张康之认为，20 世纪 80 年代以来依次出现了参与治理、社会自治和合作治理三种模式，而合作治理（协同治理）是对前两种治

---

① Michael McGuire, "Collaborative Public Management: Assessing What We Know and How We Know It", *Public Administration Review*, Special Issue, 2006.

② Ann Marie Thomson, James L. Perry, "Collaboration Processes: Inside the Black Box", *Public Administration Review*, Special Issue, 2006.

③ Donald F. Kettl, "Managing Boundaries in American Administration: The Collaboration Imperative", *Public Administration Review*, Special Issue, 2006.

④ Kettl, D. F., "Managing Boundaries in American Administration: The Collaborative Imperative", *Public Administration Review*, Special Issue, 2006.

理模式的扬弃和社会自治力量成长的必然结果[①]。

值得一提的是，与西方国家相比，中国公共管理的特殊情景使得协同治理出现的原因有所不同，具体表现在以下几个方面：一是随着改革开放进程不断推进，出现了经济一体化、城市群、精准扶贫等需要跨域治理才能解决的现实公共问题，如果按照传统治理方式，必然会产生区域公共事务管理过程中的高成本、低效率，导致地方政府治理失灵。因此，为了避免区域公共事务治理的"失灵"和"公共用地悲剧"的发生，客观上要求政府部门之间协同，以此有效解决公共问题，实现达成治理绩效和满足公共需求之目标[②]。二是政府与社会协同是实现善治的必然途径。俞可平认为，改革开放以来中国社会结构发生了深刻变化，为了更好地重构社会秩序，实现善治，客观上需要"官民共治"[③]，这就客观上需要政府与社会协同。尽管俞可平已从国家与社会角度对协同治理的必要性做了论证，但我们认为，在政府公共服务领域，政府治理的善治逻辑仍然适用，即政府需要遵循"价值共创"逻辑，提升政府与民众的合作，共同提升公共服务的质量，以实现善治。三是协同治理是实现国家治理体系和治理能力现代化的需要，持这一观点的代表性学者是胡宁生。她从国家、社会和市场之间的关系入手，论证了三者之间的协同与良性互动是国家治理现代化的必然要求[④]。四是协同治理是"大部制"改革不断延伸的必然要求，持这一观点的代表性学者是周志忍，他认为"大部制"改革是政府职能转变、理顺关系、优化结构和提升效能的重要突破口，然而"大部制"改革在实际运行过程中还存在诸多挑战，因此跨部门协同机制是应对"大部制"

[①] 张康之：《论参与治理、社会自治与合作治理》，《行政论坛》2008年第6期。
[②] 张成福、李昊城、边晓慧：《跨域治理：模式、机制与困境》，《中国行政管理》2012年第3期。
[③] 俞可平：《重构社会秩序，走向官民共治》，《国家行政学院学报》2012年第4期。
[④] 胡宁生：《国家治理现代化：政府、市场和社会新型协同互动》，《南京社会科学》2014年第1期。

改革挑战的重要措施①。

总之，从已有文献可以看出：一方面，协同治理是人类社会进入后工业社会后，应对复杂、不确定的经济社会问题所提出的应对措施，尽管协同治理并不能完全替代传统的科层治理，但实践证明协同治理是应对复杂和不确定问题的有效手段。另一方面，也有学者从哲学层面出发，认为协同治理符合人类社会发展规律，是服务型政府所需要的，是应对高度复杂性和不确定性情境下人类共生共在的合作共同体②的基本要求。概言之，协同治理是应对复杂公共问题的必然要求。

（二）跨部门协同治理的概念界定

概念是人类认识社会和分析社会的工具，也是理论的逻辑起点。因此，对协同治理（在学术话语中，学者们经常对协同治理和合作治理不做区分，在本研究中，我们统一用协同治理）概念的梳理至关重要。从学术发展来看，现代协同治理概念是从西方传入的，从英文词语来看，用以表达协同概念的有 collaboration、cooperation 等词，其中从外文文献来看，使用 collaboration 一词者居多。鉴于跨部门协同治理概念源于"治理"，并且是对社会现实的抽象和范畴化，我们按照实践特征对跨部门协同治理概念进行梳理。从结构来看，跨部门协同治理是由偏正结构组成的，这就是说要厘清跨部门协同治理的含义应从两部分入手，即分别厘清跨部门和协同治理的内涵。

1. 治理的概念

尽管治理一词很早就出现在中国文献之中，但其作为现代学术用语肇始于西方。20 世纪 70 年代末兴起的新公共管理运动对传统公共行政观念产生了革命性的变革，这个变革就是公共产品和公共服务主体的多元化倾向。尽管在西方国家政府管理理念一直受企业

---

① 周志忍：《"大部制"：难以承受之重》，《中国报道》2008 年第 3 期。
② 张康之：《启蒙，再启蒙》，江苏人民出版社 2020 年版，第 20—23 页。

管理理念和旧自由主义理念的影响，但自"二战"后以美国为代表的国家运用政府工具干预经济政策以来，政府一直都是公共服务和公共产品的主要供给者，新公共管理运动打破了这一固有观念，引入分权、竞争和公共服务外包等，使企业、社会组织与政府一起成为公共服务的供给者。新公共管理运动深刻影响了西方国家政府改革，并对世界公共管理改革产生了深远的影响。回顾和反思新公共管理运动理论和实践的发展，我们可以归纳出几个明显的影响：从积极角度来说，首先，新公共管理运动的理论和实践确立了"伙伴关系"基础上的公共服务和产品多元供给模式。其次，在行政理念上，提出了政府绩效和竞争理念。从消极角度来说，新公共管理运动在分权和服务外包措施下，导致了公共服务供给碎片化。政府公共服务过度竞争，导致政府部门之间各自为政，数据孤岛现象较为普遍。

治理正是在新公共管理运动实践基础上萌发生长出来的。在学界比较公认的说法是，治理是世界银行在1989年总结非洲国家治理失败的实践经验时提出的概念。在西方国家的社会政治文化基础上形成了几种不同的治理路径：一种是斯托克主张的宪政主义路径、罗茨主张的市场主义路径、联合国提出的问题导向路径[1]，另一种是政府管理路径、公民社会路径和网络治理路径[2]。概而言之，尽管西方国家对治理概念界定的理论前提、价值导向和针对目标不同，但达成了基本共识，即治理是多主体通过某种特定形式（协商、互动、参与、协议、发包等）提供公共服务和公共产品的机制或行动。

2. 跨部门协同治理的概念

跨部门协同治理是在治理理论的基础上派生出来的。由于学者们的研究重点不同，对跨部门协同治理内涵的界定亦有不同。

---

[1] 夏志强、田桑：《西方公共行政学平议》，商务印书馆2021年版，第142—150页。
[2] 陈振明等：《公共管理学（第二版）》，中国人民大学出版社2017年版，第59—65页。

首先，学者们对政府跨部门协同治理中的"部门"理解侧重不同。在西方国家治理语境下，跨部门协同治理一般指的是政府部门、市场部门和社会部门之间基于伙伴关系而形成的治理网络，比如埃默森（Emerson）等将跨部门协同治理界定为公共政策决策和公共管理的过程和相应的结构安排，这些过程和结构安排能够建设性地吸引人们跨越公共机构、政府层级和/或公共、私人和公民领域的界限，以实现本来无法实现的公共目的[1]。另一种对"部门"的理解是侧重政府部门，既包括横向政府部门，也包括纵向政府部门。这种对政府部门的理解立基于英国布莱尔政府的改革实践，其代表是波利特的整体性政府（joined-up government）[2] 和希克斯的全观型政府（holistic government）理论[3]等所秉持的传统。英国撒切尔夫人的市场化改革虽然促进了经济的增长，但客观上也造成政府公共服务责任的碎片化，分权化改革也造成了中央权威与地方权威的矛盾，在此背景下，波利特将整体性政府治理界定为中央与地方之间、部门之间通过横向和纵向协调的思想与行动以实现预期利益的治理模式。而希克斯将全观型政府治理界定为在公共部门的主要功能与服务领域之间进行横向协同与整合，以解决跨界性公共问题的思想与行动。我国学者蒋敏娟也将跨部门理解为"政府内部，以政府部门间横向关系为重点"[4]。本书主要遵循波利特和希克斯等的传统，将部门界定为同级政府部门和上下级政府部门之间的协同治理。

其次，关于协同目标的理解。一般而言，学者们将跨部门协同治理理解为协同主体为了实现共同的协同目标而共同行动的过程。

---

[1] Emerson, K., Nabatchi, T., Balogh, S., "An Integrative Framework for Collaborative Governance", *Journal of Public Administration Research and Theory*, Vol. 22, Issue 1, 2012.

[2] Christopher Pollit, "Joined-up Government: A Survey", *Political Studies Review*, Vol. 1, Issue 1, 2003.

[3] Perri 6, *Holistic Government*, London: Demos, 1997, pp. 37–49.

[4] 蒋敏娟：《中国政府跨部门协同机制研究》，北京大学出版社2016年版，第14页。

然而，在跨部门协同治理实践中，对协同主体的共同目标存在不同的理解。一种理解认为共同目标是在协同行动中所有协同主体基于共同认知和共同利益的目标[1]；另一种理解认为协同行动过程中协同目标仅仅是部分主体的目标，其他协同主体参与协同行动仅是实现各自利益、各取所需。张康之对协同的界定更为严格，他区分了互助、协作和合作，他认为互助是偶发和不可持续的共同行动，协作是工业社会情境下人们基于工具理性的共同行动，而合作则是在后工业社会高度复杂性和不确定性背景下人们基于共生共在[2]的认知而采取的超越工具理性的共同行动[3]。实际上，在政府跨部门协同治理实践中，由于公共服务或公共问题具有高度复杂性，协同目标是分层次的，各主体总目标是相同的，然而，由于分工不同，各主体的具体目标可能存在不同。

再次，学者们对政府跨部门协同治理过程中的诸多协同方式做了研究。综合学界现有文献，政府跨部门协同治理的方式有缔约、合伙、网络和一些其他非依赖性关系[4]，也有学者认为政府跨部门协同治理以"正式的、以共识为导向的、协商性"的方式进行[5]。汤姆逊（Thomson）和佩里（Perry）认为政府跨部门协同治理是通过协同主体自主正式或非正式的协商共同创建规则和结构来实现协同[6]，敬乂嘉则认为协同主体通过权力与自由裁量权的共享来实现协同[7]，顾昕认为跨部门协同治理过程中协同主体是通过"高频次

---

[1] [美] 约翰·罗尔斯：《政治自由主义（增订版）》，万俊人译，译林出版社2011年版，第14页。

[2] 张康之：《论合作行动的条件：历史背景与人的追求》，《行政论坛》2016年第1期。

[3] 张康之：《合作是一种不同于协作的共同行动模式》，《文史哲》2013年第5期。

[4] [美] 约翰·弗雷尔、[美] 詹姆斯·埃德温·凯、[美] 埃里克·波伊尔：《跨部门合作治理：跨部门合作中必备的四种关键领导技能》，甄杰译，化学工业出版社2018年版，第1页。

[5] Chris Ansell, Alison Gash, "Collaborative Governance in Theory and Practice", *Journal of Public Administration Research and Theory*, Vol. 18, Issue 4, 2007.

[6] Ann Marie Thomson, James L. Perry, "Collaboration Processes: Inside the Black Box", *Public Administration Review*, Vol. 66, Special Issue, 2006.

[7] 敬乂嘉：《合作治理：历史与现实的路径》，《南京社会科学》2015年第5期。

的制度化互动"来实现协同①。

最后,跨部门协同治理实质的争论:结构抑或过程。在政府跨部门协同治理的界定中,关于治理本质是一种结构还是一个过程存在分歧。以盖伊·彼得斯、乔恩·皮埃尔为代表的学者从国家中心主义出发,将治理视为一种结构,即在政府治理过程中应该如何组织政府部门。彼得斯以此出发归纳了科层式治理、市场式治理、参与式治理、弹性式治理、解制式治理②四种政府治理模式。后来皮埃尔和彼得斯从中分析出科层制、市场、网络化和社群四种治理结构③。还有一种观点则认为,治理是一个过程,全球治理委员会认为治理不是一套规则,而是一个过程,治理过程的基础不是控制而是协调④。以过程和协调角度理解跨部门协同治理的观点从市场中心主义或社会中心主义出发,认为治理的本质是去国家化的过程,因此更强调治理主体之间动态的互动过程和协调方式。

(三) 跨部门协同治理的相关理论问题

自治理话语兴起以来,治理实践和改革已经成为世界各国应对复杂和棘手问题的重要措施。随着跨部门协同治理实践的不断发展,关于跨部门协同治理过程的研究也日益丰富。关于跨部门协同治理过程模型,我们将在理论基础那里再详细梳理,这里仅就跨部门协同治理过程所涉及的发起动因、驱动力和行为机制等相关问题的研究成果进行梳理。

1. 跨部门协同治理的发起动因

所谓跨部门协同治理的发起动因是指协同主体因何采取协同的

---

① 顾昕:《走向互动式治理:国家治理体系创新中"国家—市场—社会关系"的变革》,《学术月刊》2019年第1期。
② [美] B. 盖伊·彼得斯:《政府未来的治理模式(中文修订版)》,吴爱明、夏宏图译,中国人民大学出版社2013年版,第15页。
③ [瑞典] 乔恩·皮埃尔、[美] B. 盖伊·彼得斯:《治理、政治与国家》,唐贤兴、马婷译,格致出版社2019年版,第13—20页。
④ 俞可平主编:《治理与善治》,社会科学文献出版社2000年版,第2—3页。

方式解决公共问题或提供公共服务。约翰·弗雷尔等认为，选择跨部门协同治理的动因是政府财政资源不足与公众日益增长的公共需求之间的矛盾，采用跨部门协同治理可以利用资金、专业知识共担风险[1]。与弗雷尔类似，多纳休和泽克豪泽更加全面地概括了跨部门协同治理的初衷，即为了提高生产效率、获得信息、获得合法性、获得资源而愿意协同[2]。安塞尔等认为，不同利益相关方资源和权力的不平衡、利益相关方协同动机以及利益相关方之间既往的对立和合作经历对跨部门协同治理的发起动因有重要的影响[3]。埃默森等研究认为，政策和法律框架、信任水平、传统科层制治理的失败以及现有网络连接度是影响跨部门协同治理的因素[4]。琼斯从交易成本经济学和社会网络理论视角发现，需求的不确定、资产专用性和任务复杂性是导致跨部门协同治理的动因[5]。我国学者赖先进认为，在中国情境下，实施跨部门协同治理的动因包括上级行政指令、解决公共问题、领导者自身的管理理念、改善部门间关系、公众关注和参与以及社会舆论等诸多因素[6]。

2. 跨部门协同治理的驱动力

所谓跨部门协同治理的驱动力，是指驱动跨部门协同治理顺利展开的推动力。埃默森等认为，领导力、间接的激励机制、相互依

---

[1] [美] 约翰·弗雷尔、[美] 詹姆斯·埃德温·凯、[美] 埃里克·波伊尔：《跨部门合作治理：跨部门合作中必备的四种关键领导技能》，甄杰译，化学工业出版社2018年版，第8—9页。

[2] [美] 约翰·D. 多纳休、[美] 理查德·J. 泽克豪泽：《合作：激变时代的合作治理》，徐维译，中国政法大学出版社2015年版，第71—173页。

[3] Chris Ansell, Alison Gash, "Collaborative Governance in Theory and Practice", *Journal of Public Administration Research and Theory*, Vol. 18, Issue 4, 2007.

[4] Emerson, K., Nabatchi, T., Balogh, S., "An Integrative Framework for Collaborative Governance", *Journal of Public Administration Research and Theory*, Vol. 22, Issue 1, 2012.

[5] 参见王浦劬、臧雷振编译《治理理论与实践：经典议题研究新解》，中央编译出版社2017年版，第219—244页。

[6] 赖先进：《论政府跨部门协同治理》，北京大学出版社2015年版，第140—146页。

存和不确定性推动了跨部门协同治理过程①。穆尔认为,协同主体创造公共价值的愿景是协同治理的原始动力②。

3. 跨部门协同治理的行为机制

跨部门协同治理过程中的协同机制是指协同主体参与协同行动的行为机理。在当前的学术文献中,学者们将协同机制分为结构性协同机制、制度性协同机制和人际关系协同机制③,还有学者采用经合组织的界定,将跨部门协同机制划分为结构性协同机制和程序性协同机制④。

结构性协同机制是指从组织结构和形态上对协同行动做出的安排⑤。结构性协同机制又可以进一步分为纵向协同机制、横向协同机制以及条块协同机制⑥。纵向协同机制一般采取领导小组、专门委员会等临时或常设机构的形式,其运行过程中高度依赖权威和信息的纵向流动,在政府跨部门协同治理实践中又可以细化成"以职务权威"实现协同和"以组织权威"实现协同⑦。然而,在实践中领导的个人权威和组织内部的人情也是重要的因素。横向协同机制一般通过成立专门的工作小组、部级联席会等临时或常设的协同机构实现协同⑧,在实际运行中多以"牵头单位"实现协同。条块协

---

① Emerson, K., Nabatchi, T., Balogh, S., "An Integrative Framework for Collaborative Governance", *Journal of Public Administration Research and Theory*, Vol. 22, Issue 1, 2012.

② [美] 马克·H. 穆尔:《创造公共价值:政府战略管理》,伍满桂译,商务印书馆 2016 年版,第 24—33 页。

③ 曾凡军:《基于整体性治理的政府组织协调机制研究》,武汉大学出版社 2013 年版,第 46—52 页。

④ 孙迎春:《发达国家整体性政府跨部门协同机制研究》,国家行政学院出版社 2014 年版,第 10 页。

⑤ 曾凡军:《基于整体性治理的政府组织协调机制研究》,武汉大学出版社 2013 年版,第 46—53 页。

⑥ 蒋敏娟:《中国政府跨部门协同机制研究》,北京大学出版社 2016 年版,第 46 页。

⑦ 蒋敏娟:《中国政府跨部门协同机制研究》,北京大学出版社 2016 年版,第 48 页。

⑧ 锁利铭、廖臻:《京津冀协同发展中的府际联席会机制研究》,《行政论坛》2019 年第 3 期。

同机制一般是以专项任务的形式发挥作用[1]。

制度性协同机制是指通过制定或设计跨部门合作制度来实现协同目标。在政府跨部门协同治理过程中常见的协同制度有预算和责任制度[2]、采购和人事制度等[3]。

人际关系协同机制是指从组织的个体人际关系角度构建协同机制。黄璜讨论了互惠机制、惩罚机制、信任机制、声誉机制和社会学习机制在协同目标实现过程中的作用[4];而李燕运用社会网络与仿真实验研究了迁徙成本、风险偏好和他涉偏好因素对合作行为的影响[5];王国成等运用实验方法发现互惠偏好、禀赋效应和交流结果三个因素促进了协同[6]。

程序性协同机制是指选择不同的协同方法和技术进行合理排序,以实现协同目标,其主要形式包括程序法、部门联合发文等[7]。

（四）跨部门协同治理的障碍

在后工业社会,公共问题的高度复杂性和不确定性客观上需要走向合作[8],跨部门协同治理也成为世界各国政府解决复杂公共问题的策略。然而合作并不容易[9],在跨部门协同治理过程中存在很多障碍。综合当前学界对跨部门协同治理障碍的研究,可以发现有

---

[1] 蒋敏娟:《中国政府跨部门协同机制研究》,北京大学出版社2016年版,第87页。

[2] 张成福、李昊城、李丹婷:《政府横向协调机制的国际经验与优化策略》,《中国机构改革与管理》2012年第5期。

[3] 曾凡军:《基于整体性治理的政府组织协调机制研究》,武汉大学出版社2013年版,第53—54页。

[4] 黄璜:《合作的逻辑:一种演化模拟的视角》,科学出版社2017年版,第44—50页。

[5] 李燕:《人类合作之谜新解:基于社会网络与仿真实验的研究》,浙江大学出版社2020年版,第51—107页。

[6] 王国成等:《人类为什么合作——基于行为实验的机理研究》,商务印书馆2017年版,第198页。

[7] 蒋敏娟:《中国政府跨部门协同机制研究》,北京大学出版社2016年版,第91—102页。

[8] 张康之:《走向合作的社会》,中国人民大学出版社2015年版,第1—10页。

[9] John M. Bryson, Barbara C. Crosby, Melissa Middleton Stone, "The Design and Implementation of Cross-sector Collaborations: Propositions form the Literature", *Public Administration Review*, Vol. 66, Special Issue, 2006.

结构性障碍、协同意识障碍和制度性障碍三个维度。第一，从结构性障碍角度来说，在中国情境下，政府跨部门协同治理的障碍有"职责同构"基础上的"权责壁垒"①，部门之间职责不清晰②导致的协同不畅等。张立荣等则认为条块分割的组织结构难以形成整体效应，造成协同成本增加③。第二，从协同意识障碍角度来说，在"压力型体制"下，跨部门协同治理过程中存在共识机制缺失，政府部门间的利益冲突导致协同主体消极协同、不作为或阻碍信息共享等④。蒋敏娟则认为政府部门的官本位意识、自利性倾向和协同文化缺失导致协同效果不佳⑤。周黎安认为在政治晋升竞争锦标赛氛围下，一些政府官员片面保护部门自身利益，缺乏信任，导致协同不力⑥。第三，从制度性障碍角度来说，相关法律法规不完善、缺乏协同治理绩效考核制度⑦等导致协同不力。

（五）跨部门协同绩效管理

埃默森等认为跨部门协同治理在理论界和实务界颇受欢迎，但对协同治理绩效的把握仍然是一个挑战⑧。伊索尔·崔和唐纳德·莫尼汉将协同绩效管理界定为协同主体为了实现正式的绩效目标而

---

① 朱光磊、张志红：《"职责同构"批判》，《北京大学学报》（哲学社会科学版）2005年第1期。

② 袭亮、陈润怡：《政府跨部门协同：困境与未来路径选择——以"河长制"在M市的实施为例》，《山东行政学院学报》2018年第4期。

③ 张立荣、冷向明：《协同治理与我国公共危机管理模式创新——基于协同理论的视角》，《华中师范大学学报》（人文社会科学版）2008年第2期。

④ 赖先进：《论政府跨部门协同治理》，北京大学出版社2015年版，第104—110页。

⑤ 蒋敏娟：《中国政府跨部门协同机制研究》，北京大学出版社2016年版，第194—203页。

⑥ 周黎安：《晋升博弈中政府官员的激励与合作——兼论我国地方保护主义和重复建设问题长期存在的原因》，《经济研究》2004年第6期。

⑦ 袭亮、陈润怡：《政府跨部门协同：困境与未来路径选择——以"河长制"在M市的实施为例》，《山东行政学院学报》2018年第4期。

⑧ Emerson Kirk, Nabatchi Tina, "Evaluating the Productivity of Collaborative Governance Regimes: A Performance Matrix", *Public Performance & Management Review*, Vol. 38, Issue 4, 2015.

共享资源和信息的过程①。国内外关于协同治理绩效的研究成果，主要围绕如何测量协同治理绩效、协同治理绩效管理过程中的影响因素是什么等问题而展开。

1. 关于协同治理绩效评价的研究

安娜·阿米尔哈尼杨认为在合作契约的执行过程中，协同绩效测量（collaborative performance measurement）对协同治理绩效来说既是挑战也是机会，她分析了服务的特征（服务的可测量性）、承包商特征（承包商所有权、承包商的资源依赖、内部绩效评价的使用、市场竞争等）、关系（长期关系与短期关系等）、政府的特征（公共服务供给能力、政府的专业性）等关键因素对绩效评估和监测期间合作行为的影响②。埃默森等开发了评估协同治理机制（CGR）的矩阵模型，该模型从行动（actions）、产出（outcomes）和适应性（adaptation）三个维度分析了参与组织（participant organizations）、协同治理机制本身（the CGR itself）和协同目标（target goals）的绩效③。克里斯·斯科彻等提出理论驱动型方法（theory-driven approach）来分析和评估合作绩效。他们认为对政策制定者和研究者来说，理论驱动型评估方法对理解合作绩效非常重要，这是因为理论驱动型评估以演绎的方式解释了绩效，即解释了绩效的先验因果关系变量之间的关系④。斯科彻等分析了合作绩效领域中民主、协调、变革、政策和可持续五个维度的指标体系。安·玛丽·汤姆森、詹姆斯·L. 佩里和西奥多·K. 米勒三位学者从治

---

① Iseul Choi, Donald Moynihan, "How to Foster Collaborative Performance Management? Key Factors in the US Federal Agencies", *Public Management Review*, Vol. 21, Issue 10, 2019.

② Anna A. Amirkhanyan, "Collaborative Performance Measurement: Examining and Explaining the Prevalence of Collaboration in State and Local Government Contracts", *Journal of Public Administration Research and Theory*, Vol. 19, Issue 3, 2008.

③ Emerson Kirk, Nabatchi Tina, "Evaluating the Productivity of Collaborative Governance Regimes: A Performance Matrix", *Public Performance & Management Review*, Vol. 38, Issue 4, 2015.

④ Chris Skelcher, Helen Sullivan, "Theory-driven Approaches to Analyzing Collaborative Performance", *Public Management Review*, Vol. 10, Issue 6, 2008.

理、行政管理、自主性、相互关系和规范五个维度构建了协同治理绩效评价指标体系[①]。史传林认为协同治理绩效评价应该由独立第三方组织实施，并从合作过程和合作结果两个维度设计协同治理绩效的评价体系[②]。

2. 关于协同治理绩效生产的相关研究

斯科特和安塞尔认为有效的协同治理绩效不仅需要共同绩效指数（joint indicators），同时也需要所有参与者共同收集和评价绩效信息。诸如目标设定过程、绩效预算谈判等绩效惯例（performance routines）能够帮助行动者厘清协同行动中的模糊性，推动他们改善绩效，这种绩效惯例的集合被称为绩效制度。斯科特和安塞尔区分了三种协同绩效制度（collaborative performance regimes），即以行动者为中心的制度（actor-centric regimes）、以网络为中心的制度（actor-centric regimes）和折中的绩效制度（hybrid performance regimes）。斯科特和安塞尔认为合作绩效峰会（collaborative performance summits）是具体的、关键性的绩效制度。所谓合作绩效峰会是指致力于同一社会问题的参与者的聚会（gatherings），在聚会中通过对话阐明他们的绩效目标，交换绩效信息，检查绩效进展，并探讨潜在的绩效改进措施。合作绩效峰会是一个周期性的聚会，合作伙伴会审查他们的协同治理绩效，这既是政体绩效的表现，也是政体变革的潜在转折点[③]。伊索尔·崔和唐纳德·莫尼汉试图整合合作和绩效管理两种工具，以提升合作绩效，他们区分了组织内部合作绩效（intra-agency performance）和跨组织协同治理绩效（in-

---

[①] Ann Marie Thomson, James L. Perry, Theodore K. Miller, "Conceptualizing and Measuring Collaboration", *Journal of Public Administration Research and Theory*, Vol. 19, Issue 1, 2009.

[②] 史传林:《社会治理中的政府与社会组织合作绩效研究》,《广东社会科学》2014 年第 5 期。

[③] Scott Douglas, Chris Ansell, "Getting a Grip on the Performance of Collaborations: Examining Collaborative Performance Regimes and Collaborative Performance Summits", *Public Administration Review*, Vol. 81, Issue 5, 2021.

teragency performance），并分别分析了两种不同合作绩效的影响因素[①]。他们研究发现，机构绩效系统的投入（investments in agency performance system）对组织内部合作绩效有显著影响，但其对跨组织协同治理绩效有不利的作用，这就是说，如果要提升跨组织协同治理绩效，就需要减少组织对内部绩效系统的投入，加强跨组织投入。机构目标问责（accountability to agency goals）对组织内部合作绩效有显著的影响，但其不会对跨组织协同治理绩效产生消极影响；参与目标设定（participation in goal setting）、目标的显著性（goal salience）和管理者的资历（managerial seniority）三个因素对组织内部合作绩效和跨组织协同治理绩效都有显著的影响。母睿等学者运用比较案例研究法分析了影响中国跨部门合作绩效的影响因素，他们认为冲突的政策、不兼容的程序、权力差距、低问题显著性和缺乏感知的相互依赖可能单独或共同影响跨部门合作绩效，同时他们认为垂直元治理（vertical meta-governance）和横向元治理（horizontal meta-governance）在解决跨部门合作绩效困境中起到关键作用（尤其是前者）[②]。约翰·安格斯等学者运用实验法分析了权力因素对合作绩效的影响，他们研究认为，拥有较高权力的个体（high power individuals）在一起工作时很难就棘手任务目标达成一致[③]。斯科特等学者发现，在当前的合作治理绩效研究中，大都认为参与激励的存在、合理的制度设计和催化型领导力（facilitative leadership）是影响合作绩效的关键因素，然而，这些因素是如何相

[①] Iseul Choi, Donald Moynihan, "How to Foster Collaborative Performance Management? Key factors in the US Federal Agencies", *Public Management Review*, Vol. 21, Issue 10, 2019.

[②] Mu Rui, Martin de Jong, Joop Koppenjan, "Assessing and Explaining Interagency Collaboration Performance: A Comparative Case Study of Local Governments in China", *Public Management Review*, Vol. 21, 2019.

[③] John Angus D. Hildreth, Anderson Cameron, "Failure at the Top: How Power Undermines Collaborative Performance", *Journal of Personality and Social Psychology*, Vol. 110, Issue 2, 2016.

互影响的还不清楚①。他们研究发现，强大的合作激励是合作成功的关键条件，可以通过将强有力的激励与清晰的制度设计（比如明确的规则、透明的决策）或密集的协作过程（例如面对面的对话、知识共享）结合起来实现协同治理绩效。史传林认为政府因素（包括财政状况、行政能力和行政效率）、社会因素（包括社会组织的治理机制、资源状况和专业化水平、政府与社会组织的合作关系）和合作因素（包括合作模式和合作行为等）影响着合作绩效②。

随着跨部门协同治理实践的不断发展，关于跨部门协同治理的研究文献也日新月异，尽管学者们采用的学术术语不同，但都从各自的学术视野出发对跨部门协同治理的知识产出做出了贡献。学术界从最初对跨部门协同治理必要性和概念的争论到对跨部门协同治理过程的分析，从对跨部门协同治理的影响因素的分析到对行为机理的研究，无不表明关于跨部门协同治理绩效的研究已成为新的趋势。

在中国跨部门协同治理的研究中，也呈现出由译介到创新的趋势，即从最初的译介西方跨部门协同治理的理论，发展到基于实践经验归纳中国本土的协同治理理论。然而，从已有文献来看，中国学者对跨部门协同治理绩效研究较少，这正是本研究的出发点，希冀通过对中国跨部门协同治理绩效损失的研究做出基于中国本土经验的协同治理绩效的知识贡献。

相关文献梳理对我们的研究有如下启示：一是从国内外关于协同必要性的研究来看，国内外学者和实务界人士普遍认为协同治理是应对复杂公共事务的有效举措，由此可知，协同需求是一个客观的、相对稳定的公共性需要。二是尽管人们对协同治理有很多理解

---

① Scott Douglas, Olivier Berthod, Martijn Groenleer, José Nederhand, "Pathways to Collaborative Performance: Examining the Different Combinations of Conditions under Which Collaborations Are Successful", *Policy and Society*, Vol. 39, Issue 4, 2020.

② 史传林：《社会治理中的政府与社会组织合作绩效研究》，《广东社会科学》2014年第5期。

上的不同，但还是存在一些共识，比如协同治理是不同治理主体的共同行动而不是单独行动，协同行动会产生一定的成本等。三是协同治理过程中的领导力、驱动力、信任和制度安排等是关键。四是协同治理过程中存在诸多障碍导致协同治理失灵。这恰好是本书研究的切入点，本书将协同治理绩效作为研究的起点，从学理上探究协同治理绩效损失的关键因素和内在机理。

二 关于政府绩效损失问题的研究

根据当前已有文献，中国学术界关于政府跨部门协同治理绩效的研究较少，大都是企业管理领域的研究。尽管关于跨部门协同障碍、跨部门协同过程失灵的研究已经部分涉及绩效损失问题，但这些研究仅仅是政府跨部门协同治理绩效损失的因素，专门对政府跨部门协同治理绩效损失的系统性研究还是不足。

实际上，绩效一直都是人类管理社会和反思自身的工具，我国政府很早就有对官员个人的考评。对政府组织绩效的评估则是现代公共行政发展的产物，并且随着新公共管理运动的开展达到了新高度，对政府绩效的研究经历了政府绩效评估—政府绩效管理—政府绩效治理的过程。在这个过程中，桑德拉·凡·蒂尔等发现，在公共部门绩效评估过程中出现了绩效悖论现象[1]。此外，在政府绩效评估过程中经常出现评价绩效与公共部门的实际绩效之间存在差距的情况，也存在政府的绩效产出与公众期望之间的差距。为了解释这两类问题，包国宪等提出了绩效损失的概念[2]。梳理已有关于绩效损失的学术文献，可以发现关于政府绩效损失的研究主要聚焦在概念界定、类型、产生原因、测度、治理对策等几个理论问题上。

---

[1] Sandra Van Thiel, Frans L. Leeuw, "The Performance Paradox in the Public Sector", *Public Performance & Management Review*, Vol. 25, Issue 3, 2002.

[2] 包国宪、张弘：《基于 PV-GPG 理论框架的政府绩效损失研究——以鄂尔多斯"煤制油"项目为例》，《公共管理学报》2015 年第 3 期。

（一）关于政府绩效损失概念界定的研究

从发生学的角度来说，政府绩效损失概念的提出基于两类实践困惑：一是在政府绩效管理过程中由于政府绩效评估技术和评估行为而出现的困惑，即评价绩效与实际绩效的偏差；二是政府绩效生产实践的困惑，即政府的产出绩效与公众期望（公共价值）的偏差，或政府绩效目标与实际结果的差距。对于前一种现象，有学者概括成"绩效评估结果偏差"[①]。关于绩效评估结果偏差所产生的绩效损失，其主要还是由绩效评估的逻辑所致。在政府绩效评估过程中的价值理念、指标设计、评估方法、评估数据收集以及评估结果分析等各个环节都存在人为建构的特征，因此会导致绩效评估结果的内生性偏差[②]。本书并不关注此类绩效损失，我们主要梳理绩效损失的后一种界定，即政府绩效的产出与公众期望的偏差，这种绩效损失根源于绩效的管理和生产过程。我们把绩效管理理解为管理主体以提升绩效为目标，通过绩效计划、绩效沟通、绩效监测、绩效评估和绩效反馈等环节实现该目标的过程。从政府绩效管理的概念可以发现，政府绩效管理最终以实现组织目标为依归，因此郎玫等将政府绩效损失界定为政策目标与执行结果的偏差[③]。

包国宪和张弘以内蒙古鄂尔多斯"煤制油"项目的案例为出发点，针对某些地方政府片面追求 GDP 的增长、逐利以及政府机构内部绩效评估指标与底层实际情况不符等现象，从绩效的视角提出了绩效损失的概念，并将绩效损失界定为产出与结果的差[④]。他们认为，所谓产出是指政府为实现组织目标而创造的实际政策、服务

[①] 何文盛、王焱、蔡明君：《政府绩效评估结果偏差探析：基于一种三维视角》，《中国行政管理》2013 年第 1 期。

[②] 何文盛、廖玲玲、李明合：《我国地方政府绩效评估结果偏差的分类研究：概念、类型与生成机制》，《福建论坛》（人文社会科学版）2012 年第 10 期。

[③] 郎玫、郑松：《政策弹性、执行能力与互动效率：地方政府政策执行绩效损失生成机制研究》，《行政论坛》2020 年第 3 期。

[④] 包国宪、张弘：《基于 PV-GPG 理论框架的政府绩效损失研究——以鄂尔多斯"煤制油"项目为例》，《公共管理学报》2015 年第 3 期。

或者项目等，比如为了应对严重的地方政府债务危机而出台的一系列调控政策，这些政策本身就是产出。而结果意味着产出对社会造成的影响，这种影响可以从两个角度来衡量：一方面，因为政府产出的目的是解决公共问题、创造公共价值，因此任何政府产出都具有明确的目标指向。从执行者角度来说，与目标相比较，结果意味着是否达到了预定的目标。另一方面，从社会公众角度来说，结果则意味着政府的产出是否满足了公众的公共需求、是否解决了社会问题。如果说政府的产出是直接的、客观的产物，那么结果实质上是利益相关者对产出效果的评价和认知。这里有一个关键的理论问题，从上述产出与结果的关系来看，结果实质上是利益相关者对产出做出的评价，然而问题在于，评价的主体不同，出发点和价值观不同，可能对绩效损失的认识也不同。

王学军从公共价值的政府绩效治理理论的核心观点出发，认为政府绩效本质上是一种社会建构，只有基于公共价值的政府绩效才具有合法性，由此他将政府绩效损失界定为公共价值与绩效结果的差距[1]。马翔等也从建构主义观点出发，认为绩效损失是实际产出与承载了公共价值的绩效目标的差距[2]。霍春龙基于什邡宏达钼铜项目的案例研究认为绩效损失是政策产出的实际效果与公众需求的差[3]。

（二）关于政府绩效损失类型的研究

对绩效损失的类型学分析有助于进一步理解绩效损失的内涵，并以此分析绩效损失产生的原因、机理以及提出有效的应对措施。在当前的学术研究中，王学军基于公共价值的政府绩效治理理论，

---

[1] 王学军：《政府绩效损失及其测度：公共价值管理范式下的理论框架》，《行政论坛》2017年第4期。

[2] 马翔、包国宪：《政府绩效损失：概念建构、测度方法和因果推论》，《公共管理评论》2022年第4期。

[3] 霍春龙：《认知分歧与共享现实：公共政策绩效损失是如何产生的？》，《兰州大学学报》（社会科学版）2017年第3期。

从公共价值和组织管理两个维度对绩效损失做了分类①。与此类似，何文盛等将绩效损失分成"价值偏离"型绩效损失和"治理缺陷"型绩效损失②。马翔和包国宪进一步以公共价值的类型为基础把绩效损失分为使命型绩效损失、权益型绩效损失和工具型绩效损失③，他们还以绩效损失的结果为标准进行分类，将公共项目绩效损失分为"产出差距"型绩效损失和"目的需求偏离"型绩效损失④。霍春龙从绩效损失呈现的形态出发将绩效损失分成"显性绩效损失"和"隐性绩效损失"⑤。

总之，学者们对绩效损失做了多种类型学分析，丰富了我们对绩效损失理解的深度和广度。

（三）关于政府绩效损失产生原因的研究

关于政府绩效损失产生的原因，在当前的学术文献中，学者们从政府绩效生产的公共价值建构、组织管理和协同领导三个角度做了分析。

首先，政府绩效生产的公共价值建构角度。包国宪和张弘从公共价值的政府绩效治理理论（PV-GPG）出发，建构了社会系统—政治系统—政府战略系统三维系统分析模型，以此分析绩效损失产生的原因⑥。他们基于鄂尔多斯"煤制油"项目解释了政府绩效损失产生的原因：由于政治系统受到历史情境和时间的限制，政治系

---

① 王学军：《政府绩效损失及其测度：公共价值管理范式下的理论框架》，《行政论坛》2017年第4期。

② 何文盛、蔡泽山、杜丽娜：《公共政策绩效损失的实证分析——以G省农业水价综合改革政策为例》，《北京行政学院学报》2021年第1期。

③ 马翔、包国宪：《政府绩效损失：概念建构、测度方法和因果推论》，《公共管理评论》2022年第4期。

④ 包国宪、马翔：《基于PV-GPG理论框架的公共项目绩效损失问题研究》，《公共行政评论》2018年第5期。

⑤ 霍春龙：《认知分歧与共享现实：公共政策绩效损失是如何产生的？》，《兰州大学学报》（社会科学版）2017年第3期。

⑥ 包国宪、张弘：《基于PV-GPG理论框架的政府绩效损失研究——以鄂尔多斯"煤制油"项目为例》，《公共管理学报》2015年第3期。

统为了发展经济而牺牲了生态和民生问题。然而随着经济的发展、人民生活水平的提高，社会系统对民生、生态的需求日益提高，由此出现了产出（"煤制油"项目）与公众需求的差距。霍春龙运用社会心理理论解释了公共政策绩效产生的社会心理过程[1]，基于此，他认为，政府绩效损失产生的逻辑起点是政策利益相关者对政策认知的分歧。然而公共政策一经出台就具有相对稳定的公共价值特征，因此在政策执行过程中政策价值的稳定性与利益群体个体利益的多样性和灵活性之间存在矛盾，继而在内群偏私作用下产生绩效损失。霍春龙还基于什邡宏达钼铜项目这一案例分析了政府绩效损失产生的过程，由此认为，公共政策出台前缺乏有效的价值建构，由此导致不能有效解决利益相关者的认知分歧，从而在政策执行过程中产生利益冲突，社会公众在共享现实的机制下采取了抗议行动，由此导致了政府绩效损失[2]。

其次，政府绩效生产的组织管理角度。如果说包国宪和霍春龙对绩效损失产生原因的研究聚焦在价值建构领域的话，那么何文盛等则分析了公共政策绩效生产过程中组织管理环节绩效损失的原因[3]。他们认为，在政策执行过程中激励结构走样和监督机制缺失导致的注意力偏移、信息失真、评估偏差等因素，使政府绩效出现了损失。郎玫等从公共政策弹性、政策执行能力和互动效率三个维度分析了政策绩效损失产生的机制[4]。包国宪等以世界银行项目为案例分析了项目执行过程中因激励不足和管理流程缺陷造成的绩效

---

[1] 霍春龙：《认知分歧与内群偏私：公共政策绩效损失问题研究》，《兰州大学学报》（社会科学版）2016年第2期。

[2] 霍春龙：《认知分歧与共享现实：公共政策绩效损失是如何产生的?》，《兰州大学学报》（社会科学版）2017年第3期。

[3] 何文盛、蔡泽山、杜丽娜：《公共政策绩效损失的实证分析——以G省农业水价综合改革政策为例》，《北京行政学院学报》2021年第1期。

[4] 郎玫、郑松：《政策弹性、执行能力与互动效率：地方政府政策执行绩效损失生成机制研究》，《行政论坛》2020年第3期。

损失①。

最后，政府绩效生产的协同领导角度。包国宪等学者还从协同领导角度分析了公共项目绩效损失产生的原因，他们认为在项目执行过程中不能很好地解决冲突和沟通导致了公共项目绩效损失②。

（四）关于政府绩效损失测度的研究

绩效损失概念的提出是为了更好地理解政府绩效并提升政府绩效，从逆向角度反思政府绩效生产过程中的不足。因此，理论和实践都要求对绩效损失进行测度，以矫正政府绩效生产的不足，服务于政府绩效生产的决策和组织管理。包国宪等学者将使命型绩效损失、工具型绩效损失和权益型绩效损失作为评价公共项目绩效损失的一级指标③。王学军等应用价值链的分析方法，按照公共价值型绩效损失和组织管理型绩效损失的类型分别设计了绩效损失的测度指标④。他们将相关性、满意度和可持续性作为公共价值型绩效损失的测度指标，将效率和效益作为组织管理型绩效损失的测度指标，以此分析公共项目执行过程中投入、过程、产出和结果的绩效损失。

（五）关于政府绩效损失治理对策的研究

政府绩效损失既是分析政府绩效管理的概念工具，同时也是政府绩效管理实践中存在的问题。因此，从政府绩效管理的实践角度来看，需要研究解决政府绩效损失的对策。综合当前的学术文献，学者们主要从价值建构、组织管理和协同领导三个角度提出了破解政府绩效损失的对策。

---

① 包国宪、马翔：《基于PV-GPG理论框架的公共项目绩效损失问题研究》，《公共行政评论》2018年第5期。

② 包国宪、马翔：《基于PV-GPG理论框架的公共项目绩效损失问题研究》，《公共行政评论》2018年第5期。

③ 包国宪、马翔、李树军：《公共项目绩效损失结构、测度与评价方法研究》，《上海行政学院学报》2020年第4期。

④ 王学军、王子琦：《公共项目绩效损失测度及治理：一个案例研究》，《中国行政管理》2019年第1期。

首先，从价值建构角度来说，霍春龙依据什邡钼铜项目这一案例研究发现，认知分歧是产生政府绩效损失的逻辑起点。而在数字时代，人们的认知场所已经从现实走向了虚拟网络空间[1]，因此，他提出要在政策制定和执行过程中重视虚拟网络对价值建构的作用，并且公共政策价值需要具有包容性。王学军等则提出通过控制政府产出质量、加强沟通来促进社会认同、降低公共价值建构维度的绩效损失[2]。

其次，从组织管理角度来说，霍春龙研究认为，在政府绩效生产过程中人们的认知分歧不可避免。且社会心理学理论发现，人们在交往过程中并不总是理性沟通，刻板印象可能会使政策执行者陷入先入为主的"陷阱"，因此在组织管理过程中沟通非常重要。包国宪等学者认为，激励不足和缺乏压力是造成绩效损失的诱因，因此要加强激励、制定责任追究机制[3]。

最后，从协同领导角度来说，王学军等认为，政府绩效治理是多元主体共同行动的过程，在此过程中协同领导起到了关键的协调作用，因此他提出创新领导方式，加强各层次协同领导[4]。

（六）对已有绩效损失研究的评价

从已有文献来看，关于政府绩效损失的学术文献虽然不多，但研究范围比较全面，从绩效损失产生的过程和内涵，绩效损失产生的原因、影响因素以及其作用机理，从绩效损失的类型和测度，到绩效损失治理对策，都做了广泛而深入的研究。从研究方法来看，学者们使用质性研究方法较多；从研究对象来看，学者们主要研究

---

[1] 霍春龙：《认知分歧与内群偏私：公共政策绩效损失问题研究》，《兰州大学学报》（社会科学版）2016年第2期。

[2] 王学军、王子琦：《公共项目绩效损失测度及治理：一个案例研究》，《中国行政管理》2019年第1期。

[3] 包国宪、马翔：《基于PV-GPG理论框架的公共项目绩效损失问题研究》，《公共行政评论》2018年第5期。

[4] 王学军、王子琦：《公共项目绩效损失测度及治理：一个案例研究》，《中国行政管理》2019年第1期。

了公共政策和公共项目两个方面的绩效损失。

三 研究不足

按照本书研究问题所涉及的领域，上面我们分别从跨部门协同治理和政府绩效损失两个维度对国内外已有文献做了分析和梳理。整体来看，从政府跨部门协同治理领域来说，国内外学者的研究文献最多，热度最高，研究的深度和广度都较大，特别是很多学者关注到了协同治理绩效领域的问题，并做了深入的研究，但关于协同治理的研究文献还存在两个方面的不足：一方面，尽管国外学者们（比如埃默森、安塞尔）已经开始关注并研究协同治理绩效问题，但就其研究重点来说，他们还侧重协同治理绩效的评估和协同治理绩效生产的影响因素，对为何会存在协同需求与协同失灵这一矛盾现象的解释较少，换言之，对协同治理绩效损失的研究较少。另一方面，尽管有很多学者已经关注到协同治理过程中的障碍以及协同失灵现象，但这些研究多是就协同行动而言，很少涉及协同的整个过程。本书以协同治理绩效生产为核心，主要解释为何协同治理绩效不高，这就意味着不仅要研究协同行动，还需要研究协同治理的整个过程。

从政府绩效损失研究领域来说，虽然已有学者对政府绩效损失做了广泛而深入的研究，但从文献量来看还比较少，研究政府跨部门协同治理绩效损失的更少，对政府跨部门协同治理绩效损失产生的过程、影响因素和其作用机理的研究还不足。对协同治理绩效的研究能为本书究提供有益的分析视角，然而当前学者更注重研究协同治理绩效的评价。有鉴于此，本书主要关注政府跨部门协同治理绩效损失，并着重分析政府跨部门协同治理绩效损失的产生过程及其行为机制，从"反向"（绩效损失）角度研究政府跨部门协同治理问题，以期提升政府跨部门协同治理能力。

第四节 研究设计

一 研究方法：案例研究法

（一）案例研究法的特点

案例研究法是对某一特定案例或若干案例的研究[1]。作为质性研究的一种，其目的是探究行为和故事，以及它们交互的方式[2]。从研究策略来说，案例研究法属于小规模社会研究法[3]，因此，与定量研究法不同的是，案例研究对象的多少并不是研究质量的关键，关键在于所选取的案例是否具有"典型性"，即所选取的案例代表总体的程度高低。由于案例研究法试图通过"事件化"作为研究对象来呈现社会要素相互作用的过程，并通过机制分析来揭示社会总体结构的特征[4]，因此案例研究法质量好坏的关键在于研究对象的典型性、多来源数据以及研究的内部效度和信度。

罗伯特·K. 殷认为，案例研究法的数据收集有六类，即文件、档案记录、访谈、直接观察、参与观察和实物证据[5]。此外，还有学者认为案例研究法中收集的数据既可以是质性数据也可以是定量数据，但访谈法是数据收集的主要策略[6]。综合关于案例研究法的权威专家的观点，可以看出，案例研究法的数据既可以是质性数据也可以是定量数据。我们认为，在实际案例研究过程中，研究者在

---

[1] 马尔科姆·泰特：《案例研究：方法与应用》，徐世勇、杨付、李超平译，中国人民大学出版社2019年版，第8页。

[2] [美] 科琳·格莱斯：《质性研究入门指南（第5版）》，崔淼、苏敬勤译，北京大学出版社2021年版，第2页。

[3] [英] 马丁·登斯库姆：《怎样做好一项研究——小规模社会研究指南（第五版）》，张玉婷译，上海教育出版社2020年版，第1—65页。

[4] 渠敬东：《迈向社会全体的个案研究》，《社会》2019年第1期。

[5] [美] 罗伯特·K. 殷：《案例研究：设计与方法（原书第5版）》，周海涛、史少杰译，重庆大学出版社2017年版，第125—156页。

[6] 李亮、刘洋、冯永春编著：《管理案例研究：方法与应用》，北京大学出版社2020年版，第114页。

实际研究中究竟使用哪一种数据，主要看研究问题的性质以及研究者自身的偏好。本书试图揭示政府跨部门协同治理绩效损失产生的过程、影响因素及其作用机理，因此主要收集质性研究数据，且对质性研究数据进行了严格的"三角检验"，即多种数据来源的互相佐证，尽力保证数据的信度和效度。

与定量研究方法不同，在实际操作中，案例研究法所处理的数据大都是质性数据，而对质性数据的分析和处理一般采用编码（code）的方式。编码本质上是对所收集的质性研究数据进行概括和归类的过程，其作用是"研究者出于进一步模式检验、分类、理论建构以及其他分析过程的目的所创建的构念，用于象征并赋予每一个单独的资料以阐释性解读"[1]。一般而言，案例研究法的数据编码需要经历第一阶段数据编码和第二阶段数据编码两个阶段[2]：第一个阶段数据编码主要将原始数据进行分类识别，并形成鲜明的"数据块"。在案例研究方法中，参照理论在编码过程中起着非常重要的指导作用，给原始数据的分类和概括提供理论指导；第二阶段数据编码则是对第一阶段数据编码结果（所获得数据块）的再抽象、归纳和分析过程，进而形成更抽象的构想。在本书中，我们按照案例研究的惯例采用两个阶段的编码技术，即首先分别对三个典型案例数据进行一阶段编码，进而再分别对第一阶段所得的数据进行第二次编码；在两个阶段编码结果的基础之上对三个案例的编码进行比较分析，以此抽象出政府跨部门协同治理绩效损失产生过程的理论模型。此外，为了保证编码过程的信度和效度，我们研究团队成员分别独立编码，然后相互比较，从而保证编码的信度和效度。

---

[1] ［美］约翰尼·萨尔达尼亚：《质性研究编码手册》，刘颖、卫垌圻译，重庆大学出版社2021年版，第3页。

[2] 李亮、刘洋、冯永春编著：《管理案例研究：方法与应用》，北京大学出版社2020年版，第153—157页。

（二）案例研究法的适用性分析

本书采用案例研究法的原因有三个：首先，案例研究法适合探索性问题。殷认为案例研究法适合研究"怎么样"和"为什么"的问题，适用于探索性问题的研究[1]。根据前面的文献梳理，可以发现关于政府跨部门协同治理绩效损失的研究相对较少。在当前的政府实践中，区域经济一体化、国家级城市群建设以及全国统一大市场建设等政府治理实践客观上需要政府部门之间加强协同。然而，很多地区的政府跨部门协同治理绩效损失较高，这严重影响了国家战略的落实。在此背景下，公共管理实践亟须在理论上探索和分析政府跨部门协同治理绩效损失是什么，以及政府跨部门协同治理绩效损失的表现，协同治理绩效损失的发生过程和机理等理论问题。在相关研究较少的情况下，案例研究法采用小样本深入的、详细的、具体的研究策略，[2] 有利于探索性问题的研究。

其次，案例研究的优势在于建构理论。本书的目的是建构政府跨部门协同治理绩效损失产生的过程和行为机理的理论模型，以此理论模型来解释政府跨部门协同治理绩效损失现象。与定量研究法追寻验证理论的理路不同，案例研究的主要目的就是建构理论[3]，通过剖析事件发展的复杂过程，分析公共事务历史进程中诸多人物、事件及其中蕴藏的关系、结构和逻辑。案例研究方法能够再现已发生的所有里程碑事件及其前因后果，因此，案例研究法在生成假设方面更为有效[4]，比较适合探索因果机制。政府跨部门协同治理绩效损失是政府绩效管理研究领域的前沿问题，在没有成熟的理

---

[1] ［美］罗伯特·K. 殷：《案例研究：设计与方法（原书第5版）》，周海涛、史少杰译，重庆大学出版社2017年版，第19页。

[2] 马尔科姆·泰特：《案例研究：方法与应用》，徐世勇、杨付、李超平译，中国人民大学出版社2019年版，第25页。

[3] 吕力：《案例研究：目的、过程、呈现与评价》，《科学学与科学技术管理》2012年第6期。

[4] ［美］约翰·吉尔林：《案例研究：原理与实践》，黄海涛、刘丰、孙芳露译，重庆大学出版社2017年版，第30页。

论解释该问题的背景下,我们更需要通过案例研究法建构理论而不是验证理论。

最后,案例研究法适合小样本研究。个案研究实际上是通过对某个或几个案例的研究来达到对某一类现象的认识①。因此,案例研究法比较适合小样本,如前所述,本书的研究对象是政府跨部门协同治理绩效损失过程,受调研进场等因素的限制,本书的案例样本只有 3 个,因此案例研究法更适合本研究。

(三) 案例选择的典型性说明

案例样本的选择本质上是案例的标准问题,其背后是案例研究方法的逻辑。在学界,依据不同哲学基础,学者们一般将其分为实证主义范式和诠释主义范式②,秉持不同范式的学者对案例样本选择的标准不同,由此产生了"代表性"和"典型性"的争论。王宁认为案例研究中的"典型性"和"代表性"之争实际上是研究逻辑上的实质差别③。按照王宁的观点,案例研究在选取案例的时候要遵循"典型性"原则,即研究者所选取的案例应该能够反映社会现象的共同性。斯塔克则认为,案例研究不是抽样研究,其主要目的不是通过研究单个案例去理解其他案例,而是理解这个案例本身④。就斯塔克的观点来说,案例研究法不关注案例的代表性,即不关注所取样本的各种集合特征接近于总体的集合特征时样本具有的代表性⑤。而案例研究法更关注案例本身的独特性以及案例研究

---

① 王宁:《代表性还是典型性?——个案的属性与个案研究方法的逻辑基础》,《社会学研究》2002 年第 5 期。

② 井润田、孙璇:《实证主义 vs. 诠释主义:两种经典案例研究范式的比较与启示》,《管理世界》2021 年第 3 期。

③ 王宁:《代表性还是典型性?——个案的属性与个案研究方法的逻辑基础》,《社会学研究》2002 年第 5 期。

④ [美] 罗伯特·E. 斯塔克:《案例研究的艺术:好的故事、好的分析、好的报告》,赵丽霞译,世界图书出版公司 2022 年版,第 5 页。

⑤ [美] 艾尔·巴比:《社会研究方法》(第 14 版),邱泽奇译,清华大学出版社 2022 年版,第 176 页。

是否能够最大化我们的认识。

按照案例研究典型性的标准,本研究选取了 ZJ 省 LS 市机关内部"最多跑一次"改革、SX 省 XZ 市"随手拍"平台和 GS 省 ZY 市"一库八网三平台"作为研究的案例样本。尽管这些案例所涉及的内容不同,但都涉及"政府跨部门协同"这一共同性特征。此外,尽管不同地区政府的文化和理念可能存在不同,但在政府跨部门协同治理过程中所反映的现象具有同质性,因此我们才认为本书所选择的三个案例在政府跨部门协同治理过程具有共同性。后文我们还要对案例选择、资料收集、信度效度等问题做出分析论证,这里仅介绍三个案例的具体情况。

1. ZJ 省 LS 市机关内部"最多跑一次"改革案例

ZJ 省 LS 市机关内部"最多跑一次"改革已经成为"放管服"改革的样板。ZJ 省 LS 市的机关内部"最多跑一次"改革是"最多跑一次"改革的升级,旨在进一步提升政府内部办事效能。ZJ 省 LS 市机关内部"最多跑一次"改革,坚持政府数字化转型导向,按照集成化、标准化和信息化的原则,通过部门间办事减事项、减环节、减材料、减时间、减次数,推动政府部门间办事的业务协同和数据共享,以提升政府办事效能。在机关内部"最多跑一次"改革过程中形成了"跑改办"、各职能部门之间以及上下级政府部门之间的协同治理过程,为我们研究政府跨部门协同治理提供了重要素材。

2. SX 省 XZ 市"随手拍"平台案例

SX 省 XZ 市"随手拍"平台是 2014 年由 SX 省 XZ 市委宣传部基于移动互联网技术打造的网络问政平台。"随手拍"平台集合了 XZ 市 100 多个政府职能部门入驻,市民可以使用 PC、手机 App、微信、头条新闻等端口进入"随手拍"平台,反映身边人或者自身的公共需求,平台智能分派市民提交的公共需求,从而形成公众线上反映问题、政府各职能部门线下解决问题,并在线上反馈和评议问题的机制。在"随手拍"平台运作过程中，有些复杂公共问题需要各职能部门之间协同，同时 XZ 市融媒体服务中心作为"随手拍"平台的管理部门也经常与政府各职能部门协同配合。本案例的典型性在于，"随手拍"平台不仅有政府职能部门之间的协同，还有作为事业单位的融媒体服务中心与各职能部门之间的协同。通过观察不同性质的部门协同可以分析跨部门协同的绩效损失问题。

3. GS 省 ZY 市"一库八网三平台"案例

QL 山是西部生态安全的重要屏障，也是黄河的水源地。党的十八大以来，生态文明成为中国特色社会主义事业"五位一体"总体布局的重要内容之一，在习近平总书记的关心和批示下，GS 省政府加强了对 QL 山地区生态环境的保护和修复工作。ZY 市"一库八网三平台"就是在这个背景下建立起来的。

所谓"一库八网三平台"，是指应用遥感监测技术构建"一库"，打造生态环境保护大数据库。"八网"是指空气环境质量监测数据网络、水环境质量监测数据网络、土壤环境质量监测数据网络、声环境质量监测数据网络、机动车尾气监测数据网络、辐射环境监测数据网络、重点排污单位污染源监测数据网络和城市重点区域监测数据网络。"三平台"是指 QL 山和 H 河湿地生态环境本底评估与动态监测平台、山水林田湖草生态修复项目监测平台和智慧环保平台。"一库八网三平台"实现了国土、林业、水利、农业等政府部门共享数据，加强了 QL 山生态保护过程中的政府跨部门、跨业务协同。

二 主要数据收集方法：访谈法

如前所述，案例研究法一般有六种数据收集策略。但一般而言，依据研究问题的性质和研究者自身的偏好，不同的案例研究有不同的数据收集策略。在本书中，除观察、政府档案数据和新闻数据以外，本书进行数据收集的主要方法是访谈法。换言之，按照案例研究法的惯例，本书主要采集定性数据，并以访谈作为数据获取的主要来源[①]。这是因为访谈法比较适合研究复杂性议题，在访谈过程中通过谈话的方式深入理解具体事务是怎样运行的、因素之间是怎样联系的，以及系统是怎样运作的[②]。本书的目的是深入分析政府跨部门协同治理绩效损失产生的过程及其内在机理，这个问题本身比较复杂，需要深入理解政府跨部门协同治理的运行过程、影响因素，因此，访谈法所获取的质性数据更适合本书的研究目的。

三 研究思路

在前面研究背景以及研究问题的提出与界定中，我们阐述了本书研究的初衷，即政府在应对复杂且棘手的公共问题过程中，存在跨部门协同治理需求日益增加与跨部门协同失灵这一互相矛盾的现象，我们把这种现象界定为"跨部门协同治理绩效损失"。在政府协同治理实践中，政府跨部门协同治理绩效损失发生在政府跨部门协同治理过程中（后续我们将这个过程称为"协同治理绩效生产过程"）。因此，本书的研究思路如下。

第一，界定何为政府跨部门协同治理绩效损失，论证这一概念提出的必要性和合理性；继而，分析政府跨部门协同治理绩效损失与跨部门协同障碍、跨部门协同失灵之间的异同点；最后，分析政府跨部门协同治理绩效损失的衡量标准和测度公式。

第二，按照案例研究法的规范，本书还需要构建一个目标参照理论，这个理论分析框架是一个宏观的分析框架，用于指导案例研究的数据收集和数据分析过程。我们认为政府跨部门协同治理绩效

---

① ［加拿大］朱迪丝·A. 霍尔顿、［法］伊莎贝尔·沃尔什：《经典扎根理论：定性和定量数据的应用》，王进杰、朱明明译，北京大学出版社2021年版，第72页。

② ［英］马丁·登斯库姆：《怎样做好一项研究——小规模社会研究指南（第五版）》，张玉婷译，上海教育出版社2020年版，第198页。

损失产生于政府跨部门协同行动过程之中，而协同行动选择与协同主体对于协同治理价值、协同行动过程中的利益得失的判断和决策密切相关，因此本书选取协同过程理论和社会心理学中关于判断偏差的理论作为理论基础，并构建了综合的理论分析框架。

第三，在理论分析框架（参照理论）指引下，本书在第三章运用案例研究的二阶编码技术分析了政府跨部门协同治理绩效损失产生的过程，并构建了理论模型。

第四，本书在第四章分析了政府跨部门协同治理绩效损失产生的影响因素，即回答了什么关键因素影响了政府跨部门协同治理绩效损失以及这些因素是如何发挥作用的，并构建了理论分析模型。

第五，在分析政府跨部门协同治理绩效损失产生过程、影响因素和机制的基础上，鉴于协同治理绩效生产是一个系统的绩效生产模式，本书分别从观念、思维、环境、能力、流程和保障等维度提出破解政府跨部门协同治理绩效损失的对策，最后尝试提出构建中国式政府跨部门协同治理绩效生产模式的设想。

第二章

核心概念界定与参照理论

概念是研究的基础和逻辑起点。从本书来说，无论是绩效还是绩效损失都是有争议的概念，因此在本章我们需要先对几个核心概念即绩效、政府绩效损失和政府跨部门协同治理绩效损失做出论证和界定，并尝试提出衡量政府跨部门协同治理绩效损失的标准以及测度公式。为了更好地研究本书所提出的问题，按照案例研究法的规范，我们还需要对理论基础做出分析和建构，即建构参照理论。由于我们要解释政府跨部门协同治理绩效损失产生的过程，以及分析其具体的产生机理，因此在理论分析框架建构部分，我们首先梳理和分析既有的跨部门协同过程理论，作为后续案例研究的参照理论。

第一节 核心概念界定

在人类的认知世界中概念起到了非常重要的作用，一方面人类用概念建构自然世界和人类世界的认知秩序，另一方面人类也用概念进行交往互动和知识创造、传承。从上述角度来看，对关键概念的界定和厘清是政府绩效管理研究的基础性理论问题。由于概念是人类建构的产物，人们对概念所产生的社会实践本身的认识、立场和出发点等方面的诸多不同，经常会导致人们对同一社会实践有着不同的理解和界定，因此对概念的界定经常产生分歧。从认知意义上来说，概念特别是核心概念的争议不利于学科的发展，因此需要通过不断地比较、澄清，继而达成学术共识。

一　绩效

在学术语言中，绩效的概念一直充满争议。因此，本书需要对绩效这一核心概念做出界定，目的并不是解决争议，而是作为本书的研究基础，为更好地研究政府跨部门协同治理绩效损失问题起到锚定作用。

从人类观念史来看，绩效一直都是人类反思自身、管理自我、控制他人的手段。在中国古代典籍中，功绩、察举、荐举等概念很早就被使用。据考察，"功"最早见于战国时期的金定文，有"功绩"之意。在《荀子·王霸》中有"名声若日月，功绩如天地"，其明确使用了"功绩"这一概念。在《诗经》的《大雅·文王有声》中记载了"丰水东注，维禹之绩"，来表达大禹治水之功绩。据学者研究，自现代公共行政建立（以威尔逊《公共行政之研究》的发表作为标志）以来，"绩效"一直都是行政管理的研究主题之一[1]，只不过在学术文献中经常使用"效率"这个概念。"绩效"这个概念，直到西方国家在新公共管理运动中采用政府绩效评估作为提升政府应对社会需求能力的手段时才被广泛使用。

在学界，有些学者将效能和绩效等同[2]，有些学者则认为两者是不同的概念[3]，还有学者对此持折中观点，即一方面认为绩效和效能本源上相同，都是对结果的关注，但从关注的焦点来看，效能既关注"效"，也关注"能"[4]。在本书中，我们也认为绩效和效能

---

[1] 霍春龙、包国宪：《论公共行政发展过程中的绩效范式变迁及其演化规律》，《兰州大学学报》（社会科学版）2018年第4期。

[2] 庞波编著：《政府效能建设理论与实践》，国家行政学院出版社2012年版，第10页；唐琦玉：《政府效能评价体系》，湖南人民出版社2012年版，第1—9页。

[3] 郭燕芬、柏维春：《政府效能的概念界定、辨析与发展》，《广西社会科学》2017年第8期。

[4] 卓越、罗敏：《制度优势如何转化为治理效能？——基于比较分析的视角》，《广西师范大学学报》（哲学社会科学版）2021年第6期。

的概念等同。绩效观念作为评判和反思人类行为目标和行为结果的有效工具,是推动人类不断进化和发展的重要途径和动力之一。同样,绩效同政府行为渊源颇深[1],它是古代考评官员的重要标准之一。在现代社会,绩效是评判政府管理水平和效率的重要依据[2]。尚虎平等运用原子图谱法对绩效进行心像分析,分析结果表明:结果、行为、目标是绩效概念的核心心像,效益、工作是绩效概念的准核心心像,过程、成绩、任务、活动等是绩效概念的重要心像。[3]这表明绩效是政府为完成某项工作,在实现工作目标过程中所取得的成绩、成就或者效益。

此外,还有学者在总结国内外权威文献的基础上认为,绩效概念可以分成结果说、过程说和能力说[4]。而绩效概念的结果说最早来源于泰勒的科学管理,他认为绩效指的是完成任务。任务具有多重目标,既包括显性任务,也包括隐性任务。绩效概念的过程说与结果说恰好相反,该学说认为绩效的侧重点应该是产出的过程。

我们认为,过程绩效观主要关注行为,即将组织得以有效运行并能够提高组织效益的行为作为重点观测内容[5]。行为绩效观可以分为硬性绩效观(即可测量,便于绩效评估,在某些方面等同于任务绩效)和价值行为绩效观(即绩效行为很难测量,也不便于进行绩效评估,比如周边绩效、关系绩效、创新绩效等)[6]。而价值绩效观是以胜任力为基础的绩效观,很好地结合了结果绩效观和行为绩

---

[1] 吴建南、阎波:《政府绩效:理论诠释、实践分析与行动策略》,《西安交通大学学报》(社会科学版)2004年第3期。

[2] 臧乃康:《政府绩效的复合概念与评估机制》,《南通师范学院学报》(哲学社会科学版)2001年第3期。

[3] 尚虎平、李逸舒:《一种概念界定的工具:原子图谱法——以"绩效"、"政府绩效"、"政府绩效评估"概念为例》,《甘肃行政学院学报》2011年第4期。

[4] 孙波:《绩效管理:本源与趋势》,复旦大学出版社2018年版,第4页。

[5] Katz, D. and Kahn, R. L., *The Social Psychology of Organizations*, New York: Wiley, 1966, p. 489.

[6] 许为民、李稳博:《从经典学术论文的视角分析绩效内涵研究》,《东华大学学报》(社会科学版)2009年第4期。

效观，认为在完成组织目标的过程中组织人员的潜在能力与行为能力是产生绩效的关键。

实际上，上述绩效观都存在不同的缺点，比如结果绩效观认为完成任务就是绩效，但实际上政府绩效更体现为政府行为、价值和能力。彼得·德鲁克曾在《卓有成效的管理者》一书中从管理者角度区分了效率和效能。他认为，效率是"把事情做对"（to do the things right），而效能则是"做正确的事"（to get the right things done）[①]。德鲁克分析认为，效率的概念是分析体力工作的标准，然而，在知识经济时代，评价知识工作的概念应该是"效能"。虽然德鲁克关于效率和效能的观点主要用于分析组织管理者，但我们认为这个观念也可以用于分析组织。

综合分析相关文献，我们可以发现学者以及实务界人士根据自身的研究需要或者实践需要对绩效做出了各种不同的界定，所使用的概念也不统一，有绩效、效能、生产力、质量等很多术语表达。如果我们抛开绩效内涵的静态分析，从动态角度把绩效看作一个生产过程，我们可以发现：首先，对绩效概念的理解离不开组织所处的具体情境。现代政府理论认为，政府存在的价值在于持续、有效地回应公众需求。然而，不同时间和空间范围内的公众需要不同，政府与公众互动的方式也不同，政府识别公众需求、回应公众需求的能力也不同，这些因素导致政府目标不同，而政府目标是政府绩效生产的逻辑起点。由此，我们认为，绩效受到时空环境的限制。其次，绩效离不开组织的行为。从生产角度来说，绩效是组织行为所产生的结果。在绩效生产中，生产主体通过相关能力的展现以及资源投入实现其目标，继而才产生具体的结果和效益。最后，绩效也具有静态特征，也就是说，绩效有诸如效率、质量、服务等静态的属性。

[①] ［美］彼得·德鲁克：《卓有成效的管理者》，许是祥译，机械工业出版社2005年版，第2页。

综上，我们将绩效界定为，在特定的时空情境下，公共组织为满足公众需要，通过资源投入、政策行为、组织管理等能力的使用过程而创造的显性或潜在的产出及其效益。

二 政府绩效损失

从社会认知角度来说，任何概念都是人类在社会认知过程中对社会实践的概括和抽象。换言之，概念是人类为了更好地厘清认知秩序而建构的认知体系，具有工具性目的。当前，学界对绩效损失的概念已经做了很多精彩的探讨，然而作为一个学术话题还有一些理论问题有待阐明。学者们对绩效损失概念的界定还存在分歧，因此，还需要对政府跨部门协同治理绩效损失的概念做出澄清和论证。此外，关于政府绩效损失的内涵的观点还需要证成。我们先从政府绩效损失概念的主要争议开始，论证并澄清绩效损失这一概念的内涵，继而在此基础上界定本书对绩效损失概念的理解，并做出合理性论证。

（一）绩效损失是绩效评估的偏差还是绩效生产的不足？

1. 政府绩效评估偏差与绩效损失的最初含义

最初，学者们对绩效损失问题的关注是由政府绩效评估实践中的绩效评估悖论[①]或者功能失调引起的反思。随着新公共管理运动在全球推广，政府绩效评估作为一种有效的促进政府改革、提升政府效能的手段被广泛使用。然而，在政府绩效评估实践中出现了走样甚至是异化的现象。这主要表现为政府绩效考核存在形式主义，如下级为了应付考核疲于奔命、表格依赖等现象。从实地调研情况来看，出现政府绩效考核异化现象的主要原因是上级政府片面地将政府绩效考核作为管理手段，导致考核指标脱离基层实际。换言之，下级认为上级所制定的绩效指标体系并不能完全代表基层实际

[①] Andra van Thiel, Frans L. Leeuw, "The Performance Paradox in the Public Sector", *Public Performance & Management Review*, Vol. 25, Issue 3, 2002.

绩效，在考核过程中出现了绩效损失。这种绩效损失实质上是政府绩效评估结果与实际绩效之间的差距。其产生矛盾的主要原因是在政府绩效管理过程中部分上级部门为了自身管理和控制下级之目的而制定不合理的或者错误的指标，在指标体系和考核方式上缺乏必要的沟通和价值建构，由此产生了绩效损失。实际上，仔细分析这种评估意义上的绩效损失，其本质上并不是没有绩效，而是通过评估手段而得到的绩效与实际绩效不相符。上级部门应用不合理的甚至是错误的绩效信息管理下级，这一政府绩效管理过程造成了绩效损失。

2. 治理理论视角下绩效损失界定的视角转换

如果说新公共管理运动在秉持管理主义的价值和理念下，试图应用政府绩效评估来提升政府产出效率和质量，以此回应公众日益增长的公共需求，那么，根据上述分析，在政府绩效评估实践中所出现的评估绩效与实际绩效的差距（绩效损失）不仅不能有效解决并回应公众的需求，反而会因不合理的评估指标产生如下问题：一是按照不合理的评估指标生产出公众不需要的公共产品；二是绩效生产主体疲于应付不合理的指标体系，造成注意力偏移，产生目标置换，不利于产出效率和质量。此两种后果给实务界和理论界提出了警示：对实务界人士来说，他们需要思考为何政府的产出及结果与公众期望差距较大；对于理论界人士来说，需要反思政府绩效管理过程中工具理性倾向带来的不利影响，进而从深层次反思和分析政府绩效生产问题。正是在这种背景下，关于绩效损失的理解发生了视角转换，即从政府绩效评估转向政府绩效生产。

在政府绩效生产视角下，政府绩效损失关注的实践问题是：为何政府的产出及效果与公众期望有差距？为了解释这个问题，基于公共价值的政府绩效治理理论认为[1]，政府绩效本质上是社会建构。

---

[1] 包国宪、王学军：《以公共价值为基础的政府绩效治理——源起、架构与研究问题》，《公共管理学报》2012年第2期。

这就是说，只有基于公众需求，并经由政府与社会互动建构而来的政府绩效才具有合法性和可持续性。根据现有的研究成果，政府绩效生产过程包括政府识别公众需求形成绩效目标，继而编制绩效计划，编制绩效方案，通过组织管理、领导和沟通过程实施绩效方案，最终实现绩效产出。在此过程中，不同阶段的链条以及执行主体的差异，有可能造成绩效损失。绩效损失的生产视角突破了仅关注政府绩效测量与评价中技术、信息层面的偏差问题[①]，转向政府绩效生产中的治理问题。

3. 两种政府绩效损失界定视角的同与不同

上面我们阐述并分析了绩效损失概念的视角转化过程。为了进一步厘清绩效损失的内涵，还需要进一步分析两种视角的同与不同，我们先分析不同点，然后再分析相同点。

首先，两种绩效损失分析视角的不同点有以下几点。第一，两种政府绩效损失内涵的具体实践指向不同。任何概念都是对经验现象的概括和归纳，从上述关于政府绩效损失界定视角的转换来看，最初从测量角度理解的绩效损失具体指向政府机构内部，是政府评估绩效与实际绩效之间的差距，而治理视角下的政府绩效损失指向政府绩效的实际生产过程，是政府产出及其效果与公众期望之间的差距。第二，两种政府绩效损失分析视角的理论基础不同。从测量角度理解政府绩效损失之观点所秉持的理论基础是管理主义理路。自公共行政学诞生起，为了更好地提升政府效率，减少政治干预对政府执行效率的不利影响，行政学者们提出了政治—行政二分原则，将行政聚焦在政府内部管理上。韦伯进一步区分了工具理性和价值理性，认为现代政府应该秉持工具理性的原则，按照理想官僚制模式提升执行效率，实现政府价值。西蒙虽然批评了传统公共行政理论的诸多缺点，提出有限理性的原则，但其仍然坚持管理

---

① 包国宪、张弘：《基于PV-GPG理论框架的政府绩效损失研究——以鄂尔多斯"煤制油"项目为例》，《公共管理学报》2015年第3期。

主义的理路，提倡事实与价值分开，主张价值中立，专注于事实问题。第二次世界大战后，公共行政研究的视角从政府内部转向外部，政府通过公共权力干预社会经济发展的理念得以被承认。但在20世纪80年代，福利国家的弊端日益显现。在新自由主义理论的基础上，新公共管理运动继续秉持管理主义的分析理路，提出借鉴其企业管理的经验，引入市场机制和竞争机制，并运用绩效管理的方式提升政府效能。可见，政府绩效管理的理论基础秉持管理主义的价值原则，希冀通过政府内部组织绩效的组织管理过程有效实现组织目标。然而，管理主义的分析理路将价值排除在外，不关注政府绩效生产的政治过程。尽管，沃尔多以及后续新公共行政学派和黑堡学派对管理主义分析理路提出了严厉的批评，但由于其不能提出具体的、可操作的管理技术和措施，因此，并未对政府改革起到实质性的影响。治理视角下的政府绩效理论遵循民主政治学传统，将公共价值建构，即政府与公众的互动重新引入分析框架，认为政府绩效生产既是一个政治过程也是一个管理过程。

其次，两种政府绩效损失分析视角的相同点。尽管两种政府绩效损失分析视角的具体实践指向和理论基础不同，但这两种政府绩效损失的分析都聚焦于如何提升政府效能，如何有效回应并满足公众期望。虽然测量视角下的政府绩效损失指向的是政府实际绩效与评估绩效之间的差距，是政府绩效评估和政府绩效管理过程的损失。而如前文所述，政府绩效评估的最终目的是提升政府绩效。只不过，由于管理主义工具理性视角的局限，其只将研究的焦点放在组织管理内部，缺失了政府与公众和社会组织互动的部分。

4. 本书对政府绩效损失界定视角的选择

最初人们认为政府绩效损失（从测量角度）是绩效评估过程中的技术和方法问题。尽管按照罗伯特·贝恩的观点，在公共管理中测量问题也是大问题[1]。然而，关于公共管理大问题的思考是基于对公共管理学科身份危机的焦虑[2]而产生的理论反思活动，因此不同国家、不同时代背景下的人们对公共管理大问题的理解不同，这种理解也会随着时代的变化和施政情景的变化[3]而变化。张成福认为当今中国之公共行政大问题应该是关注国家和人类命运，回应时代挑战[4]。2017年，党的十九大报告中庄严宣告"中国共产党人的初心和使命，就是为中国人民谋幸福，为中华民族谋复兴"[5]。在此背景下，我们认为，在当代之中国，公共管理最大的挑战是政府如何以人民为中心，持续、有效地回应人民日益增长的需求，创造公共价值。从理论上来说，政府如何有效回应民意，解决社会公共问题，提升公民福祉也是政治学的重大问题。因此，本书更关注绩效生产角度的政府绩效损失，即回答并解释政府的产出及其结果为何不是公众需要的。

（二）政府绩效损失的锚定点：产出、公共价值还是公共需求？

从字面意思来看，政府绩效损失是一种比较性的概念，即与什么相比较是绩效损失。社会认知理论发现，人们在决策判断过程中经常将某个初始值（即锚）作为认知基点与其他事物进行比较从而形成判断[6]。易言之，在判断政府绩效损失的过程中，人们经常从某个锚定点出发与其他要素进行比较从而形成政府绩效损失的认知，因此，合理确定绩效损失的锚定点是准确理解政府绩效损失的

---

[1] Robert Behn, "The Big Questions of Public Management", *Public Administration Review*, Vol. 55, Issue 4, 1995.

[2] 何艳玲、汪广龙：《我们应该关注什么：关于公共行政学"大问题"的争论》，《中国行政管理》2011年第12期。

[3] 蓝志勇：《也谈当代中国公共管理的大问题——一个多视角的思考》，《中国行政管理》2019年第10期。

[4] 张成福：《意识的转化与内在革命——关于我们时代公共行政大问题的对话》，《中国行政管理》2019年第10期。

[5] 《习近平谈治国理政》（第三卷），外文出版社2020年版，第1页。

[6] ［加］齐瓦·孔达：《社会认知——洞悉人心的科学》，周治金、朱新秤等译，人民邮电出版社2013年版，第78页。

关键问题。梳理已有文献可以发现，当前学者们对绩效损失的锚定点存在分歧，即使是同一位学者，在不同的场景下所给出的绩效损失的锚定点亦有不同。从已有文献来看，政府绩效损失的锚定点至少有以下三个：从产出（output）出发与结果进行比较[①]；从基于共识的或结果的公共价值出发与结果进行比较[②]；从公共需求出发与实际效果进行比较[③]。下面，我们对它们做具体的分析。

1. 产出与结果的比较

包国宪和张弘基于鄂尔多斯"煤制油"项目分析了政府绩效损失的概念。他们从公共项目的绩效生产出发，认为政府绩效损失指的是项目产出与结果的差。产出是通过公共项目生产而得到的产品或服务，而结果是产出对社会的影响[④]。从产出出发并与结果比较从而界定绩效损失具有深刻的洞见，符合新公共管理运动以来绩效管理的理论逻辑。传统公共行政理论在效率目标的驱动下，更多关注政府产出，客观上忽视了产出所带来的实际效果。在福利国家和行政国家的背景下，尽管政府产出在应对经济危机以及战后重建中发挥了积极作用，然而社会不公问题日益增加，以弗雷德里克森为代表的学者提出新公共行政理论，把公平纳入公共行政的价值范畴，试图弥补管理主义范式下公共行政的不足。基于经由新公共行政理论的批评和反思行动，实务界和学者们认识到政府产出并不一定带来好的结果，因此开始重新反思产出与结果的关系。新公共管理运动借鉴企业绩效管理的思维，在关注结果的同时关注产出的实

[①] 包国宪、张弘：《基于 PV-GPG 理论框架的政府绩效损失研究——以鄂尔多斯"煤制油"项目为例》，《公共管理学报》2015 年第 3 期。

[②] 王学军：《政府绩效损失及其测度：公共价值管理范式下的理论框架》，《行政论坛》2017 年第 4 期；王学军、王子琦：《公共项目绩效损失测度及治理：一个案例研究》，《中国行政管理》2019 年第 1 期。

[③] 霍春龙：《认知分歧与共享现实：公共政策绩效损失是如何产生的?》，《兰州大学学报》（社会科学版）2017 年第 3 期。

[④] 包国宪、张弘：《基于 PV-GPG 理论框架的政府绩效损失研究——以鄂尔多斯"煤制油"项目为例》，《公共管理学报》2015 年第 3 期。

际效果，因此提出了"效益"的概念。政府绩效损失这一概念为我们理解和反思产出与结果的关系提供了深刻的洞见，在一定程度上解释了为何政府的产出不是公众需要的现象。问题在于，如果把政府绩效生产过程看作对公共价值的识别与选择、目标确立、资源投入、组织管理、产出与效果等几个环节，那么产出仅仅是政府绩效生产过程的末端，因此，不能从绩效生产源头上解释政府产出的效果与公众期望之间的差距，陷入管理主义理论的窠臼。

2. 公共价值与结果的比较

王学军、王子琦从基于公共价值的政府绩效治理理论出发，提出"政府绩效损失是在公共价值管理系统与政府绩效生产系统的交互中形成的，当政府绩效产出不符合结果主导的公共价值或生产过程偏离共识主导的公共价值时，政府绩效损失都会产生"[1]。他们将政府绩效损失的锚定点从产出转移到公共价值，这样能够更好从绩效生产过程解释绩效损失的原因，继而弥补了以产出作为锚定点解释的不足。不过，以公共价值作为绩效损失的锚定点亦存在不足，这表现在：首先，不足在于公共价值的模糊性。在学界，对公共价值的界定有两种传统。一是马克·莫尔从公民偏好角度界定的公共价值（public value），二是以波兹曼为代表的学者从公民共识角度界定的公共价值（public values）。其次，将公共价值作为绩效生产的逻辑起点仍然是以政府为中心，换言之，无论是基于结果的公共价值还是基于共识的公共价值都需要通过政府的识别系统来确定，这种公共价值可以统称为"政府公共价值"。因此，马克·莫尔才提出政府及其公共管理者通过价值链分析、公共价值计分卡等方式识别公共价值，以弥补政府中心主义的不足。众所周知，公共价值的源头根植于社会公共需求，因此本书认为应该将绩效损失的锚定点确定在公共需求上。

---

[1] 王学军、王子琦：《公共项目绩效损失测度及治理：一个案例研究》，《中国行政管理》2019年第1期。

3. 公共需求与实际效果的比较

要论证为何将公共需求作为绩效损失的锚定点，首先需要理解公共需求的概念和特征，我们先看在 SX 省 XZ 市调研"随手拍"平台过程中的几个小案例。

【案例1】

事由：3月21日，FG县BH小学后门街道路边被某个单位画黄线禁止路边停车，两日后又安装一套摄像头报警系统，又过两日加装了音响报警系统。不管白天、晚上，只要路边有车就报警，音响报警声严重扰民，严重影响BH小学的孩子们。

问政：一、这条街道紧邻BH小学后门，只是在孩子们放学时有点车多，但从没有堵过，请问相关部门，有哪个学校周边放学时不是拥堵的情况？平时在路边停车的都是学校老师和对面小区居民，而且停车都很规范，为何就要画黄线不让停车了呢？请问相关部门画黄线的目的何在？为何不能画车位？

二、首先，摄像头、音响报警系统一般安装在红绿灯路口等位置，用于预防交通事故的发生，但是这条街道人流量和车流量很小，画黄线和安装摄像头报警系统没有必要。其次，马路边就是BH小学教学楼和小区居民楼，音响声音非常大，严重影响学生和居民。音响报警系统在FG县境内属首例安装，但是在人流量和车流量非常小的小路上安装也许属于全国首例！想请问：1. 相关部门安装时有没有考虑到孩子们上课和居民休息等情况？2. 画黄线和安装摄像头、音响报警系统有没有经过实地考察和论证？3. 摄像头、音响报警系统的安装是不是正规单位施工？有没有安装资质？有没有经过有资质单位环境影响评价？

【案例2】

当前全国保健品市场混乱，利用老年人各种心理，通过发鸡蛋等拉拢，一步一步推销卖产品。ZL 保健品商店位于东街大队楼旁边，经常拉拢老年人听课。请问该地销售的保健品是否合格？一套被子 15000 多元，一套杂牌净水机 10000 元左右，价格又是否合理？该店铺是否有资质销售这些东西？请相关单位认真审查。

【案例3】

夏天到了，又到了面皮、凉粉、粉条等的销售旺季。但是这些散装产品没有生产日期、保质期、配料等说明，顾客无法判断其有没有食品添加剂、是否变质。希望食品监督部门可以让其注明生产日期、保质期，保护老百姓的食品安全。

【案例4】

NW 县 BH 花园小区暖气停了好几天了，但按照规定都是三月中旬才停暖。请相关部门处理一下。我们 BH 花园整个小区的人都冷得不行。

【案例5】

新国道穿过 SJK 村口和 ZZZ 村口，在 SJK 村口安装了红绿灯和监控，而 ZZZ 村口却未安装红绿灯。所以，自新国道通了以后，ZZZ 村口每年车祸多了好多起，村口是村民出村的必经之路，可是为什么在这么多起事故发生以后，依然不安装红绿灯？村民每次到路口都心惊胆战，而大车路过村口从不减速，冬天还好，夏天国道两侧的庄稼长高了，村民肯定看不到两侧来的车，所以，每到春、夏、秋，村民心慌慌。发生大小事故几十起了，恳请政府关注，为老百姓的生命安全考虑，安装红绿灯和监控，给三千多名村民一个安全保障，非常感谢。

从以上五个关于社会公共需求的案例可以发现，社会公共需求是在特定的时间和空间范围内众多个体作为一个整体时所产生的客观需求。仔细分析，这一公共需求的界定具有以下几点特征。

第一，这些公共需求根植于公众个体生活，涉及交通安全、噪声污染、老年人被诈骗、水暖等方方面面，包括基本生活需求、安全需求、发展需求等，因此公共需求是具体的、真实的，而不是抽象的。第二，公共需求具有切身性。所谓切身性是指公共需求与公众自身利益直接相关。第三，公共需求是在特定空间和时间范围内多数普通公众的需求，它不是个体的私人需求。第四，公共需求具有变动性。公共需求具有时间特征，在特定时间范围内公共需求被满足后，会产生其他公共需求。第五，公共需求是整体性需求。公共需求的整体性特征意味着公共需求具有不可分割性和相互依赖性，因此公共需求不可能单独提供给某一个人或某一部分人，也不能分散供给。第六，公共需求具有综合性，即公共需求既有短期的基本需求，也有长期的共识性需求。案例1虽然反映的是某学校道路黄线禁停设置，且有噪声污染问题，但背后是设置道路禁停是否合理、某单位加装音响报警系统人为制造噪声是否公平的问题，易言之，公共需求既包含了基于结果的公共价值也包括基于共识的公共价值。我们认为，政府跨部门协同治理绩效损失的锚定点应该是合理的公共需求，原因如下。

首先，将公共需求作为绩效损失的锚定点能够将绩效生产的源头根植于社会。基于公共价值的政府绩效治理理论认为，政府绩效的合法性来源于社会，最终服务于人民，人民是政府绩效的最终评价者和拥有者。以此出发，将公众合理的公共需求作为绩效损失的锚定点既符合绩效理论的规定性，也符合马克思关于人的需求理论的规定性。人类所有的关系都取决于社会需求[1]。马克思从具体的人出发，认为人为了生活必须先解决吃穿住等基本需求[2]，随着社

---

[1] ［奥地利］阿尔弗雷德·阿德勒：《洞察人性》，张晓晨译，上海三联书店2016年版，第15页。

[2] 《马克思恩格斯选集》（第一卷），人民出版社1995年版，第79页。

会的不断进步，演化出私人需求和公共需求，政府（国家）只有在正确识别和满足公共需求的基础上才能实现和谐[1]。中国共产党把为民办事、为民造福作为最重要的政绩，把为老百姓办了多少好事实事作为检验政绩的重要标准。党员、干部特别是领导干部要清醒认识到，自己手中的权力、所处的岗位，是党和人民赋予的，是为党和人民做事用的，只能用来为民谋利。各级领导干部要树立正确的权力观、政绩观、事业观，不慕虚荣，不务虚功，不图虚名，切实做到为官一任、造福一方[2]。总之，政府绩效生产的源头是合理的公共需求。需要注意和澄清的是，受短期利益和理性不足等因素的影响，一些公共需求可能不合理，因此，公共需求必须满足"合理性"这个前提。政府跨部门协同治理本质上也是为了满足公共需求，更好为人民服务的一种组织结构和手段，因此对跨部门协同治理绩效损失的锚定点应该放在公共需求上。

其次，将公共需求作为绩效损失的锚定点符合以人民为中心的政治要求。以人民为中心是社会主义国家的本质要求，也是历代中国共产党人的不懈追求和奋斗动力。特别是党的十九大以来，党和政府始终坚持以人民为中心的政治要求治国理政。习近平总书记在"不忘初心、牢记使命"专题民主生活会上讲话指出："不忘初心、牢记使命，说到底是为什么人、靠什么人的问题。以百姓心为心，与人民同呼吸、共命运、心连心，是党的初心，也是党的恒心。想问题、作决策、办事情都要站在群众的立场上，通过各种途径了解群众的意见和要求、批评和建议，真抓实干解民忧、纾民怨、暖民心，让人民群众获得感、幸福感、安全感更加充实、更有保障、更可持续。"[3] 党和政府"以人民为中心"的治国理政原则在客观上要求将公共需求作为政府绩效损失的锚定点，以此分析政府跨部门

---

[1] 鲍宗豪：《论马克思主义的社会需求理论》，《马克思主义研究》2008年第9期。
[2] 《习近平谈治国理政》（第四卷），外文出版社2022年版，第55页。
[3] 《习近平谈治国理政》（第三卷），外文出版社2020年版，第138页。

协同过程的绩效损失问题。

综上所述，本书认为，政府绩效损失是指在政府绩效产生过程中因诸种因素导致的实际政府绩效与公共需求的差。

(三) 政府跨部门协同治理绩效损失

1. 政府跨部门协同治理绩效损失的界定及其特征

在前述分析的基础上，我们界定了政府绩效损失的概念。同样的逻辑，我们将政府跨部门协同治理绩效损失界定为：在应对日益复杂公共事务的过程中，在特定时空范围内，政府职能部门为了实现协同目标而实施的协同行动所产生的协同效果与协同需求之间的差距。这一界定具体包含以下内容。

首先，该界定继承了政府绩效的基本观点，即从结果角度（协同效果不佳或协同失灵）出发，分析该结果产生的过程和影响因素。从这一意义上说，政府跨部门协同治理绩效损失的思考过程如下：面对日益增长的跨部门协同需求，针对政府跨部门协同治理绩效不高的现象，以政府跨部门协同行动作为研究对象，分析为何在政府跨部门协同治理绩效生产过程中出现了协同效果与协同需求之间的差距，且该差距不是在绩效评估中产出的偏差，而是在协同治理绩效生产过程中产生的偏差。

其次，从政府跨部门协同过程中微观互动的角度分析政府跨部门协同治理绩效损失问题。王充认为，"知屋漏者在宇下，知政失者在草野"[①]。按照我们上文对政府绩效的界定，政府跨部门协同治理绩效生产过程离不开利益相关者个体之间的微观互动，因此，必须从"互动行为"这一角度分析并理解政府跨部门协同治理绩效损失问题。

再次，分析政府绩效损失需关注并厘清政府跨部门协同治理绩效生产的时间和空间范围。政府跨部门协同治理绩效是在特定的时

---

① 王充：《论衡校注》，张宗祥校注，郑绍君校点，上海古籍出版社 2013 年版，第 560 页。

间—空间范围内产生的，只有厘清时间和空间范围，才能准确分析绩效损失问题。

最后，协同需求是政府跨部门协同治理绩效损失的锚定点。为什么将协同需求，特别是合理协同需求作为标杆？在复杂和不确定环境下，政府跨部门协同治理作为政府应对社会棘手公共问题的基本手段，其基本功能就是通过对协同需求的满足来实现协同目标，继而达到 1 + 1 > 2 的效果。因此，是否满足协同需求是衡量政府跨部门协同治理绩效高低的尺度和标杆，当然，其也是衡量政府跨部门协同治理绩效损失的标杆。

2. 政府跨部门协同治理绩效损失与相似概念的比较

前面我们分别分析了政府绩效损失的两个基本问题，即政府绩效损失是绩效评估问题还是绩效生产问题，以及政府绩效损失的锚定点是什么。这里还有一个理论问题需要分析，即为何要提出"政府跨部门协同治理绩效损失"这个概念，在学界中是否有同类的概念？我们该如何论证政府跨部门协同治理绩效损失这一概念提出的必要性和合理性？

（1）政府跨部门协同治理绩效损失与政府跨部门协同障碍

我们知道，概念是人类对生活世界所经历现象的抽象和概括。在知识产出过程中，同一学科的不同学者针对同一社会现象可能会提出不同的概念，这容易产生语言游戏的窠臼。因此，针对政府跨部门协同治理绩效损失这一概念，我们还需要进一步分析与其相似的概念，以此论证政府跨部门协同治理绩效损失概念提出的正当性。从问题的角度来看，政府跨部门协同治理绩效损失与政府跨部门协同障碍是非常相近的概念。下面我们比较政府跨部门协同治理绩效损失与政府跨部门协同障碍之间的异同。

第一，两者的相同点。在政府跨部门协同治理实践过程中，学者们将阻滞或阻碍政府跨部门协同行动的诸多因素理解为政府跨部门协同障碍，有学者将其界定为：在政府跨部门协同治理过程中存在难题，以及这些难题背后所存在的共同的跨部门阻滞机理而引发的经常性的协同困境①。

比较而言，政府跨部门协同治理绩效损失与政府跨部门协同障碍有很多相同的地方，具体来说：一是两者的研究对象都是政府跨部门协同治理过程。政府跨部门协同障碍或困难存在于政府跨部门协同治理行动过程之中，因此要研究政府跨部门协同障碍必然以政府跨部门协同治理过程作为研究对象。而政府跨部门协同治理绩效损失，分析的是政府跨部门协同治理过程中所存在的协同需求与协同结果之间的差距，简单来说，就是要从学理上解释为何政府跨部门协同治理绩效不高这一现象。从绩效生产的角度来说，政府跨部门协同治理绩效产生于政府跨部门协同治理过程之中，因此，在实际的研究中，也需要将政府跨部门协同治理过程作为研究对象，以此分析影响政府跨部门协同治理绩效的因素及其运行机理。二是两者都关注政府跨部门协同行动的互动过程。无论是政府跨部门协同障碍还是政府跨部门协同治理绩效损失，其实质都是政府部门之间在协同行动中存在问题。只有在政府部门的协同过程中，才能理解协同情景、协同主体、协同目标以及协同制度安排之间的关系；只有理解政府部门协同过程中的环境因素、成本因素、体制因素、领导力因素，才能有效分析并解释协同障碍以及协同治理绩效损失产生的影响因素和机制。三是两者所关注的主体都是政府部门。政府部门是公共管理的主体，具有特殊性。从政府跨部门协同结构来说，包括政府跨部门纵向协同和政府跨部门横向协同两种结构。但两者的研究主体都是政府部门，既包括纵向的上下级部门之间的协同，也包括横向的同级部门之间的协同。

第二，两者最大的不同是关注的焦点不同。从政府跨部门协同障碍的界定来看，政府跨部门协同障碍关注的焦点是"对有效协同

---

① 赖先进：《论政府跨部门协同治理》，北京大学出版社2015年版，第90页。

的不利因素",更关注协同过程的本体;而政府跨部门协同治理绩效损失关注的焦点是"协同治理绩效低下",相对正常的协同治理绩效而言,协同治理绩效低下意味着在协同治理绩效生产过程中存在损失,因此导致了协同治理绩效低下,协同治理绩效低下是现象、结果,而协同治理绩效损失意味着要对协同治理绩效低下负责并对其进行解释,其最终目标是提升协同治理绩效。因此,政府跨部门协同治理绩效损失所关注的焦点始终是"绩效",即协同治理的效果,只不过为了更好地解释并分析为何存在绩效损失而必须关注协同过程。这就是说,尽管政府跨部门协同治理绩效损失也研究"造成协同不力的障碍或因素",但其目标是通过分析这些"协同障碍"而进一步分析协同治理绩效损失是如何产生的这一学术问题。换言之,政府跨部门协同治理绩效损失对协同障碍的研究是"问题导向"的研究,将协同障碍作为导致跨部门协同治理绩效损失的因素来分析,因此,研究政府跨部门协同治理绩效损失,不仅要分析引起协同障碍的因素,还需要进一步分析这些因素为何会对绩效产生影响、其影响机理是什么。

(2) 政府跨部门协同治理绩效损失与政府跨部门协同失灵

蒋敏娟将政策之间存在的"相互交叠和彼此矛盾的复合目标"的现象称为政策协同失灵[1],更广泛地说,政策协同失灵指的是政策之间互相冲突、互相矛盾的现象。从这个定义来说,政府跨部门协同失灵所指的对象仍然是政府跨部门协同治理过程存在的问题,换言之,政府跨部门协同失灵是对政府跨部门协同治理过程中存在问题的概括和抽象。

从上述意义来说,政府跨部门协同失灵与政府跨部门协同治理绩效损失关注的焦点是不同的,简单来说,政府跨部门协同失灵关注的是协同问题本身,而政府跨部门协同治理绩效损失关注的是协

---

[1] 蒋敏娟:《中国政府跨部门协同机制研究》,北京大学出版社2016年版,第115页。

同治理绩效。为了更好地解释协同治理绩效问题，应关注并分析协同失灵的原因。

（3）政府跨部门协同治理绩效损失与政府绩效差距

根据已有的研究文献，与跨部门协同治理绩效损失类似的概念还有政府绩效偏差（performance bias）、绩效差距（performance gaps）。由于前面已经分析了政府绩效损失与政府绩效偏差之间的区别和联系，这里我们仅讨论政府跨部门协同治理绩效损失与政府绩效差距的区别和联系。

第一，政府绩效差距的提出背景与关注焦点。绩效差距概念源自现代管理学和组织行为学，意指组织在某一时段的实际绩效与某种绩效目标之间的差距[1]。学者们基于不同的比较对象，将绩效差距分为正向绩效差距、负向绩效差距、社会绩效差距与历史绩效差距[2]。其中，绩效高于期望的为正向绩效差距，绩效低于期望的为负向绩效差距；相对于组织产生之前的是历史绩效差距，相对于竞争对手产生的是社会绩效差距[3]。

根据迈耶、法维罗和朱凌2012年发表的文章，他们提出绩效差距的实践困惑来源于如何解释组织管理决策与组织绩效之间的关系[4]。因此，绩效差距关注的重点在于组织目标的实现程度（组织绩效差距）[5]，进而关注绩效差距如何影响管理决策和组

---

[1] 朱凌：《绩效差距和管理决策：前沿理论与定量研究评论》，《公共管理与政策评论》2019年第6期。

[2] 马亮：《绩效差距与目标调整：中国省级政府的实证分析》，《公共管理评论》2016年第3期。

[3] 王程伟、马亮：《压力型体制下绩效差距何以促进政府绩效提升》，《公共管理评论》2020年第4期。

[4] Meier, K. J., Favero, N. and Zhu, L., "Performance Gaps and Managerial Decisions: A Bayesian Decision Theory of Managerial Action", *Journal of Public Administration Research and Theory*, Vol. 25, Issue 4, 2015.

[5] 马翔、包国宪：《政府绩效损失：概念建构、测度方法和因果推论》，《公共管理评论》2022年第4期。

织行为[①]，以及组织管理者如何根据组织绩效差距调整组织战略，即组织管理者在目标维度既定的情况下，通过衡量组织绩效与其过去表现（历史标尺）和同类组织表现（社会标尺）的差距来决定组织的战略定位和战略层面的行为选择[②]。

从具体的管理实践困惑来看，绩效差距仍然秉持管理主义理论进路，将绩效差距作为工具，以此分析其对管理决策的影响，其本质是政府绩效管理中绩效反馈研究的延伸。然而，其缺点在于，既定的组织目标不一定合理。从政府管理实践来看，在政府跨部门协同治理的绩效生产过程中，绩效目标设定、绩效指标体系和权重设置的合理性直接决定着政府绩效的实现程度。如果不关注政府跨部门协同治理绩效生产本身，解决绩效差距问题并不能彻底解决实践问题。

第二，政府跨部门协同治理绩效损失关注的重点与焦点。政府跨部门协同治理绩效损失这一概念所关注的实践困惑是：在科层制体制下，为何政府跨部门协同治理需要并不能有效实现？虽然政府跨部门协同治理绩效损失与绩效差距概念类似，它们都关注了绩效目标与绩效结果的差异，但这两个概念的使用目的和观察视角完全不同。绩效差距是基于目标设定，但我们认为绩效目标设定本身可能存在问题。斯考切波提出了国家自主性理论[③]，这一理论告诉我们，面对多样化的公共需求，国家会根据自己的认知决定优先满足哪些公共需求。然而，在这个过程中有诸多因素影响政府的决策，政府所设定的目标并不一定是公众最需要的。在民主社会条件下，政府的绩效目标设定本身就是民主的价值建构的结果。因此，我们

[①] 朱凌：《绩效差距和管理决策：前沿理论与定量研究评论》，《公共管理与政策评论》2019 年第 6 期。

[②] 马亮：《目标治国、绩效差距与政府行为：研究述评与理论展望》，《公共政策管理与评论》2017 年第 2 期。

[③] ［美］西达·斯考切波：《国家与社会革命：对法国、俄国和中国的比较分析》，何俊志、王学东译，上海人民出版社 2007 年版，第 25—33 页。

需要超越工具主义和管理主义的研究视角，将关注的焦点放在政府跨部门协同治理绩效损失产生的社会建构过程、生产过程、影响因素及其具体的发生机理等方面。

(四) 政府跨部门协同治理绩效损失的衡量标准与测度方法

为了更好地理解政府跨部门协同治理绩效损失的概念，还要进一步分析如何对其进行评估。我们首先用量表方法评估是否有跨部门协同治理绩效损失，然后再分析如何测度跨部门协同治理绩效损失。

1. 政府跨部门协同治理绩效损失的衡量标准

在政府跨部门协同治理过程中，如何从方法上判断是否存在政府跨部门协同治理绩效损失？如前所述，政府跨部门协同治理绩效损失是一个比较的概念，即协同需求与协同效果之间的比较，因此要衡量是否存在跨部门协同治理绩效损失，需要比较协同需求和协同效果。根据研究文献，我们提出协同依赖度和协同效应两个指标，具体来说如下。

(1) 协同依赖度：衡量协同需求的指标

在研究综述中，我们发现，已有关于政府跨部门协同治理必要性和概念研究的文献认为，政府跨部门协同是政府处理复杂和棘手公共问题的策略，这是因为这类问题具有交叉性、多因交织性和相互依存性等特征[1]，因而仅靠一个部门难以有效解决，必须打破组织边界，通过跨部门协同的方式共同解决[2]。这就是说，政府部门在处理这类公共问题的过程中，由于在业务（部门所要完成的任务，比如环境治理、乡村振兴）、程序（业务办理过程所遵循的步骤、方式、时限和顺序）和资源（业务办理过程所需要的权力、信

---

[1] Weber, E. P., Khademian, A. M., "Wicked Problem, Knowledge Challenges, and Collaborative Capacity Builders in Network Settings", *Public Administration Review*, Vol. 68, Issue 2, 2008.

[2] John M. Bryson, Barbara C. Crosby, Melissa Middleton Stone, "The Design and Implementation of Cross-sector Collaborations: Propositions form the Literature", *Public Administration Review*, Vol. 66, Special Issue, 2006.

息、制度以及人、财、物等必需的成本或资源）方面存在着不对称或依赖，仅靠单一部门很难解决，客观上需要打破原有组织边界，通过跨部门协同的方式解决。因此，我们用部门之间的协同依赖度来衡量协同需求。需要强调的是，我们使用"协同依赖度"而不是"协同互赖度"概念，这是因为，在解决复杂和棘手公共问题的过程中，政府部门之间并不完全是双向依赖，很多情形下是单向依赖或者依赖程度不对称，比如政府主要职能部门与其他部门之间、政府上下级部门之间的依赖程度是不一样的，因此，我们使用"依赖度"这个指标。所谓协同依赖度，是指两个或两个以上政府部门在解决复杂和棘手公共问题过程中在业务、资源以及程序等方面的依赖程度。协同依赖度可以分成三种情形，即互相依赖或单方面依赖程度高、互相依赖或单方面依赖程度中以及互相依赖或单方面依赖程度低。

（2）协同效应：衡量协同实际效果的指标

协同治理过程理论告诉我们，在政府应对复杂和棘手公共问题过程中，在协同需求的刺激下，需要通过跨部门协同行为所带来的协同效应满足协同需求，最终实现政府部门各自或共同的目标。所谓协同效应，指的是协同主体通过协同行为所获得的效果。从协同治理绩效角度来说，正向的协同效应意味着协同需求的满足，而负向的协同效应意味着协同需求的不满足。在政府协同治理实践中，协同行动并不一定能够实现协同效应，我们将协同效应不高的现象称为协同治理绩效损失。按照哈肯在《协同学：大自然构成的奥秘》中的观点，政府跨部门协同行动既可能是自组织协同行动，也可能是他组织的协同行动，而将不同政府部门组织起来一起行动的力量为"序参数"[1]。哈肯的协同学原理告诉我们，政府跨部门协同治理行为需要"序参数"才能得以维持并实现协同效应。从具体

---

[1] ［德］赫尔曼·哈肯：《协同学：大自然构成的奥秘》，凌复华译，上海译文出版社 2013 年版，第 7 页。

形式来说，协同效应可以体现为政府效能提升、政府回应能力提高以及政府绩效提高等。

根据现有的研究成果，我们可以看出协同效应受到协同价值机制、协同结构机制、协同共享机制和协同技术机制①四个"序参数"的影响。如果这些关键"序参数"供给不足，必然产生负向的协同效应。因此，从政府协同治理实践来说，协同效应可以分为高、中、低三种情形。

（3）衡量政府跨部门协同治理绩效损失的矩阵模型

在确定了衡量政府跨部门协同治理绩效损失的两个重要变量后，我们按照协同依赖度和协同效应的三种情形，构建了衡量政府跨部门协同治理绩效损失的矩阵模型。由此，我们可以分析在政府跨部门协同治理过程中是否存在协同治理绩效损失，以及初步判断协同治理绩效损失的高低。如表2-1所示，在政府跨部门协同治理过程中，按照协同依赖度的高、中、低以及协同效应的高、中、低，分别对应并比较协同依赖度（协同需求）和协同效应（协同效果），以此判断协同治理绩效损失的实际情况，具体如下。

表2-1　　衡量政府跨部门协同治理绩效损失的矩阵模型

协同治理绩效损失		协同效应		
		高	中	低
协同依赖度	高	低	比较高	非常高
	中	非常低	低	比较高
	低	—	—	—

---

① 陈春花、朱丽、刘超、徐石：《协同共生论：组织进化与实践创新》，机械工业出版社2021年版，第74—77页。

①协同依赖度和协同效应都较高。这说明，在政府跨部门协同治理过程中，政府部门之间很好地认识到了协同行动的必要性，并通过各种方式满足了协同行动所需要的条件，实现了协同目标，因此协同治理绩效损失较低。

②协同依赖度高但协同效应中。这表明在政府跨部门协同治理过程中，协同主体虽然存在协同行为，但在协同行动过程中存在"序参数"不足的情形，虽然产生了协同效应，但与协同依赖度相比，协同效应不高，因此协同治理绩效损失比较高。

③协同依赖度高，但协同效应低。这表明在政府跨部门协同治理过程中，在协同需求较高的情形下，政府部门之间并未做出协同行动或消极协同，导致协同效应低，因此该情形下协同治理绩效损失非常高。

④协同依赖度中而协同效应高。这表明在政府跨部门协同治理过程中，政府部门之间具有较高的整体意识、责任意识和配合意识，形成了良好的信任关系和互惠关系，实现了较高的协同效应，因此协同治理绩效损失非常低。

⑤协同依赖度中而协同效应中。这表明在政府跨部门协同治理实践中，协同主体已经意识到协同的必要性且实现了协同行动，但"序参数"供给不足，导致获得了部分协同效应。但因为协同依赖度并不强烈，因此协同治理绩效损失低。

⑥协同依赖度中而协同效应低。这表明在政府跨部门协同治理实践中，客观上需要协同主体通过协同行为实现协同效应，但由于"序参数"供给不足，导致协同效应低，在此情形下协同治理绩效损失比较高。

⑦协同依赖度低。在此情形下，政府部门可以依靠自身力量应对公共问题，不需要协同行为，因此也不会出现协同效应。

2. 政府跨部门协同治理绩效损失的测度方法

在前面我们提出，协同治理绩效损失是协同需求与协同效果的差值。从协同治理绩效生产逻辑来说，协同需求客观上要求政府各部门通过跨部门协同行动以协同效应的方式满足协同需求进而有效解决复杂和棘手公共问题，因此，我们认为协同治理绩效损失产生于协同治理绩效生产过程（即协同行动过程）之中，根据协同治理过程的已有研究成果，我们发现政府跨部门协同治理绩效生产过程有以下三个关键变量。

（1）协同投入

协同需求的存在客观上需要政府部门之间协同行动，然而协同行动需要协同投入才能得以实现。协同投入指的是为了有效满足协同需求，政府在制度和权力供给、信息技术改造、协同宣传、协同设备和场所以及协同培训等方面的总投入。

（2）协同成本

协同效应的实现需要一些基本的能量供给，我们将这些供给的能量称为协同成本。具体来说，协同成本指的是在实际的协同行动中所耗费的人、财、物以及综合管理等实际成本。哈肯将把协同主体有效组织在一起，从无序到有序的因素称为"序参数"，而把导致协同主体分离（由有序变成无序）的因素称为"熵"[1]。按照哈肯的这一观点，协同成本作为维系协同行动的能量，作为协同行动的消耗，可以看作"熵"，在协同治理绩效生产过程中，协同成本越高，协同治理绩效损失越高。

（3）净协同效应

净协同效应是指协同效应减去协同成本所得的差值。净协同效应越高，表明协同治理绩效损失越小，反之，表明协同治理绩效损失越大。

在这三个关键变量的基础上，协同治理绩效损失可以看作净协同效应与协同投入的比较，由此我们可以得出协同治理绩效损失测

---

[1] ［德］赫尔曼·哈肯：《协同学：大自然构成的奥秘》，凌复华译，上海译文出版社2013年版，第6—12页。

量公式,具体如下:

$$协同治理绩效损失 = \frac{协同效应 - 协同成本}{协同投入}$$

从协同治理绩效损失测量公式可以看出,当净协同效应与协同投入的比值较高时,协同治理绩效损失较低;当净协同效应与协同投入的比值较低时,协同治理绩效损失较高。需要强调说明的是,由于政府公共管理的特性,协同效应、协同成本和协同投入并不能如企业管理那样可以量化,有些要素需要通过量表等方式进行测算,或者只能通过满意度的方式进行测算。

第二节 理论基础与参照理论分析框架

案例研究法比较重视参照理论在研究过程的作用,参照理论能够指导案例的研究设计、数据收集、数据分析等过程,以此获得同行的认可(即合法性)。所谓参照理论,指的是"理论背景"或"理论框架",一般而言,参照理论来源于宏大的主流理论、新颖的中层理论和其他领域的借鉴理论。本书的主旨是分析政府跨部门协同治理绩效损失的产生过程、影响因素及其作用机制,这一研究主旨涉及政府跨部门协同治理过程以及协同主体的认知和判断过程,由此,按照案例研究法的规范性要求,本部分首先梳理协同过程理论和判断偏差理论,继而在这两个宏大理论的基础之上,构建能够指导本书数据收集、编码分析的参照理论框架。

一 理论基础

本书从绩效生产角度理解并分析政府跨部门协同治理绩效损失的概念。因此,要具体分析政府跨部门协同治理绩效损失的产生过程及其行为机理也需要对政府跨部门协同过程进行分析,因此我们将政府跨部门协同过程作为分析政府跨部门协同治理绩效损失研究的理论基础，试图通过分析政府跨部门协同过程来分析绩效损失的产生过程。此外，在政府跨部门协同治理绩效生产过程中，利益攸关方（或协同行动主体）对协同的认知至关重要，瑞纳和万德文两位学者在讨论政府跨部门协同治理过程时认为，政府跨部门协同治理过程是一种基于协同主体判断的社会心理过程[①]。因此在理论基础上，我们还运用社会认知理论作为本书分析的理论基础，即运用社会认知过程理论分析政府跨部门协同过程中治理绩效损失的产生过程。

（一）协同过程理论模型

国外学界用合作治理理论研究跨部门协同，并取得了大量的研究成果，形成了合作治理的协作理论、动态理论、循环理论、巧匠理论、黑箱理论、网络治理理论和新公共治理理论等。鉴于孙迎春已经对上述政府跨部门协同过程理论做了初步的梳理[②]，本书主要根据研究目的对政府跨部门协同过程做一个综述性的梳理，换言之，本书所提出的政府跨部门协同过程并未拘泥于某个学者的某个理论，而是对所有学者关于跨部门协同过程的理论加以整合，得出的综合性的政府跨部门协同过程的理论。

综合国外学者安塞尔和加什、瑞纳和万德文、埃默森、布莱森以及伍德和盖瑞关于政府跨部门协同过程的理论可以发现，政府跨部门协同过程包括以下几个环节。

1. 政府跨部门协同的起始环境与驱动力

在政府跨部门协同实践中，协同治理的发起常常受到初始环境的影响。埃默森、安塞尔和加什以及布莱森的协同过程理论不约而同地探讨了协同的初始环境。所谓初始环境，是指促进或阻碍协同

[①] Peter Smith Ring, Andrew H. van de Ven, "Developmental Processes of Cooperative Interorganizational Relationships", *Academy of Management Review*, Vol. 19, Issue 1, 1994.

[②] 孙迎春：《发达国家整体政府跨部门协同机制研究》，国家行政学院出版社2014年版，第95—107页。

的大环境。埃默森认为，协同治理受到政治、法律、社会、经济等环境因素的影响，她认为资源、法律和政策、权力关系、既往合作的历史和信任水平等影响了协同的性质和前景。安塞尔和加什认为，权力和资源的失衡、协同动机和既往的合作与对立的历史三个因素是协同起始环境的关键变量。布莱森则认为，环境因素（包括环境的复杂性、竞争压力和制度压力）可能导致部门失灵，在既有历史的先决条件下（包括跨界具有公信力的中介组织或召集人、先前的关系网络以及既有的初步协议）会促成协同。比较以上几位学者研究结论，可以发现他们都认为既往协同的历史与信任水平、制度环境以及部门失灵是协同的初始条件。埃默森进一步区分了初始环境和驱动力的不同，她认为初始环境仅仅是协同主体对自身的感知，要促进协同还需要有驱动力。她认为，协同的驱动因素包括以下几点：领导力，即发起协同并保障协同所需资源的能力；间接激励因素，即协同主体内部或外部存在的问题；相互依存，即协同主体之间不能单独完成或者解决公共问题或提供公共服务；不确定，即棘手社会公共问题的挑战。

2. 谈判、沟通与具体协同目标的清晰化过程

在协同初始条件的影响下，协同的下一个环节就是通过谈判和沟通进一步明确协同目标。然而，在这个过程中，不同学者关注的侧重点有所差异。瑞纳认为协同主体通过谈判（即通过正式协商或非正式的协商形成联合预期和信任的过程）达成承诺（即形成并颁布正式法律合同或心理合同的过程）。安塞尔和加什更详细地描述了协同的谈判和沟通过程。他们认为，通过面对面对话建立信任，可以实现对相互依存的认可，共享过程并探寻共同利益，最终形成对问题和任务的明细化。埃默森强调原则性的参与（即协同主体通过参与发现、定义、协商和决定共同动机的过程）、共享动机（即相互信任、相互理解而达成内部合法性和承诺的过程）和联合行动能力（即在有原则地参与和共同动机的刺激下形成制度安排，从而

产生并维持联合行动能力）。布莱森则突出了初步协议、构建领导力、建立合法性和信任、管理冲突和制定计划几个环节。比较以上几位学者关于协同目标与制度形成的过程可以发现，他们认为，协同目标的达成需要反复的协商、沟通和谈判，在此过程中同步建构领导力、信任和合法性，以此解决协同过程中的冲突，最终使协同主体形成清晰的目标或者协同方案（制度安排）。

3. 协同行动

瑞纳和万德文认为，协同行动是对协同主体事前达成的承诺或行动方案执行的过程。在此过程中，解决差异、误解和冲突等问题至关重要。埃默森认为，协同行动是协同的核心。她认为，在协同行动中协同主体是否有明确的行动理论和协同行动能力如何至关重要。布莱森将协同行动理解为建构协同结构和治理的过程。他认为，协同结构受复杂和不确定的环境影响，因此协同结构可能是动态的，并且协同结构的配置和任务的性质对协同行动有重要的影响。布莱森还提出了在协同行动中正式的和非正式的治理机制对协同行动和协同效果的影响。此外，布莱森还提出，协同行动中互相竞争的体制逻辑对协同效果有重要的影响。综合瑞纳和万德文、埃默森、布莱森几位学者关于协同行动的研究，可以发现，协同行动是协同主体为完成协同目标或者事前议定的协同框架而展开协同行动的过程，其在协同行动过程中具有重要的地位。在协同行动过程中，如何管理协同主体之间的差异、分歧和冲突至关重要。此外，协同能力和保障因素也是制约协同行动的关键要素。

4. 协同效果

协同效果是协同治理行为最终的成果。埃默森将协同效果分成协同影响（即协同的效果、输出与结果，换言之，协同行动实现协同目标的效果）和适应（即协同是否改变了复杂的、不确定的问题，也就是协同主体是否认可协同作为解决棘手公共问题的有效手段）。

(二) 社会认知过程理论

在政府跨部门协同过程中，协同主体（或利益攸关方）的协同行为或不协同行为是如何发生的这个问题对政府跨部门协同治理绩效损失的研究至关重要。本书试图借鉴社会心理学关于社会认知过程的理论，解释政府跨部门协同过程中协同主体的协同行为。综合社会心理学的相关理论，人们的心理过程经过了认知—判断—行为三个环节。下面重点分析认知过程、判断过程和判断偏差问题。

1. 认知过程

社会认知过程理论认为，面对刺激事件或任务（比如上级下达的协同指令），认知主体（比如政府部门的领导或者参与事件的办事人员）依据自身既有的经验、价值观和情感状态进行范畴化思维活动。所谓范畴化思维活动，是指认知主体在面对某些客体、任务或者某些行为时，会自动把它们归到某一类特定的概念中去[1]。认知主体正是通过范畴化思维活动完成判断和推理活动。班杜拉认为，人的认知活动并不是简单的刺激—反应活动，因此认知活动并不是单向的，而是在环境、认知和行为三者之间的互动。因为人具有使用符号的能力，面对环境刺激，人不是简单地对环境做出反应，也不是完全受过去经验的驱使，而是通过自我调节能力和替代性学习（所谓替代性学习，是指人可以通过观察他人的行为及其结果进行学习而不必亲身体验学习）能力形成主动认知[2]。

2. 判断过程

社会心理学认为，在认知活动中，人们经常使用启发式判断，即根据以往的经验（相同、类似甚至是无关的经验）对当前所面临的刺激事件进行判断。社会心理学家研究发现了代表性启发判断、

---

[1] ［加］齐瓦·孔达：《社会认知——洞悉人心的科学》，周治金、朱新秤等译，人民邮电出版社2013年版，第13页。

[2] ［美］阿尔伯特·班杜拉：《思想和行动的社会基础：社会认知论》，林颖、王小明、胡谊、庞维国等译，华东师范大学出版社2018年版，第19—23页。

易得性启发判断和情绪式启发判断等类型。所谓代表性启发判断，是指在判断过程中，人往往根据事件本身所体现的特征与既往经历的类似事件进行比较，以此形成判断。比如人们经常看到一位衣着朴素、戴着眼镜的老人出入公共图书馆，人们会按照特征判断这位老年人是一位教授。做出这个判断是因为衣着朴素、戴着眼镜这些特征符合人们对老年教授特征的认知。所谓易得性启发判断，是指人们在面临不确定判断的时候，总是根据最容易获得的信息（比如比较显著的特征、引起注意的人或事件）进行判断。所谓情绪式启发判断，是指人们在判断过程中容易受到情绪和动机的影响，人们会根据在头脑中已有的消极/积极的情绪和动机来判断其所面临的事物[1]。比如，实验表明在判卷过程中天气的好坏可能会影响阅卷教师的打分，这是因为好的天气可能会导致阅卷教师心情愉悦，进而打分较高。

当然，社会心理学研究表明，最初的判断并不是一劳永逸的，人们往往会在后续的交往中使用证实策略，即不断寻找证据证明或者推翻之前的判断[2]，进而调节自我之前做出的判断。比如在日常生活中，我们经常按照人的相貌判断这个人是不是忠厚老实之人，在后续的交往中会不断寻找证据来证明自己的判断。在公共管理中，面对与其他部门协同的需要，公共管理者会判断协同会给自己带来的影响，并在后续工作中不断验证这一假定。

3. 判断偏差

卡尼曼（又译康纳曼）认为，认知和判断会消耗人的脑力资源，因此人们在判断过程中有快思和慢想两种系统。快思是依赖直觉、无意识、自动化的思维过程，其特点是快，不费力气或费力很

---

[1] ［加］齐瓦·孔达：《社会认知——洞悉人心的科学》，周治金、朱新秤等译，人民邮电出版社 2013 年版，第 156—193 页。

[2] ［加］齐瓦·孔达：《社会认知——洞悉人心的科学》，周治金、朱新秤等译，人民邮电出版社 2013 年版，第 85—121 页。

小；慢想是自主控制、有意识且需要花费注意力的思考判断活动，需要复杂的计算和理性的思考[1]。在人类的认知思维活动中，为了节省脑力资源，人们经常使用快思模式进行认知和判断，因此，经常出现判断偏差。卡尼曼等认为人们的判断偏差包括偏差[2]和噪声[3]两种。

所谓判断偏差是指认知主体因个体的动机和认知缺陷而造成的判断失误、判断失真或判断偏离。根据卡尼曼的研究，人们经常用概率和相似度进行判断，然而在判断过程中，受刻板印象的影响，人们经常以相似度来判断概率，并以此进行判断，因而产生了判断偏差。比如上述公共图书馆老人身份事件，如果告知你经常出入图书馆的人中律师比例是70%，而教授比例是30%，从概率上说老人的身份是律师的可能性较大，但事实上，人们还是会根据自身刻板印象认为老人的身份是教授的概率比较大。卡尼曼将这种以相似度估计概率的现象叫作判断偏差。此外，卡尼曼还认为在判断过程中代表性的样本规模、代表性的效度（认知主体过度自信）、禀赋效应、损失规避（损失厌恶）等因素影响着正确的判断[4]。

所谓噪声是指，在组织情境下，我们期望人们就某个目标达成一致，但他们却产生了严重的分歧[5]，换言之，噪声是指判断过程中的干扰因素。卡尼曼等指出，专业判断介于两者之间：一端是事实或计算问题；另一端是品味或意见问题。因此，不同主体的判断

---

[1] ［美］康纳曼：《快思慢想》，洪兰译，天下文化出版公司2012年版，第39页。
[2] 丹尼尔·卡尼曼、保罗·斯洛维奇、阿莫斯·特沃斯基编：《不确定状况下的判断：启发式和偏差》，方文、吴新利、张擘等译，中国人民大学出版社2013年版，第3—20页。
[3] ［以色列］丹尼尔·卡尼曼、［法］奥利维耶·西博尼、［美］卡斯·R.桑斯坦：《噪声：人类判断的缺陷》，李纾、汪祚军、魏子晗等译，浙江教育出版社2021年版，第83—96页。
[4] ［美］康纳曼：《快思慢想》，洪兰译，天下文化出版公司2012年版，第262—496页。
[5] ［以色列］丹尼尔·卡尼曼、［法］奥利维耶·西博尼、［美］卡斯·R.桑斯坦：《噪声：人类判断的缺陷》，李纾、汪祚军、魏子晗等译，浙江教育出版社2021年版，第3页。

必然存在一定程度的分歧①，而分歧恰恰是判断过程中噪声的根源。卡尼曼等认为，在组织的判断过程中系统噪声普遍存在，系统噪声包括水平噪声、模式噪声和情境噪声三种类型。所谓水平噪声是指因人与人之间的差异（比如有些法官判案比较严格，有些法官判案比较仁慈）而造成的判断与平均值之间的变异（variability）。所谓模式噪声是指因个人的偏好或品位（比如有些法官对白领比较宽容、对小偷比较严厉，而另一些法官则相反）导致个体对特定事件做出不同的判断②。所谓情境噪声是指个体因所处情境、场合不同可能做出不同的判断。卡尼曼等指出，情绪是情境噪声的源头。此外，疲劳、天气等外部情境也会影响人们的正确判断③。

综上，我们梳理了社会认知过程相关理论。我们认为，在政府跨部门协同治理绩效生产过程中，协同主体对是否协同以及如何协同的认知和判断非常重要，可能出现的判断偏差和噪声会造成协同治理绩效损失，在后续的研究过程中，我们将借鉴社会认知过程理论分析政府跨部门协同治理绩效损失产生的影响因素和机理。

二 参照理论分析框架

按照案例研究法对指导理论的要求，我们还需要构建一个具体的理论分析框架作为参照理论，以此指导案例研究的设计、数据收集和数据编码过程。

上面，我们分别介绍了协同过程理论和社会认知过程理论，综合这两个理论，我们试图构建本书的分析框架，以此作为参照理论来研究政府跨部门协同治理绩效损失产生的过程、产生的影响因素

---

① ［以色列］丹尼尔·卡尼曼、［法］奥利维耶·西博尼、［美］卡斯·R. 桑斯坦：《噪声：人类判断的缺陷》，李纾、汪祚军、魏子晗等译，浙江教育出版社2021年版，第52页。
② ［以色列］丹尼尔·卡尼曼、［法］奥利维耶·西博尼、［美］卡斯·R. 桑斯坦：《噪声：人类判断的缺陷》，李纾、汪祚军、魏子晗等译，浙江教育出版社2021年版，第83—95页。
③ ［以色列］丹尼尔·卡尼曼、［法］奥利维耶·西博尼、［美］卡斯·R. 桑斯坦：《噪声：人类判断的缺陷》，李纾、汪祚军、魏子晗等译，浙江教育出版社2021年版，第97—113页。

和机理。结合政府跨部门协同治理理论，我们认为，政府跨部门协同治理过程包括协同需求、协同谈判与沟通、确定协同目标、制定协同安排、实施协同行动和协同产出与效果六个环节，以及协同主体根据"协同产出与效果"与"协同需求"之间的关系调适的过程。结合社会认知理论，在政府跨部门协同治理绩效生产过程中，协同主体的认知和判断至关重要，它是诱致协同主体是否积极参与协同行动的微观机制（见图2-1）。

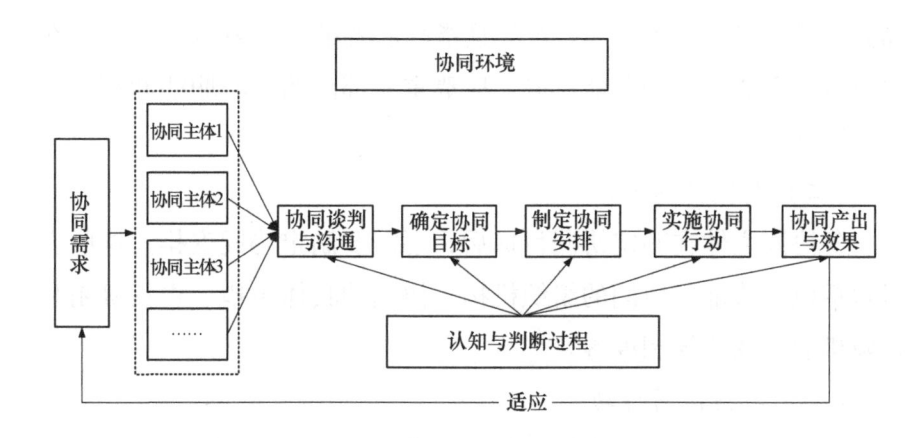

图2-1 政府跨部门协同治理绩效生产过程理论框架

（一）协同需求

我们把协同需求作为研究政府跨部门协同治理绩效损失的逻辑起点，如前所述，在当今时代，政府面临的公共问题日益呈现出复杂性和不确定性的特征。面对复杂和不确定的公共问题，政府职能部门经常遭遇能力不及、资源不足和制度压力（比如上级政府绩效考核要求），不能按时完成上级的行政指令。这些压力激发了政府职能部门的协同需求以及协同动机。

（二）协同谈判与沟通

协同谈判和沟通是政府跨部门协同治理的第二环节，在复杂和棘手公共问题的挑战下，客观上要求政府职能部门打破原有的边界，重新整合资源，寻找应对挑战的办法。在此过程中，协同谈判与沟通是有效解决协同主体之间的认知分歧、减少判断偏差和噪声的重要手段，通过协同谈判过程，协同主体了解彼此诉求和主张、担忧和实际困难，以此相互理解，建立信任关系。

（三）确定协同目标

在协同谈判与沟通的基础上，各协同主体进一步确定协同目标，明确各自的任务和责任。我们认为，协同目标本质是"和而不同"。其中，"和"是指协同主体在总体目标的必要性和紧迫性上做到和谐，目标一致；"不同"是指政府各部门职责分工不同，在总体目标下的分工和职能不同，应尊重各部门的核心职能和利益以及不同的做法。

（四）制定协同安排

各协同主体在确定协同目标后，还需要制定协同安排。这些安排包括政府跨部门协同的组织机构、协同的具体举措、责任机制和保障机制以及法律制度等。

（五）实施协同行动

协同行动是各协同主体按照协同安排各自完成协同任务和承担协同责任的过程。首先，能够迅速、有效地完成协同任务；其次，能够在协同行动中充分沟通、协商、处理分歧和管理矛盾；最后，能够为协同行动配备良好的资源和制度保障。

（六）协同产出与效果

协同产出是经由协同行动而产生的政策、流程、服务等有形或无形的公共服务或公共产品。效果是指经由政府跨部门协同行动产出对利益相关人造成的实际影响。

（七）适应与调适

埃默森认为，政府跨部门协同过程并不是线性的，而是一个往复适应与调适的过程，协同主体根据协同行动产出及其效果与协同需求满足程度进行动态调适。

(八) 政府跨部门协同治理过程中的认知与判断

社会认知过程理论启示我们，在政府跨部门协同治理过程中的各个环节都存在协同主体的认知与判断行为。在协同需求阶段，政府职能部门需要通过认知和判断行为识别公共问题或公共事务的性质并评估自身的能力，判断是否需要通过协同供给应对复杂和棘手公共问题；在谈判和沟通过程中各协同主体需要通过认知和判断分析各自的协同诉求，判断协同任务的性质、责任和得失，建立信念，以确定是否参与协同；在协同目标确定中，各协同主体需要通过认知和判断过程确定自己的目标任务、难点以及责任；在协同行动中，需要通过认知和判断处理各种问题；在产出与效果环节，通过认知和判断评估协同行动效果，并做出适当的调整。

第三章

政府跨部门协同治理绩效损失的产生过程

在界定本书核心概念和理论框架的基础上，本章的主题是分析政府跨部门协同治理绩效损失的产生过程，为分析政府跨部门协同治理绩效损失的影响因素奠定基础。

第一节 研究问题的提出

霍春龙以什邡宏达钼铜项目决策案例分析了公共政策绩效损失的产生过程。他认为，因为公共政策制定过程中的价值建构不足，导致了公共政策的认知分歧，即公共政策产出是否影响环境，因之产生利益分歧，而在利益分歧没有得到妥善解决的情况下走向街头抗议，导致整个公共政策绩效损失[①]。包国宪和张弘依据基于公共价值的政府绩效治理理论（PV-GPG）构建了社会系统、政治系统、政府战略系统和政府执行系统互动模型分析政府绩效损失的过程。他们认为，社会系统的需求通过选择机制、约束机制和价值领导机制以基本公共价值的方式进入政治系统，政治系统以政府绩效管理的方式与政府战略系统进行互动和管理，以实现基本公共价值。为

[①] 霍春龙：《认知分歧与共享现实：公共政策绩效损失是如何产生的？》，《兰州大学学报》（社会科学版）2017年第3期。

了实现政府绩效目标，在政府战略系统中通过选择机制、约束机制和效率领导机制与政府执行系统互动，并通过投入—转化—产出过程实现绩效。在这个过程中，政府绩效损失一方面来源于生产过程的低效率；另一方面来源于社会需要、偏好与政府战略系统输入的绩效目标不一致[①]。霍文研究了公共政策绩效损失产生过程，为本研究提供了建设性的思路。但霍文研究仅局限于公共政策绩效价值建构方面的绩效损失，即包国宪等人提出的社会需要、偏好与政府战略系统输入方面的绩效损失，并没有涉及政府绩效损失产生过程。包国宪与张弘的研究，虽然给出了政府绩效损失产生的分析框架，并提出了政府绩效损失产生的两个维度，即价值建构和绩效管理，为我们的研究提供了有益的思路，但其缺点在于并没有对政府绩效损失的具体过程做深入研究，本书试图揭示政府跨部门协同治理绩效损失产生的具体过程，弥补之前研究的不足。

综上，本章要研究在复杂的公共问题情境下，在政府各职能部门通过协同行动满足协同需求的过程中，政府跨部门协同治理绩效损失产生的具体过程是什么。这里需要做两点说明：一是假设政府已经精准识别到协同需求，换言之，我们假定不存在协同需求与政府供给价值目标的冲突问题，由此，协同需求作为政府跨部门协同治理绩效损失的锚定点，可以此比较政府跨部门协同效果是否满足了协同需求。二是存在政府跨部门协同治理绩效损失并不是说在政府跨部门协同过程中完全没有绩效，而是指在政府跨部门协同治理绩效生产过程中可能产生绩效损失，因此，研究政府绩效损失是一种分析政府绩效治理的方法。实际上，在我们调研的案例中，一些政府跨部门协同取得了较好的绩效，但仍与协同需求存在一些偏差，因此我们称之为政府跨部门协同治理绩效损失。

[①] 包国宪、张弘：《基于 PV-GPG 理论框架的政府绩效损失研究——以鄂尔多斯"煤制油"项目为例》，《公共管理学报》2015 年第 3 期。

第二节 案例研究设计

在绪论中,我们已经对本书的研究方法做了说明。案例研究法作为实证研究方法的一种,其案例选取的典型性、数据收集的信度和效度以及案例分析的策略直接影响着研究结论,因此,我们需要对案例研究法的具体操作过程进行说明。

一 案例选取

在案例研究中,案例选取标准非常重要,直接关系着研究结论的科学性和准确性,我们主要是从案例的典型性和影响力两个角度选取案例。

(一)案例的典型性

案例研究法经常受到批评,是因其小样本所带来的研究结论的概化能力,也即案例研究所得出的结论不一定具有一般性。如前所述,与定量研究强调样本的代表性策略不同,案例研究法作为小样本研究,更多采用案例的典型性策略,即案例所反映社会总体性质的程度。吉尔林指出,"为了让所关注的案例研究能够有助于理解某个更普遍的现象,它必须能够代表更多的个案"[1]。因此,我们采用目的性抽样策略,研究政府跨部门协同治理绩效损失产生过程。我们认为,政府跨部门协同治理绩效损失是在政府跨部门协同过程中产生的,因此我们试图通过政府跨部门协同过程分析政府跨部门协同治理绩效损失。

基于此研究问题,我们选取了 ZJ 省 LS 市机关内部"最多跑一次"改革案例、SX 省 XZ 市"随手拍"平台案例和 GS 省 ZY 市生态环境局"一库八网三平台"案例作为本书的研究样本。这三个典

---

[1] [美]约翰·吉尔林:《案例研究:原理与实践》,黄海涛、刘丰、孙芳露译,重庆大学出版社 2017 年版,第 69 页。

型案例从地理位置来说分别位于中国的东部、中部和西部，并且三个典型案例都是一个部门与其他相关部门协同的过程。在 ZJ 省 LS 市机关内部"最多跑一次"改革过程中，为了实现机关内部办事"减事项、减环节、减材料、减时间、减次数"的改革目标要求，LS 市委改革办公室牵头成立专班，负责与各个目标单位协同推进改革。另外，目标单位之间，也需要协同。在 SX 省 XZ 市"随手拍"平台案例中，为了更好地回应或解决公共需求，负责"随手拍"平台运行的融媒体服务中心需要与入驻单位进行协同。在 GS 省 ZY 市生态环境局的"一库八网三平台"的案例中，生态环境局需要与水务局、QL 山国家公园 GS 省管理局、黑河湿地国家级自然保护区管理局（简称湿地管理局）、自然资源局等部门围绕自然环境保护与修复进行信息协同。总之，尽管本书所选取的三个典型案例内容不同，但本质上都体现了政府跨部门协同过程，反映了政府跨部门协同的整体性或者总体性特征。

（二）案例的影响力

本书所选取的三个案例在国内都具有一定的影响力。ZJ 省 LS 市机关内部"最多跑一次"改革是"最多跑一次"改革的升级版。"最多跑一次"改革针对的是群众和企业的办理事项，而机关内部"最多跑一次"改革则进一步扩展到政府内部工作人员的办理事项。目前，从 ZJ 省 LS 市发轫的机关内部"最多跑一次"改革不但在 ZJ 省推广，而且还扩散到其他省市[1]，此项改革被媒体广泛报道[2]，并获评 2019 中国改革年度十佳案例[3]。XZ 市"随手拍"平台应用手机 App、PC 终端等技术手段，建立网络问政平台，

---

[1]《XM 市推进机关内部"最多跑一次"改革全面提升机关行政效能》，中国机构编制网（http://www.scopsr.gov.cn/cxgl/jgbzgl/202101/t20210122_378581.html）。

[2]《领跑机关内部"最多跑一次"改革的 LS 样本》，澎湃新闻（https://www.thepaper.cn/newsDetail_forward_9216473）。

[3]《2019 中国改革年度入围案例》，中国改革网（http://www.chinareform.net/index.php?m=content&c=index&a=show&catid=424&id=35345）。

收集公众在现实生活遇到的社保、交通、供暖、教育、环境、就业等各类需求,实现了线上线下即时互动、线下协同联动,为公众排忧解难,取得了良好的社会效益。在调研过程中,据负责"随手拍"平台运行的工作人员介绍,SX 省 XZ 市"随手拍"平台的做法已被其他市复制①,并且 XZ 市"随手拍"平台还在 2020 年举行的年度数字政务服务博览会上获"优秀政务服务微信公众号"奖,在第五届互联网与国家治理论坛、舆情与社会发展论坛上被评为"2018 年互联网治理创新案例"②,在首届全国政务服务高级研讨会上获优秀决策案例奖③等。ZY 市生态环境局的"一库八网三平台"于 2018 年被生态环境部评为全国智慧环保十大典型案例之一,2019 年被中组部收入生态环境整治典型案例,其做法也在 GS 省内获得了良好的社会效益④。

二 数据收集与信度效度检验

研究的质量只能根据关于研究的价值观念和信念(研究范式)来评价⑤。基于此,与定量研究追求资料收集和资料解释的可靠性(reliability)不同,案例研究更追求资料收集和资料解释的可信性(trustworthiness),这种可信性包括资料收集的可信性和资料解释的可信性⑥。

从资料收集的可信性来说,为了保证案例研究过程的科学

---

① 《YQ 随手拍 指尖开启的问政平台》(http://ssp.yqrtv.com/index)。
② 《XZ 随手拍获互联网治理创新十大案例奖》 (http://xuan.034000.gov.cn/xuanchuan0350/vip_doc/15064842.html)。
③ 《"XZ 随手拍"获优秀决策案例奖》,网易新闻(https://www.163.com/news/article/C1SJFEBQ00014SEH.html)。
④ 《GSZY:构建"一库八网三平台" 用"天眼"守护祁连山生态》(http://www.qingyangwang.com.cn/content/2018-10/31/content_137282.htm)。
⑤ [澳]维维恩·沃勒、卡伦·法夸尔森、德博拉·登普西:《如何理解质性研究》,刘婷婷译,中国人民大学出版社 2021 年版,第 27 页。
⑥ [澳]维维恩·沃勒、卡伦·法夸尔森、德博拉·登普西:《如何理解质性研究》,刘婷婷译,中国人民大学出版社 2021 年版,第 29—34 页。

性和研究质量，在数据收集中需要以问题为导向，采用多元证据来源形成证据三角形，建立资料数据库，并形成证据链[①]。殷提出案例研究中有文件、访谈、档案记录、直接观察、参与性观察和实物证据六种数据证据来源[②]，在本书中，围绕研究问题，我们使用了访谈、政府公开文件、新闻报道、学术研究文献、参与性观察五种资料。

（一）数据收集

1. 访谈资料

在本书的数据收集过程中，我们主要采用深度访谈和座谈（焦点访谈）的形式收集数据，具体访谈对象与访谈形式见附录1。因为访谈对象都是政府工作人员，基于政府形象和工作要求的顾虑，在数据收集过程中，为了防止访谈者出现戒心，我们并没有声称要研究政府绩效损失。鉴于政府跨部门协同治理绩效损失产生于政府跨部门协同过程之中，所以，我们的访谈提纲主要围绕政府跨部门协同过程设计，在了解政府跨部门协同过程的基础上，询问协同过程的难点、痛点以及原因。一方面了解政府跨部门协同过程，另一方面了解政府跨部门协同治理绩效损失产生过程。

总体而言，针对政府跨部门协同治理绩效损失问题，本书课题组于2019年、2021年先后赴ZJ省LS市调研2次，第一次访谈25人，形成逐字稿227723字；第二次访谈9人，形成逐字稿84321字；于2017年、2019年赴SX省XZ市调研2次，第一次访谈31人，形成逐字稿142487字；第二次访谈33人，形成逐字稿234301字；于2021年赴GS省ZY市调研1次，访谈12人，形成逐字稿64071字。共访谈110人次，形成逐字稿752903字。

---

① ［美］罗伯特·K.殷：《案例研究：设计与方法（原书第5版）》，周海涛、史少杰译，重庆大学出版社2017年版，第125—142页。

② ［美］罗伯特·K.殷：《案例研究：设计与方法（原书第5版）》，周海涛、史少杰译，重庆大学出版社2017年版，第128—129页。

2. 政府公开文件资料

本书收集 ZJ 省 LS 市机关内部"最多跑一次"改革政府文件 15 份，包括《LS 市深化部门间"最多跑一次"改革行动方案》《关于推进 LS 市部门间"最多跑一次"改革的实施方案》《LD 区市场监督管理局部门间"最多跑一次"改革工作实施方案》《社保局–1月4日–LS 市社会保险全域一证通办目录》等；SX 省 XZ 市"随手拍"平台政府文件 6 份，包括《XZ 市随手拍平台纪律与规矩》《XZ 市随手拍入驻部门问政考核办法（2018 年修订）》《XZ 随手拍网络平台事业合伙人制度》《XZ 市随手拍问政工作协同制度》《XZ 市人民政府办公厅关于成立 XZ 市随手拍网络问政工作领导小组的通知》等。

3. 新闻报道资料

主要收集了与本书三个案例相关的权威媒体的新闻报道，如《机关内部"最多跑一次"改革试点取得成效》《机关内部"最多跑一次"改革纪实》《ZJ 省 LS 市：机关内部"最多跑一次"改革》《省信访局调研组对 XZ 市采用"随手拍"化解矛盾纠纷进行专题调研》《XZ 市打造"随手拍"网络问政平台》《一库八网三平台！ZY 着力提升生态环境监管能力》《ZY"一库八网三平台"保护 QL 山生态环境》《ZY 市"一库八网三平台"已初现成效》等 30 余篇。

4. 学术研究文献资料

收集有关 XZ 市"随手拍"平台的相关文献若干篇，如《数字吸纳：公众网络参与城市社会治理的实现路径研究——基于对"XZ 随手拍"的经验分析》《"XZ 随手拍"：共建共治共享的新平台》《基于政务微信的地方治理创新：实践、问题及对策——以"XZ 随手拍"为例》《XZ 市人民政府办公室关于 2021 年度 XZ 随手拍网络问政平台入驻部门问政考核结果的通报》等；以及关于 ZJ 省"最多跑一次"改革的学术研究文献 30 余篇，如《如何理解和解释"最多跑一次"改革?》《"最多跑一次"改革:ZJ 经验,中国方案》《ZJ "最多跑一次"改革调查》《ZJ TL:深入推进"最多跑一次"改革》《"放管服"改革:政府承诺与技术倒逼——ZJ"最多跑一次"改革的考察》等。

5. 参与性观察资料

在 ZJ 省 LS 市和 SX 省 XZ 市的调研中,课题组还运用参与性观察法收集数据。如我们在 LS 市行政服务中心、LS 市 LD 区 BH 镇 ZX 村行政服务中心等地走访参观机关内部"最多跑一次"改革的实施情况;在 XZ 市调研期间,我们到 XZ 市环卫处、XZ 市 XF 区人民政府"随手拍"平台办公室走访参观,了解政府跨部门协同情况。

(二)信度与效度

1. 通过三角检验法保证数据的信度、效度和饱和度

按照案例研究法的规范,本书主要采用三角检验法来保证数据收集的可信度。殷指出,在案例研究中应该多来源收集资料,形成证据三角形,保证数据的信度和效度[1]。据此,课题组严格按照案例研究数据收集的规范,综合访谈资料、政府公开文件资料、新闻报道资料、学术研究文献资料和参与性观察资料建立案例研究数据库,并且在数据收集方面达到了饱和,即新增数据不会帮助研究者对故事或理论产生更深入的理解。

2. 多案例比较建构数据信度和效度

为了保证资料分析的可信度,我们重点考察了三个政府跨部门协同的典型案例,尽管三个案例的地点(东部、中部和西部)和主题内容不同(机关内部改革过程中的政府跨部门协同、网络问政过程中的政府跨部门协同以及数据共享过程中的政府跨部门协同),但它们共同反映了政府跨部门协同过程中的绩效损失,通过多案例

---

[1] [美] 罗伯特·K. 殷:《案例研究:设计与方法(原书第 5 版)》,周海涛、史少杰译,重庆大学出版社 2017 年版,第 125—142 页。

比较可以相互比对、相互印证，从而构建数据的信度和效度。

3. 多人分别编码建构数据信度和效度

为了保证资料分析的可信度，在编码过程中，本书课题组成员分别独立对数据进行编码，然后再根据各自编码结果进行比较和讨论。通过这个过程，减少编码过程中因个人主观意向偏颇造成的编码结果的偏差，以此建构编码过程中数据的效度和信度。

三 数据分析策略

在数据分析策略上，按照本书第二章建构的参照理论框架，采用质性研究的编码分析方法。所谓编码，意指对所收集的适用于本研究目的的数据碎片（比如访谈转录、政府公开文件、参与性观察资料、新闻报道等）进行分类、定义、再定义和再分类的渐进过程，其作用是通过编码来识别主题、模式和过程，对比和建构理论解释，因此编码不仅是一个标签，也是一种链接思想和行动的中介①。具体来说，本书采用二级编码，在一级编码过程中尽量从原始数据概括信息节点，继而在一级编码基础上形成二级编码，以此抽象出政府跨部门协同治理绩效损失的产生过程。

基于本书是多案例资料，但这些案例都涉及政府跨部门协同过程及其存在的绩效损失，因此，在数据分析过程中我们采用"叠加"的方式编码，即我们先以 ZJ 省 LS 市机关内部"最多跑一次"改革的数据进行编码，在此基础上再对 XZ 市"随手拍"平台的数据进行编码，然后对 ZY 市生态环境局的"一库八网三平台"的数据进行编码，最后利用三个典型案例数据编码的结果，比较分析政府跨部门协同治理绩效损失的产生过程，并建构其理论模型。

---

① ［美］科琳·格莱斯：《质性研究入门指南（第 5 版）》，崔淼、苏敬勤译，北京大学出版社 2021 年版，第 225 页。

第三节　政府跨部门协同治理绩效损失产生过程的编码呈现与理论模型

按照本书第二章构建的参照理论，我们分别从政府跨部门协同初始阶段、政府跨部门协同目标阶段、政府跨部门协同行动阶段以及政府跨部门协同结果阶段四个维度对收集的资料进行编码，以此分析这四个维度中政府跨部门协同治理绩效损失的产生过程，试图寻找政府跨部门协同治理绩效损失产生的逻辑链，继而建构其理论模型。

一　政府跨部门协同治理绩效损失产生过程的一阶编码

（一）政府跨部门协同初始阶段绩效损失的一阶编码

1. LS市机关内部"最多跑一次"改革案例协同初始阶段绩效损失的一阶编码

政府改革一般都具有自上而下的特点。尽管在调研过程中，机关内部"最多跑一次"改革的动议最初是由LS市人力资源和社会保障局提出来的，但作为全市的改革还是由市委、市政府自上而下推动的。这种政府改革路径，可能会造成改革协同过程中，协同主体对改革协同的初步认识和动机存在不足。根据LS市委全面深化改革委员会办公室（以下简称"L改办"）公开发布的《LS市深化部门间"最多跑一次"改革行动方案》可知，改革的目标是坚持政府数字化转型方向，按照办事集成化、标准化、信息化的要求，强化业务协同、数据共享，推进部门间办事减事项、减环节、减材料、减时间、减次数，使部门间的工作运行更顺畅、办事流程更简捷、办事效率更高效，加快实现部门间办事由"最多跑一次"向"一次都不用跑""办得快""办得好"转变，努力打造机关效能最强市。要有效完成L改办的改革要求，各单位首先需要明确什么是

"一件事","一件事"涉及哪些事项,这些事项如何对接"一张网"。从 L 改办的改革行动方案来看,机关内部"最多跑一次"改革是对以往 ZJ 省"最多跑一次"改革的深化和延伸,即从群众和企业到政府办事"最多跑一次",延伸到政府内部人员办事"最多跑一次"。从改革行动方案和我们的实地调研情况来看,政府各部门之间协同的初始要点是事项梳理、数据归集两个核心内容。在机关内部"最多跑一次"改革推动的过程中,政府各部门对改革的初衷、目标和核心任务的认知和理解是政府跨部门协同治理绩效损失的起点,也是我们编码的重点(具体编码结果见附录2)。

我们通过对 LS 市机关内部"最多跑一次"改革过程中各职能部门对改革的初衷、目标和自身任务的认知、理解等维度的编码分析发现,改革初期,各职能部门在改革协同的必要性、协同事项的范围、协同内容和数据标准、部门的协同职责、数据归集的对接成本和数据安全等方面有观念壁垒,存在明显的认知分歧。

2. XZ 市"随手拍"平台案例协同初始阶段绩效损失的一阶编码

我们在调研中获知,最初是 XZ 市国土资源局的一位工作人员(也是热心拍友)给当时的 XZ 市长发短信反映情况,在市长亲临现场处理问题时,该政府工作人员建议设立一个能通过智能手机反映情况的平台,以更有效征集群众意见、集中反映情况。这个建议被市长采纳,并将建设反映民意平台的任务交给了市委宣传部。时任市委宣传部部长以及市委宣传部办公室主任综合比较了电视、广播、报纸等传统媒体与新媒体的特点和优势,最终决定利用新媒体和互联网技术设立反映民意的新平台。最初,这个平台的功能仅是"发现美,曝光不文明",后来整合了网络问政功能,并比较了政务微博、贴吧、留言板等,最终形成了群众发布问政帖—"随手拍"平台受理筛选—交办—办理—回复的完整流程[①]。为了保证回复质

---

① 霍春龙、任媛媛:《网络时代公共价值实现的结构与机制:一项基于个案研究的探索》,《电子政务》2020 年第 11 期。

量和办结效率,"随手拍"平台还制定了督办、工作推进函、简报和绩效考核等制度。"随手拍"平台网络问政功能的有效实现和可持续发展需要两方面的动力:一方面需要公众积极参与并理性表达自己的利益诉求;另一方面需要入驻政府部门积极协同配合,有效回应公众合理的诉求。根据我们的调研,XZ市"随手拍"平台的有效运行和未来发展必须加强入驻政府部门之间的协同。在协同过程中,入驻政府部门对"随手拍"平台的功能、作用、意义以及自身职能的认知非常重要,这是"随手拍"平台案例协同初始阶段绩效损失的起点(编码结果见附录3)。

通过对XZ市"随手拍"平台案例数据编码结果的分析,可以发现入驻政府部门对"随手拍"平台的认知存在不同程度的分歧。比如,根据一阶编码结果可知,入驻政府部门对"随手拍"平台的功能和价值的认知存在分歧,对平台交办的任务和各自担负的责任存在认知分歧,对"随手拍"平台公开透明所带来的影响也存在认知分歧。

3. ZY市"一库八网三平台"案例协同初始阶段绩效损失的一阶编码

2017年中办、国办通报GS省QL山生态遭到严重破坏后,GS省政府开始下大力气对QL山生态环境进行修复和保护。ZY市作为QL山环境保护的重要属地担负着QL山生态环境监察和保护的重要责任。为了构筑西部生态安全屏障、建立QL山生态环境保护和监测的长效机制,ZY市生态环境局运用以卫星遥感技术为核心、以地面监测和无人机巡查为辅助的天地人一体化的生态环境监测网络,设立了生态环境大数据库。后来,为了更好地监测生态环境数据,又设立了监测大气环境、水环境、土壤环境、生物环境、机动车尾气、放射源、企业污染源和重点区域的八个网。在构建"一库八网三平台"的过程中,客观上需要与水务局、国土资源局等职能单位共享信息,协同治理。ZY市"一库八网三平台"案例协同初始阶段绩效损失的一阶编码结果见附录4。

通过编码结果可知，ZY市"一库八网三平台"在建设和使用的过程中，所涉及的职能部门之间关于信息共享的认知分歧体现在以下几个方面。首先，各职能部门对信息共享的理解存在认知分歧，很多职能部门从自身职能角度出发，错误地认为数据共享就是将部门的核心数据共享给其他部门，因此对数据共享持有不同的意见。其次，各职能部门对于"一库八网三平台"数据共享功能的理解不同。"一库八网三平台"的功能之一是开放性共享数据，但因数据涉密，各职能部门还是更愿意以线下的方式交流数据。最后，对环保职能的认知分歧。很多职能部门认为环境保护是生态环境局的职能，而不是自身的职能。

（二）政府跨部门协同目标阶段绩效损失的一阶编码

1. LS市机关内部"最多跑一次"改革案例协同目标阶段绩效损失的一阶编码

按照LS市发布的实施方案，"跑改办"和各职能单位的协同目标是"五减"，即通过协商和谈判实现减事项、减环节、减材料、减时间和减次数的目标，以提升政府内部效能。我们围绕这一目标进行了一阶编码，编码结果见附录5。

从编码分析可知，在最初推动改革的协同过程中，各职能部门在协同目标角度上存在以下几种分歧。首先，改革初始阶段，尽管在改革实施方案里明确规定"应梳尽梳"，但各职能单位对事项梳理的认识模糊。其次，对于哪些环节需要减掉、哪些环节需要并联以及减环节可能带来的责任风险等问题存在分歧。再次，在减材料环节，对于哪些材料需要减等问题也存在不同的理解。最后，在协同目标上，上级和下级也存在不同的认知。

2. XZ市"随手拍"平台案例协同目标阶段绩效损失的一阶编码

在实际运行过程中，"随手拍"平台入驻部门能否正确判断交办事项属于哪个部门是协同治理的关键，围绕这一问题，我们的编码结果见附录6。

通过编码分析可知，在XZ市"随手拍"平台案例中，由于入驻部门的职能交叉导致各部门因职能界定不清存在协同目标的分歧，导致回复延迟。

3. ZY市"一库八网三平台"案例协同目标阶段绩效损失的一阶编码

ZY市"一库八网三平台"需要通过各部门生态信息共享来提升生态环境预防和保护的效率，因此，生态数据共享是各职能部门协同的重要目标，我们根据这个要点的编码见附录7。

通过编码可知，在ZY市"一库八网三平台"运行过程中，各职能部门在数据共享目标上存在分歧。第一个分歧是数据共享的目标，即共享数据是能看还是能用。生态环境部门认为，为了更好地监测生态环境，需要共享数据的使用权，以此才能利用数据有效分析。第二个分歧是上下级数据共享目标的分歧。调研发现，在上下级之间数据共享也存在目标分歧，下级单位因数据库建立得更早，所以在如何进行系统对接问题上存在分歧。

（三）政府跨部门协同行动阶段绩效损失的一阶编码

1. LS市机关内部"最多跑一次"改革案例协同行动阶段绩效损失的一阶编码

在LS市机关内部"最多跑一次"改革推进过程中，各职能部门在事项梳理、数据归集等方面存在很多障碍，围绕这些协同行动障碍，我们的编码结果见附录8。

通过编码可知，在机关内部"最多跑一次"改革的协同行动过程中存在很多障碍，具体表现为：第一，协同行动的畏难情绪。在调研中，我们发现，政府各职能部门在具体办事过程中存在很多做法，这导致事项梳理的工作量巨大，因此相关部门存在畏难情绪。第二，在事项梳理过程中还存在部门利益所导致的部门壁垒以及由于减环节、减材料等可能造成的部门责任风险。第三，在事项梳理过程中，还存在哪些事项是企业和群众"最多跑一次"改革事项、哪些事项是机关内部"最多跑一次"改革事项的界定问题。第四，在数据归集过程中存在一些难题，比如财政部门有跨层级的系统，在数据归集时需要上级批准，再比如有些地区的信息化不足，很难做到系统对接，还有部门数据共享难题等。第五，在协同行动中还存在保障难题，比如在改革推进过程中需要有能力的协调人员、熟练的办事人员。此外，协同行动还需要足够的资金和物质支持等。

2. XZ市"随手拍"平台案例协同行动阶段绩效损失的一阶编码

XZ市"随手拍"平台的有效运转离不开平台管理部门（融媒体服务中心）以及入驻职能部门之间的协同行动。XZ市"随手拍"平台案例中协同行动阶段绩效损失的一阶编码见附录9。

通过分析XZ市"随手拍"平台协同行动的编码结果可知，其在实际运作过程中也存在很多协同行动难题，具体表现在：第一，由于"随手拍"平台的管理主体是融媒体服务中心，其本身是XZ市委宣传部的事业单位，因此在与入驻职能部门协同过程中存在权威不足、权力不对称的问题。第二，有部分入驻职能部门的领导不重视，导致对交办事项处理不够及时。第三，在实际处理交办任务过程中存在职能交叉，导致职责不清、互相推诿。第四，有些跨层级的协同任务很难协同。第五，还有人员不稳定、人员能力不足以及人员积极性不足的问题。

3. ZY市"一库八网三平台"案例协同行动阶段绩效损失的一阶编码

ZY市生态环境局、林业局、水务局等各职能部门的环保数据共享是ZY市"一库八网三平台"案例的重点，因此数据共享是"一库八网三平台"有效运行的关键，我们对ZY市"一库八网三平台"案例协同行动阶段绩效损失的一阶编码见附录10。

依据编码结果可知，各职能部门之间在数据共享协同行动中存在诸多难题，具体表现在：第一，部门利益是各职能部门数据共享的重要阻碍；第二，缺少顶层制度设计是数据共享难的原因；第三，条块分割的体制也是数据共享的阻碍；第四，各职能部门系统标准不统一，导致系统对接成本较高；第五，数据共享平台建设也存在资金保障难题。

（四）政府跨部门协同结果阶段绩效损失的一阶编码

1. LS 市机关内部"最多跑一次"改革案例协同结果阶段绩效损失的一阶编码

在我们的调研中，LS 市机关内部"最多跑一次"改革的成效显著，但存在协同认知、协同目标和协同行动等方面的诸多难题，也存在一些协同结果方面的不足，其具体编码见附录 11。

我们发现在 LS 市机关内部"最多跑一次"改革的推进过程中，在协同结果方面，还存在数据孤岛现象。而数据孤岛现象导致了部分部门协同效能低下。

2. XZ 市"随手拍"平台案例协同结果阶段绩效损失的一阶编码

自 2014 年启动至今，XZ 市"随手拍"平台已经运转近十年了，其公开透明且限定时限的机制，解决了很多群众的实际需求，然而，我们也发现了协同结果阶段的一些不足，相关一阶编码结果见附录 12。

结合一阶编码，可以发现 XZ 市"随手拍"平台案例协同结果阶段的不足体现为协同效率和协同能力不足、协同形式主义以及部门之间互相推诿等。

3. ZY 市"一库八网三平台"案例协同结果阶段绩效损失的一阶编码

ZY 市生态环境局建设"一库八网三平台"的主要目的是加强对生态环境，特别是 QL 山生态环境的监测、评估，以此达到保护西北生态屏障的目的。根据我们的调研结果，"一库八网三平台"的运行的确取得了很大的社会效益和经济效益，然而，它们在运行过程中也存在一些不足，我们针对协同结果阶段绩效损失的一阶编码见附录13。

通过编码结果可知，ZY市生态环境局的"一库八网三平台"案例在协同结果阶段的绩效损失主要表现在：第一，数据共享行动协力不足，没有形成合力；第二，由于生态环境保护的数据难以获取，导致环境保护评估数据不足；第三，环境监测数据共享不足，导致环境监测目标无法完全实现。

二 政府跨部门协同治理绩效损失产生过程的二阶编码

围绕本书选择的三个典型案例在协同初始阶段、协同目标阶段、协同行动阶段和协同结果阶段四个维度的一阶编码，我们继续对一阶编码结果进行二次编码，以进一步抽象出政府跨部门协同治理绩效损失的范畴，并将之概念化。其具体编码结果如下。

（一）政府跨部门协同初始阶段绩效损失的二阶编码

1. LS市机关内部"最多跑一次"改革案例协同初始阶段绩效损失的二阶编码

根据LS市机关内部"最多跑一次"改革案例初始阶段的一阶编码，我们进一步归纳分类，其二阶编码结果见表3－1。

表3－1　　LS市机关内部"最多跑一次"改革案例
协同初始阶段绩效损失的二阶编码

一阶编码	二阶编码
改革内容认知模糊；改革认知模糊；改革必要性认知分歧；改革认知不足；改革必要性认知不足；下级政府改革遇冷；业务对接态度消极；协同依赖度不高；协同改革必要性；改革推动力不足；改革认知惰性	协同必要性认知分歧
同一件事部门之间标准不统一；改革事项梳理观望；事项梳理不标准；事项梳理认知模糊	事项梳理认知分歧

续表

一阶编码	二阶编码
数据安全顾虑认知；数据所有权认知；系统之间标准认知；内网与外网交换问题；系统对接成本认知	数据归集认知分歧
办事死脑筋；部门权威；观念壁垒；责任顾虑认知；责任顾虑；责任授权顾虑	事项梳理责任认知分歧

从二阶编码结果来看，LS 市机关内部"最多跑一次"改革案例初始阶段的绩效损失主要体现在：第一，对协同的必要性认知存在分歧，有些政府职能部门认为原有办事流程运转较好，还有些强势部门认为没有必要进行协同改革。第二，在事项梳理过程中，改革牵头单位"跑改办"与其他职能部门就事项梳理的内容、范围、标准等存在认知分歧。第三，在数据归集过程中，各职能部门对数据拥有权、数据归集标准、数据对接成本、数据安全等方面存在不同的认知。第四，因事项梳理涉及各职能部门的核心职能、责任和权力，因此在事项梳理过程中各职能部门在职责认知和职责观念方面存在观念壁垒现象。

2. XZ 市"随手拍"平台案例协同初始阶段绩效损失的二阶编码

根据 XZ 市"随手拍"平台案例初始阶段绩效损失的一阶编码，我们对数据进一步归纳，得到了其二阶编码，其结果见表 3-2。

表 3-2 XZ 市"随手拍"平台案例协同初始阶段绩效损失的二阶编码

一阶编码	二阶编码
"随手拍"平台认知模糊；平台认同不足；平台作用认知分歧；平台价值认知；平台功能认知分歧	"随手拍"平台认知分歧
职权与责任平衡认知难；入驻部门与入驻人员角色分歧；职责认知分歧	角色责任认知分歧
利益认知分歧；社会影响重要性认知分歧	利益认知分歧

从编码结果来看，XZ 市"随手拍"平台案例协同初始阶段的绩效损失体现在：首先，最主要的分歧是在对"随手拍"平台的认知上。在"随手拍"平台建立之前，已经有了微博问政、政府留言帖等问政形式，在传统媒体上也有类似问政方式，因此，有部分入驻职能部门对"随手拍"平台的问政功能有不同的看法。此外，在初始阶段，还有些入驻单位对"随手拍"平台的认知模糊等。其次，在 XZ 市"随手拍"平台运行初始阶段，我们还发现参与"随手拍"平台运作的人员对其所担负的角色认知有不同的看法，比如部分职能部门入驻人员的角色仅仅是协调，并不能够解决问题。再比如，有些城管单位的执行人员对其自身职责存在不同的认知，即他们将"随手拍"平台所交办的职责与自身单位交办的职责分开。最后，在"随手拍"平台运作的初始阶段，我们还发现入驻单位对部门利益存在不同的认知，因"随手拍"平台具有公开、透明的特点，有些单位对因不及时解决交办任务而受到群众批评的情况不以为意。

3. ZY 市"一库八网三平台"案例协同初始阶段绩效损失的二阶编码

依据 ZY 市"一库八网三平台"案例初始阶段绩效损失的一阶编码，我们进一步归纳和分类，得到了二阶编码，具体如下（见表3-3）。

表3-3　　ZY 市"一库八网三平台"案例协同初始阶段绩效损失的二阶编码

一阶编码	二阶编码
环保职能认知分歧	部门职能认知分歧
数据共享需求不足	平台功能认知分歧
数据涉密认知；信息共享含义认知分歧；信息共享数据涉密	信息共享认知分歧

从 ZY 市"一库八网三平台"案例协同初始阶段绩效损失的二阶编码结果可知，其绩效损失主要体现在：第一，在部门职能认知上，最初有些职能部门认为环境保护是生态环境局的责任，跟它们关系不大。第二，职能部门对"一库八网三平台"作用的理解存在分歧，从调研来看，各职能部门之间的数据交流更多选择线下，认为通过平台共享会泄漏核心数据。此外，从平台使用角度来说，在我们的调研中，平台使用者主要是生态环境局，其他部门的平台使用率不高，这说明在平台功能上存在认知分歧。第三，与环境保护相关的职能单位对数据信息共享的内涵、价值认知存在分歧，如在数据共享是能看数据还是能够使用数据、数据共享是所有职能单位核心数据共享还是依据双方需要共享等方面存在分歧。

(二) 政府跨部门协同目标阶段绩效损失的二阶编码

1. LS 市机关内部"最多跑一次"改革案例协同目标阶段绩效损失的二阶编码

依据 LS 市机关内部"最多跑一次"改革案例协同目标阶段绩效损失的一阶编码，我们进一步归纳和分类，得到了 LS 市机关内部"最多跑一次"改革案例协同目标阶段绩效损失的二阶编码（见表 3-4）。

表 3-4　　LS 市机关内部"最多跑一次"改革案例协同
目标阶段绩效损失的二阶编码

一阶编码	二阶编码
事项梳理目标不清；事项不清晰；事项边界不清晰；事项梳理范围分歧	事项梳理目标界定分歧
流程目标分歧；减环节法律认知分歧；减环节分歧	流程目标界定分歧
领导与下属目标分歧；材料界定分歧；事项梳理标准分歧	办事人员目标界定分歧

从 LS 市机关内部"最多跑一次"改革案例协同目标阶段绩效损失的二阶编码来看，其主要体现在三个方面。第一，在事项梳理方面，"跑改办"与相关职能部门对事项梳理的概念、事项梳理的范围等内容存在认知分歧。第二，在减环节方面，职能部门对哪些环节需要减、减环节是否符合法律规定等方面存在认知分歧。第三，协同目标分歧还体现在对具体事项进行梳理的办事人员的认知上，以及哪些材料需要减掉上。另外，在上下级之间也存在上面热下面冷的情况。

2. XZ 市"随手拍"平台案例协同目标阶段绩效损失的二阶编码

依据 XZ 市"随手拍"平台案例协同目标阶段绩效损失的一阶编码，我们进一步归纳，得到了 XZ 市"随手拍"案例协同目标阶段绩效损失的二阶编码（见表 3-5）。

表 3-5 XZ 市"随手拍"平台案例协同目标阶段绩效损失的二阶编码

一阶编码	二阶编码
职能目标分歧；职责目标分歧	职责目标分歧

从编码结果来看，XZ 市"随手拍"平台案例协同目标阶段的绩效损失主要体现在职能职责方面的目标分歧上。在入驻单位处理诸如私占车位、烧烤污染等"随手拍"平台交办事项的过程中，由于职责目标存在分歧，因此在具体处理交办事项的过程中存在互相推诿的现象。

3. ZY 市"一库八网三平台"案例协同目标阶段绩效损失的二阶编码

依据 ZY 市"一库八网三平台"案例协同目标阶段绩效损失的一阶编码数据，我们进行了二阶编码，具体结果如下（见表 3-6）。

表 3-6　　　　ZY 市"一库八网三平台"案例协同目标
阶段绩效损失的二阶编码

一阶编码	二阶编码
数据共享目标分歧；上下级信息共享目标分歧	信息共享目标分歧

从编码结果来看，ZY 市"一库八网三平台"案例协同目标阶段的绩效损失主要表现为数据共享目标存在差异，即职能部门之间共享的数据是否能够使用等。

（三）政府跨部门协同行动阶段绩效损失的二阶编码

1. LS 市机关内部"最多跑一次"改革案例协同行动阶段绩效损失的二阶编码

依据 LS 市机关内部"最多跑一次"改革案例协同行动阶段绩效损失的一阶编码数据，我们进一步归纳和分类，得到了 LS 市机关内部"最多跑一次"改革案例协同行动阶段绩效损失的二阶编码（见表 3-7）。

表 3-7　　　　LS 市机关内部"最多跑一次"改革案例协同
行动阶段绩效损失的二阶编码

一阶编码	二阶编码
协同行动协调者不足；协同行动人员不足；协同行动保障不足；配套设施不同步；协同行动任务重；协同行动人员能力不足；协同行动信息化建设不足；协同行动内部负担重	协同行动的资源难题
协同行动激励可持续性不足；协同行动领导力不足；协同行动动力不足	协同行动动力难题
系统业务对接难；部门间系统对接难；部门间业务信息共享难；协同办事平台能力不足；协同平台能力；协同行动基础数据不足；协同行动数据共享不足；协同行动数据共享难	协同行动信息难题

续表

一阶编码	二阶编码
条块权限束缚协同行动；纵向数据归集协同行动难；跨层级系统对接难题；协同行动壁垒；省级系统与业务系统对接难题；市区协调难题	协同行动条块体制难题
归口管理难题；企业事项与政府内部事项边界冲突；部门责任难题	协同行动职责难题

依据 LS 市机关内部"最多跑一次"改革案例协同行动阶段绩效损失的二阶编码结果，可以发现，其有四个方面的难题。第一，在 LS 市机关内部"最多跑一次"改革过程中，缺乏协同行动所需的基本资源。在改革过程中，由于事项梳理任务较重，存在事项梳理人手不足、数据归集过程中信息化建设不足以及配套设施不足等难题。第二，数据归集是改革的重要环节，然而在数据归集中存在诸如不同系统的对接难题、涉密数据处理难题等。第三，我们还发现协同行动中也存在协同动力不足和协同可持续性不足的难题。第四，由于传统行政部门职能分工不同，导致在改革过程中出现了部门之间职责权限调整、条块协调等难题。

2. XZ 市"随手拍"平台案例协同行动阶段绩效损失的二阶编码

依据 XZ 市"随手拍"平台案例协同行动阶段绩效损失的一阶编码数据，我们对其进一步编码，得到了 XZ 市"随手拍"平台案例协同行动阶段绩效损失的二阶编码结果（见表 3-8）。

表 3-8 XZ 市"随手拍"平台案例协同行动阶段绩效损失的二阶编码

一阶编码	二阶编码
人员流动大；协同行动权限不足；协同行动业务能力不足；精力不足	协同行动资源难题
协同流程复杂；协同行动推诿；协同行动权限划分不清	协同行动职责难题
协同行动可持续难题；协同行动主体激励不足	协同动力难题
协同行动协调难；同级协同行动难	协同行动条块体制难题

由 XZ 市"随手拍"平台案例协同行动阶段绩效损失的二阶编码结果可知，其主要表现在两个方面。第一，协同行动的资源难题。在交办事项解决过程中存在领导不重视、人力资源不足、业务能力不足等协同行动所需基本资源的保障难题。第二，协同行动的职责和条块体制难题，如存在由职能碎片化导致的权限划分不清、属地管理与执法权限划分不清等问题。

3. ZY 市"一库八网三平台"案例协同行动阶段绩效损失的二阶编码

依据 ZY 市"一库八网三平台"案例协同行动阶段绩效损失的一阶编码数据，我们进行了二次编码，得到了 ZY 市"一库八网三平台"案例协同治理行动阶段绩效损失的二阶编码结果（见表 3-9）。

表 3-9　　ZY 市"一库八网三平台"案例协同行动阶段
绩效损失的二阶编码

一阶编码	二阶编码
信息协同授权不足；信息共享消极协同	协同行动职责难题
协同行动条块阻碍；协同行动条块利益阻碍；平台标准不一致	协同行动体制难题
协同行动信息共享不足；信息协同行动资金困难；信息平台建设资金不足；协同行动制度依据不足	协同行动资源难题

从 ZY 市"一库八网三平台"案例协同行动阶段绩效损失的二阶编码结果来看，在数据共享协同行动中的绩效损失主要表现在三方面。第一，协同行动中的政府职能碎片化难题。部门职能碎片化导致部门利益阻碍较多，不利于数据共享行为。第二，协同行动中的体制难题。我们发现在数据共享协同行动中，条块体制难题导致上下级部门数据共享行为受阻。第三，协同行动的资源难题。环保数据共享行动也存在顶层制度设计不足、资金不足等协同保障难题。

(四) 政府跨部门协同结果阶段绩效损失的二阶编码

1. LS 市机关内部"最多跑一次"改革案例协同结果阶段绩效损失的二阶编码

依据 LS 市机关内部"最多跑一次"改革案例协同结果阶段绩效损失的一阶编码,我们对其进行二次编码,得到了 LS 市机关内部"最多跑一次"改革案例协同结果阶段绩效损失的二阶编码结果(见表 3 – 10)。

表 3 – 10　　LS 市机关内部"最多跑一次"改革案例协同结果阶段绩效损失的二阶编码

一阶编码	二阶编码
数据孤岛;系统融通成本高	协同治理成本高

由 LS 市机关内部"最多跑一次"改革案例协同结果阶段绩效损失的二阶编码可知,这一阶段的绩效损失主要表现为政府协同治理效能低。

2. XZ 市"随手拍"平台案例协同结果阶段绩效损失的二阶编码

依据 XZ 市"随手拍"平台案例协同结果阶段绩效损失的一阶编码数据,我们对其进行二次编码,得到了 XZ 市"随手拍"平台案例协同结果阶段绩效损失的二阶编码结果(见表 3 – 11)。

表 3 – 11 XZ 市"随手拍"平台案例协同结果阶段绩效损失的二阶编码

一阶编码	二阶编码
踢皮球;协同效率降低;只说不做;互相推诿	协同效能不足

从编码结果来看,XZ 市"随手拍"平台案例协同结果阶段的绩效损失主要表现为协同效能不足,未形成合力,交办事项回复

延迟。

3. ZY 市"一库八网三平台"案例协同结果阶段绩效损失的二阶编码

依据 ZY 市"一库八网三平台"案例协同结果阶段绩效损失的一阶编码,我们进行二次编码,得到了 ZY 市"一库八网三平台"案例协同结果阶段绩效损失的二阶编码结果(见表 3-12)。

表 3-12　　　ZY 市"一库八网三平台"案例协同结果
阶段绩效损失的二阶编码

一阶编码	二阶编码
形不成合力;环境监测目标未达成;环境监测数据不足;环境评估数据获取难	环境保护协同治理效能不高

从 ZY 市"一库八网三平台"案例协同结果阶段绩效损失的二阶编码来看,这一阶段的绩效损失主要表现为环境保护协同治理效能不高,环境评估和环境监测数据不足,导致环境监测数据不理想和环境评估并未开展。

三　政府跨部门协同治理绩效损失产生过程的理论模型

在参照理论的指引下,我们对政府跨部门协同治理绩效产生过程的质性资料进行二阶编码后,可以进一步抽象出政府跨部门协同治理绩效损失过程的几个环节,在此基础上,我们对政府跨部门协同治理绩效损失的环节进行解释,以此发现政府跨部门协同治理绩效损失产生过程的理论模型。

(一) 政府跨部门协同治理绩效损失产生的环节

综合政府跨部门协同治理绩效损失产生过程的三个典型案例的编码结果,通过比较和归纳,我们可以发现,政府跨部门协同治理绩效损失的产生大致分成协同治理绩效的认知分歧、协同治理绩效的目标分歧、协同治理绩效生产的行动难题和协同治理绩效损失四个环节。

1. 协同治理绩效的认知分歧

协同治理绩效的认知分歧是指在协同治理绩效生产过程中，不同政府部门对协同任务本身以及协同任务的必要性与合理性等的认识不同，本质上是对协同需求即通过协同方式生产绩效的必要性和合理性的认知不同。通过对三个典型案例的二阶编码，我们可以发现，三个典型案例中都出现了协同认知分歧，概括来说，首先，政府跨部门协同过程中的认知分歧体现在协同的必要性和合理性上，也就是说，面对社会公共问题，政府职能部门首先判断是否需要通过协同的方式满足公共需求。对协同需求，即通过协同方式来实现绩效的必要性和合理性的认知不同，必然产生协同认知分歧。其次，协同认知分歧还体现为对协同职责的理解不同，由于科层制政府是按照职能分工的方式组织起来的，因而不同政府职能部门面对协同需求，一般是先从自身职责角度思考协同是不是与自己有关系，因此，对协同职能的理解存在分歧。最后，协同利益认知分歧，即不同政府职能部门对因协同而给部门利益带来的变化的认知不同。

2. 协同治理绩效的目标分歧

协同治理绩效的目标分歧，是指在协同治理绩效生产过程中，不同政府部门针对协同任务所要达到的总目标，以及各自的目标任务和责任的看法不同。通过三个典型案例的分析，可以发现协同治理绩效的目标分歧主要体现在两个方面：一是，对协同治理绩效生产过程中本部门所承担的任务目标存在认知分歧。在政府跨部门协同治理绩效生产过程中，不同政府职能部门在其所承担的具体任务方面经常达不成共识，三个典型案例的具体实践也验证了这一观点。二是，不同政府部门在协同治理绩效生产过程中对其所承担的责任目标认知也不同。在政府跨部门协同治理绩效生产过程中，不同职能部门对协同责任的认知存在分歧。如在 XZ 市"随手拍"平台案例中，面对公众提出的"解决烧烤扰民"的公共需求，XF区住建局与XZ市住建局对各自的职责目标界定不清，导致交办事项无法落实。

3. 协同治理绩效生产的行动难题

协同治理绩效生产的行动难题是指在协同治理绩效生产过程中，不同政府职能部门按照协同治理的制度安排共同行动所出现的难题或者冲突。通过对三个典型案例二阶编码结果的抽象，我们发现协同治理绩效生产的行动难题有四类。第一，在政府跨部门协同治理绩效生产的过程中经常出现协同保障难题。按照常识，任何行动都需要人员、资金、领导力以及制度的保障，协同治理行动也不例外。然而，三个典型案例都存在协同保障不足的问题。第二，协同治理绩效生产行动的协同能力难题。在协同治理行动中的一个重要难题是协同治理人员的能力问题。跨部门协同治理能力不同于传统科层制情境下的能力，涉及协调观念和专业知识，它们固化于特定机构内部，机构之间的观念和专业知识又各不相同[1]。协同人员的能力是制约协同治理行动的主要因素之一。第三，协同治理绩效生产行动的部门职责难题。部门之间的利益冲突是政府跨部门协同治理的难题之一。巴达赫指出，现有行政体系更钟情于专业化，试图把分工具体到最小的活动单元[2]。正是这种思维方式，经常会引起部门之间的利益冲突，引起部门之间的不信任，致使协同治理行动不畅。我们在三个典型案例中，都发现了部门之间利益冲突导致协同治理行动难以达成既定目标的现象。第四，协同治理绩效生产行动的条块体制难题。条块体制是协同治理绩效生产行动的制度性难题，条块之间的矛盾是政府跨部门协同治理行动特别是跨层级协

---

[1] ［美］尤金·巴达赫：《跨部门合作：管理"巧匠"的理论与实践》，周志忍、张弦译，北京大学出版社2011年版，第14—17页。

[2] ［美］尤金·巴达赫：《跨部门合作：管理"巧匠"的理论与实践》，周志忍、张弦译，北京大学出版社2011年版，第9—10页。

同治理行动需要解决的主要难题。

4. 协同治理绩效损失

协同治理绩效损失是协同行动所获得效果与协同需求之间的差距。协同需求表明政府部门绩效客观上依赖其他政府部门的配合，因此需要通过协同的方式实现绩效，但当政府部门出现效能低下、未实现既定目标时，就会出现政府跨部门协同治理绩效损失。从这个意义上说，政府跨部门协同治理绩效损失表现为部门之间互相推诿、消极协同以及政府效能低下等。

（二）政府跨部门协同治理绩效损失产生环节之间的逻辑关系

通过二阶编码，我们梳理了政府跨部门协同治理绩效损失产生过程的四个环节，并做了界定。然而，编码数据并不能告诉我们这四个阶段的逻辑关系是什么。因此，我们将四个阶段带入三个典型案例之中，依据我们的访谈和参与观察的情况，结合案例具体情景，把四个环节放到目标案例协同治理过程中，以此分析政府跨部门协同治理绩效损失产生过程中四个环节之间的逻辑关系。通过分析，我们得到了政府跨部门协同治理绩效损失产生过程的四个阶段的理论模型，据此形成了政府跨部门协同治理绩效损失产生的三个过程的理论模型，具体结果如下（见图 3-1）。

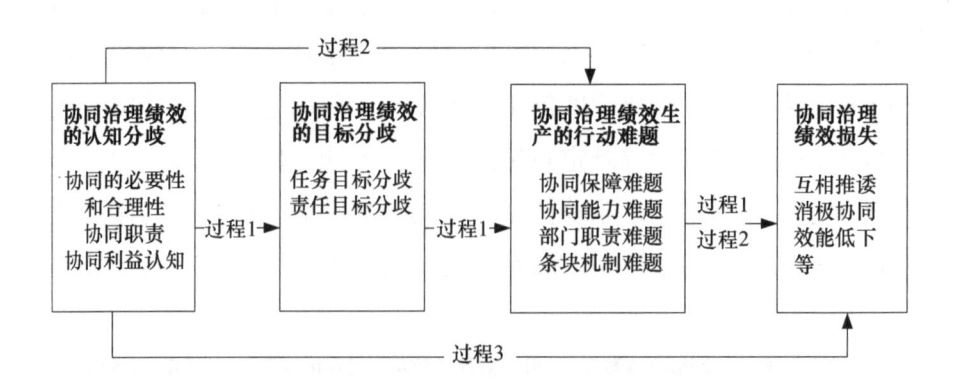

图 3-1 政府跨部门协同治理绩效损失产生过程的理论模型

第一，协同治理绩效的认知分歧—协同治理绩效的目标分歧—协同治理绩效生产行动的难题—协同治理绩效损失的过程（过程1）。根据我们对三个典型案例的比较分析，我们发现政府跨部门协同治理绩效损失的产生是一个连续的过程，即从协同治理绩效的认知分歧—协同治理绩效的目标分歧—协同治理绩效生产的行动难题—协同治理绩效损失的过程。在逻辑上，面对协同公共需求，政府部门之间对协同治理本身的必要性和合理性、协同职责以及协同利益存在认知分歧，这些认知分歧导致任务和责任的分歧；而任务和责任的分歧必然导致协同治理行动的冲突，最终导致协同治理绩效损失。

第二，协同治理绩效的认知分歧—协同治理绩效生产的行动难题—协同治理绩效损失的过程（过程2）。在三个典型案例中，我们都发现了政府跨部门协同治理绩效损失产生的这一路径，也就是说，政府部门之间协同治理绩效的认知分歧直接导致了协同治理行动难题，继而产生了绩效损失。

第三，协同治理绩效的认知分歧—协同治理绩效损失过程（过程3）。协同治理绩效的认知分歧并不必然导致目标分歧。但认知分歧可以直接导致协同治理绩效的损失。在 ZY 市"一库八网三平台"案例和 XZ 市"随手拍"平台案例中，通过编码发现，政府部门之间的认知分歧导致的目标分歧很少，而协同治理绩效的认知分歧直接造成了政府职能部门之间相互推诿，以及协同治理形式主义的绩效损失。

第四节 小结

在本章，我们的研究目标是回答"政府跨部门协同治理绩效损失是如何产生的"这一问题。我们以三个典型案例为研究样本，在参照理论的指导下收集了访谈数据、参与观察数据、新闻报道数据和政府公开文件资料等，并构建了数据库，之后按照参照理论所构建的政府跨部门协同治理过程的四个阶段，即协同初始阶段、协同目标阶段、协同行动阶段和协同结果阶段，作为理论指导，分别对三个典型案例进行一阶编码和二阶编码，然后我们总结出政府跨部门协同治理绩效损失产生过程的四个环节，即在政府跨部门协同治理绩效生产过程中存在协同治理绩效的认知分歧、协同治理绩效的目标分歧、协同治理绩效生产的行动难题和协同治理绩效损失。最后，我们按照事件整体过程的逻辑将四个环节带入案例，以此分析政府跨部门协同治理绩效损失产生过程的四个环节之间的逻辑关系。研究发现，政府跨部门协同治理绩效损失的产生过程是一个协同治理绩效的认知分歧—协同治理绩效的目标分歧—协同治理绩效生产的行动难题—协同治理绩效损失的过程。研究还发现了另外两个政府跨部门协同治理绩效损失的产生过程，即协同治理绩效的认知分歧—协同治理绩效损失的过程和协同治理绩效的认知分歧—协同治理绩效生产的行动难题—协同治理绩效损失的过程。这说明：首先，政府跨部门协同治理绩效损失的产生过程并不是线性的，是一个复杂的过程。其次，我们发现，协同治理绩效的认知分歧是政府跨部门协同治理绩效损失产生过程的逻辑起点，协同治理绩效的目标分歧和协同治理绩效生产的行动难题是政府跨部门协同治理绩效损失产生过程的重要环节。

第四章

政府跨部门协同治理绩效损失的影响因素及社会心理机制

在第三章，我们以 ZJ 省 LS 市机关内部"最多跑一次"改革、SX 省 XZ 市"随手拍"平台和 GS 省 ZY 市"一库八网三平台"三个典型案例为研究样本，分析并构建了政府跨部门协同治理绩效损失的产生过程及其理论模型。如果说，政府跨部门协同治理绩效损失产生过程是一个事实分析的话，那么，还需要对这种事实出现的原因进行解释，即解释什么因素导致了政府跨部门协同治理绩效损失，这些因素发生作用的具体机理是什么。因此，本章先分析政府跨部门协同治理绩效损失产生的影响因素，分析其原因；然后再应用社会心理学关于判断偏差和噪声的理论分析政府跨部门协同治理绩效损失产生的机理。

第一节 研究问题的界定与研究方法

一 研究问题的界定

（一）政府跨部门协同治理绩效损失产生的影响因素

在本章，我们的目标是从理论上分析导致政府跨部门协同治理绩效损失的因素有哪些。如果说政府跨部门协同治理绩效损失的产生是事实问题的话，那么，这一事实是如何发生的就成了我们需要解释的关键问题。本章对政府跨部门协同治理绩效损失影响因素的分析是基于政府跨部门协同治理绩效损失这一事实结果而做出的。

在第二章，我们从绩效生产的角度将政府跨部门协同治理绩效损失界定为，在特定时空范围内，两个或两个以上政府职能部门为了实现协同目标而实施的协同行动所产生的协同效果与协同需求之间的差距。研究发现，在政府跨部门协同治理绩效生产过程中，政府跨部门协同治理绩效生产主体的观念和能力、政府跨部门协同治理绩效生产的制度安排以及政府跨部门协同治理绩效生产的保障等方面非常关键，但问题在于是什么因素影响了这些方面，因此本章的主要内容之一就是分析造成政府跨部门协同治理绩效损失的影响因素有哪些。

（二）政府跨部门协同治理绩效损失的社会心理机制

在分析政府跨部门协同治理绩效损失影响因素的基础上，我们还需要进一步分析导致政府跨部门协同治理绩效损失的这些影响因素具体是如何发生作用的。换言之，本部分所研究的第二个问题是政府跨部门协同治理绩效损失产生的作用机制。具体来说，在政府跨部门协同治理绩效损失的产生过程中，诸多影响因素都是基于行动者的认知和判断过程而产生的，因此本章的主要目的是分析和探讨政府跨部门协同治理主体在参与政府跨部门协同治理绩效生产过程中的认知和判断过程，以此分析政府跨部门协同治理绩效损失产生的社会心理机制。

二　研究方法

本书运用案例研究法并运用二阶编码技术分析政府跨部门协同治理绩效损失产生的影响因素。关于案例研究法选取的原因和研究设计在绪论和第三章已经做了说明，在此仅就案例研究数据分析方法稍作说明：在参照理论（见第二章）的指引下，我们针对本书研究样本（三个典型案例）的质性数据进行总体编码，也即在协同治理过程理论的指引下将三个典型案例所收集的质性数据总体上进行二阶编码，从中分析政府跨部门协同治理绩效损失产生过程中各个环节的影响因素，寻找三个案例中造成绩效损失的相同因素，继而运用社会心理学的相关理论对这些影响因素的作用机制进行分析和解释。

第二节　政府跨部门协同治理绩效损失产生的影响因素

在第三章分析政府跨部门协同治理绩效损失产生过程的编码过程中，我们已经对政府跨部门协同治理各个阶段产生的绩效损失进行了编码，通过对三个典型案例绩效损失产生影响因素的比较和分析，我们发现政府跨部门协同治理绩效损失产生的影响因素有以下几个。

一　政府跨部门协同治理绩效生产的协同共识不足

（一）政府跨部门协同治理绩效生产过程中协同共识不足的表现

按照韦伯的设计，现代科层制在合理性和法制的框架下自主行动以最大化地提升组织效率。现代科层制的自主行动的逻辑造成了某种程度的封闭性。同时，现代科层制组织中的"层级节制"原则必然导致科层制组织中要对上负责，因此，就政府职能部门而言，跨部门协同需要一般来说是外生变量，换言之，按照科层制的行为逻辑，政府职能部门按照既定的职责体系完成各自的职责目标，然而，复杂的公共问题迫切需要政府职能部门打破各自的职责边界，并与其他部门联合行动，以实现共同的目标。这就意味着，面对上级政府跨部门协同指令（外部强制性协同需求），参与协同的政府职能部门首先要理解跨部门协同治理绩效生产本身的价值、必要性以及协同的内涵，换言之，政府职能部门需要理解跨部门协同治理绩效生产方式的必要性和合理性。

现代社会客观上要求把人从既往的制度和价值中解放出来。文艺复兴和启蒙运动开启了"祛魅"的过程，在"天赋人权"的口号下，在人类获得更多自由权利的同时，数智化社会和后工业社会的不断发展使产业结构和经济结构不断分化，这必然造成人类价值观念和利益的多元。在后工业社会和信息社会，人类的价值观念和利益多元现象更加复杂，且在身份认同因素的影响下，多元价值观念和利益之间的冲突日益增加。政府职能部门作为社会的重要组成部分，必然受到价值观念和利益多元化的影响。公共选择理论研究表明，政府职能部门也是一个理性行动者，具有各自的利益诉求，因此，在跨部门协同过程中，学界和实务界一致认为，政府跨部门协同过程中合作困境（政府跨部门协同治理绩效损失的表现）的生成是因为多方主体之间理性选择无法达成一致的缘故[①]。研究发现，科层制下部门之间协同治理绩效生产过程中的协同共识不足体现在以下几个方面。

1. 跨部门协同治理绩效生产的价值与协同治理绩效生产的内涵共识不足

在对三个案例编码结果（见附录14）的比较分析过程中，可以看到，面对政府跨部门协同需要，政府部门之间对跨部门协同治理绩效生产的价值（即必要性）和协同治理绩效生产的内涵共识不足。

在 LS 市机关内部"最多跑一次"改革案例中，在改革推进过程中客观上需要牵头单位（"跑改办"）和各职能单位在事项梳理、数据归集、减材料和减流程等环节协同完成。在 XZ 市"随手拍"平台案例中，为了解决群众提出的复杂公共问题和满足群众的公共

---

① 马伊里：《合作困境的组织社会学分析》，上海人民出版社2008年版，第162页。

需求，客观上需要入驻"随手拍"平台的职能部门协同治理。此外，在超时督办过程中也需要"随手拍"维护单位（XZ 市融媒体服务中心）与入驻职能部门之间协同配合。在 ZY 市"一库八网三平台"案例中，为了更好地实现监测环境、评估环境以及保护环境的目标，客观上需要生态环境局与其他部门诸如国土资源局、税务局、林业局等协同行动，以实现数据共享。总之，跨部门协同需要是政府跨部门协同治理绩效生产的起点。在政府跨部门协同过程中存在着协同共识不足，其具体表现为：首先，各职能部门之间对协同的价值存在着共识不足，比如在 LS 市机关内部"最多跑一次"改革过程中有些单位认为本单位已有的 OA 办公系统能够满足办事需要，不需要再重新梳理事项，进行减材料、减环节和减流程等协同工作。在 ZY 市"一库八网三平台"案例中也存在共识不足现象。其次，各职能部门对协同的内涵共识不足，比如在 LS 市机关内部"最多跑一次"改革的最初阶段，很多单位对"跑一次"的内涵存在不同的认识；在 XZ 市"随手拍"平台案例中，很多职能单位对"随手拍"平台建立的必要性存在不同认识；在 ZY 市"一库八网三平台"案例中，不同职能单位对环保数据共享的界定存在分歧：一种观点认为环保数据共享就是将本部门核心数据完全共享，转移数据的拥有权和使用权；另一种观点认为环保数据共享是根据环保需要交换并共享环保数据的使用权。

表 4-1　政府跨部门协同治理绩效生产过程中协同共识不足的二阶编码

一阶编码	二阶编码
原有业务系统很好；"随手拍"平台解决问题的主动性；部门具有数据所有权	协同价值共识不足
不知道机关内部"最多跑一次"改革；不了解事项梳理；不懂概念；排斥"随手拍"平台；数据共享界定	协同内涵共识不足

通过对质性数据的二阶编码分析可知，在政府跨部门协同治理绩效生产的最初阶段，造成绩效损失的主要影响因素是协同主体对协同价值和协同内涵共识不足。首先，在三个典型案例的改革初期，各协同主体对改革认知模糊不清，这意味着协同主体对协同内涵的认知共识不足。其次，协同主体对改革过程中协同必要性的共识不足。在政府跨部门协同治理绩效生产过程中，协同的价值或者协同的内涵共识非常重要，只有协同主体认识到绩效生产过程离不开其他主体的配合，才能在绩效生产中不断反思自身与其他绩效生产主体之间的关系和定位。

2. 跨部门协同治理绩效生产的目标共识不足

在对三个典型案例编码的比较和分析过程中，我们发现政府职能部门之间在协同治理绩效生产目标上也存在着共识不足的现象（见附录15）。

在协同治理绩效生产过程中，政府跨部门协同治理绩效目标是协同行动的基础，也是在后续协同行动中协调各协同主体行动的准则。然而，在三个典型案例中，我们发现政府部门之间在协同治理绩效生产目标上的共识不足。概括来说，这些协同治理绩效生产目标上的共识不足集中在跨部门协同治理的谈判和沟通过程之中，协同治理绩效生产目标分歧的内容集中在对协同行动目标以及职责的理解上（见表4-2）。

表4-2　　　政府跨部门协同治理绩效生产过程中协同
目标共识不足的二阶编码

一阶编码	二阶编码
事项梳理上报不清楚；流程再优化；减材料没标准；减环节标准不确定	业务协同目标共识不足
问政职责不清；车位管理职责不清	职责协同目标共识不足
数据只能看；上下级数据对接标准不足	数据协同目标不清晰

根据表4-2的编码结果可知，在政府跨部门协同治理绩效生产过程中，协同主体之间的协同治理绩效生产目标共识不足，主要表现在业务协同目标、职责协同目标以及数据协同目标三个维度。首先，从业务协同目标来说，业务协同意味着仅靠某一部门不能有效完成组织目标，因此必须与其他部门一起协同完成，这就需要不同部门就具体业务事项范围、流程和办事标准达成一致，如果对业务协同目标的共识不足，必然影响整个协同治理绩效。其次，协同治理绩效还与职责协同目标共识有关。业务协同不仅涉及业务本身的界定，还涉及各部门的职责，特别是在职责边界比较模糊的情境下，各部门对协同治理职责的共识非常重要，否则就会出现有责任互相推诿、有利益互相争抢的现象。最后是数据协同目标共识不足。而在数字时代，数据是连接政府各部门的纽带，因此各部门之间的数据链接和数据共享是影响协同治理绩效的重要因素。

（二）协同治理绩效共识不足导致政府跨部门协同治理绩效损失的原因分析

根据上述编码结果的分析，我们认为协同治理绩效共识既包括协同治理绩效价值和内涵共识，即政府跨部门协同治理绩效生产过程中各协同主体对协同价值和协同内涵的认知共识，还包括协同治理绩效目标共识，即在协同治理过程中协同主体对业务、职责、数据等方面的共识。那么，政府跨部门协同治理绩效生产过程中协同治理绩效的共识不足为何造成了协同治理绩效损失？我们认为具体原因有以下几点。

1. 科层制的组织设计缺陷

韦伯认为组织的运作本质上是权力在组织内部横向和纵向流动的过程，因此，组织成员如何服从命令是韦伯组织设计问题的逻辑起点。韦伯从人类发展史中发现了组织成员服从命令的三种类型，即克里斯玛型、传统型和合理—合法型。韦伯看到了现代社会价值多元的困境，因此他区分了价值理性和工具理性，继而他认为现代社会组织应该基于工具理性，按照合理—合法的规则运行。在韦伯科层制组织的设计中，按照分工—合作、层级节制的权力安排来实现组织效率的最大化。在韦伯的观念中，只要有合理的分工和组织规则就能实现组织不同部门之间的协同。然而，韦伯的科层制组织设计忽略了组织成员的情感、公平等非理性的因素对组织协同的影响。在工业社会初期，政府秉持"守夜人"的原则，政府事务比较简单且都具有流程化的特点，韦伯所设想的科层制组织可以达到提升组织效率的目标。然而，为了解决周期性资本主义经济危机，治理思想发生了革命性的转变，从古典自由主义向积极自由主义转变，政府由"守夜人政府"向"有为政府"转变，这意味着政府不但要专注于政府内部效率，还要有效应对日益复杂的社会公共问题，满足公共需求，提供就业、医疗保障等公共服务。政府职能的增加必然导致政府职能分工的交叉，仅靠工具理性的制度设计不仅很难实现各部门之间的协同，而且制度化的工具理性思维还会造成政府部门的部门主义倾向，反而阻碍了政府各部门之间的协同。综上，我们认为，科层制的工具理性的制度设计理念和规则造成了不同政府部门机械地行使法定职责，反而看不到协同治理绩效生产的价值和意义，因此导致了跨部门协同治理绩效损失。

2. 政府跨部门协同治理绩效共识不足导致协同治理绩效生产行动的动力不足

政府跨部门协同治理绩效共识指的是协同主体针对协同治理绩效生产过程中协同任务的意义、目标、方案、行动所达成的一致意见。协同共识不足表明参与跨部门协同的多个主体对协同任务的各项环节的认同不足，比如在 LS 市机关内部"最多跑一次"改革案例中，一些政府部门对部门之间协同办公的价值和意义的共识不足，一些政府部门认为自己内部办公系统效率很高，因此改革没有必要，这导致改革推进困难。同样，在 XZ 市"随手拍"平台社会治理创新的案例中，很多入驻的政府职能部门认为已有的政府留言板、政务微博能够很好地反映问题,因此对"随手拍"平台的功能和价值认同不足。这些都说明协同主体对协同任务的价值、目标和方案的认同不足必然导致协同参与主体消极应对甚至怠工。

3. 政府跨部门协同治理绩效共识不足导致协同治理绩效生产的行动缺失标准

政府跨部门协同治理绩效生产行动要求参与主体之间明确各自的目标、职责,并且需要在协同治理绩效生产行动过程中积极、正向地沟通和协商,这样才能实现共同绩效目标。然而,在协同行动中协同主体之间经常就协同行动的目标、范围、标准等事项产生分歧。所谓分歧指的是多个协同主体对协同过程中的同一事项(比如协同目标等)有各自的理解。比如在 LS 市机关内部"最多跑一次"改革案例中,我们发现由于"跑改办"与政府部门对事项梳理的范围、数据标准的理解存在分歧,导致报上来的事项梳理资料不符合要求。同样,在 ZY 市"一库八网三平台"案例中,各部门对数据共享的理解存在分歧,也导致了环保数据共享受到阻碍。这种理解的不同导致协同行动产出绩效损失。

二 政府职责碎片化

在科层制的制度设计中,专业分工原则被认为能够最大限度地发挥个体的特长和能力,最大限度地提升组织效率。然而,在科层制的实践运作过程中,这种按照专业分工原则设置的职能部门容易形成部门主义,形成职责边界壁垒。在数字社会背景下,有些复杂的、棘手的公共事务客观上需要打破职能部门之间的边界壁垒,通过职能协同优化高效应对复杂性的公共问题。由此,我们在研究中发现,在政府跨部门协同治理绩效生产过程中,政府职责体系碎片化也造成了跨部门协同治理绩效损失。

(一)政府职责碎片化的表现

对比三个典型案例,我们发现职责碎片化是产生政府跨部门协同治理绩效损失的重要原因之一。附录16呈现了政府跨部门协同治理绩效生产过程中职责碎片化对协同治理绩效影响的一阶编码。

现代科层制按照职能分工—协作的方式将政府所承担的功能划分给独立的部门，并以"三定"的方式赋予部门履行职能所需要的资源。实际上，科层制的这种组织设计是给每个职能部门设置法定的职责边界，每个政府部门按照各自职责边界履行职能。科层制职责分工的组织管理方式有利于惯常性职能的履行，符合政府职能专业化的要求，因此能够提升效率。然而，随着社会公共事务的复杂化和不确定性的不断增加，科层制理论所主张的职责边界造成了职责碎片化，反而不利于复杂条件下公共问题的回应和解决。比如XZ市"随手拍"平台案例中出现了三轮车乱停现象，城市管理综合行政执法局（简称"城管"）和交警部门都有相应的管理职能。在LS市机关内部"最多跑一次"改革案例中，人力、社保、财政、审批等职能部门都有各自的办公系统，在推进改革过程中，边界思维对改革的推动形成了阻碍。同样，在ZY市"一库八网三平台"案例的环保数据共享过程中也存在类似的职责边界问题。根据附录16的一阶编码数据进行第二次编码，从二阶编码结果可以看出，在政府跨部门协同治理绩效生产过程中，政府职责碎片化造成了协同主体之间的一系列边界冲突，继而产生了协同治理绩效损失，具体见表4-3。

表4-3　政府跨部门协同治理绩效生产过程中职责碎片化的二阶编码

一阶编码	二阶编码
办公系统各自独立	数据孤岛
属地管理与审批权限冲突；部门之间关注点不同；城管与交警部门职责不清；停车收费职责归属不清；监管焦点不同	职责边界冲突

从表4-3来看，在政府跨部门协同治理绩效生产过程中，政府职责碎片化具体表现为两个方面：一方面，政府职责碎片化导致在数字政府建设过程中出现了平台系统的碎片化，也就是数据孤岛。另一方面，政府职责碎片化表现为职责边界冲突。那么，政府职责碎片化如何导致了政府跨部门协同治理绩效损失？

（二）政府职责碎片化导致政府跨部门协同治理绩效损失的原因分析

首先，政府职责碎片化造成了数据孤岛，给政府跨部门协同治理绩效生产造成了边界壁垒和技术壁垒，继而产生了协同治理绩效损失。在数字化时代，这些独立的系统演变成独立的数字系统，在跨部门协同治理绩效生产过程中，这些独立的系统在部门职责边界思维的影响下不利于互联互通、数据共享。职责边界形成了系统壁垒和技术壁垒，具体表现在：第一，在政府跨部门协同治理绩效生产过程中，客观上要求各政府部门共享数据，这样才能有效实现协同治理绩效目标。而职责边界造成了数字系统之间相互独立，形成了系统壁垒，造成了跨部门协同治理的绩效损失。第二，不同政府部门开发的办公系统技术标准不一致，这造成了技术壁垒，给跨部门协同治理绩效生产造成了不利的影响。

其次，政府职责碎片化的思维束缚了部门的整体性思维。政府跨部门协同治理绩效生产在本质上是为实现共同绩效目标，政府部门之间通过协商、谈判等方式联合行动。由于协同治理绩效目标往往具有模糊性和复杂性的特征，与政府职能部门自身的具体绩效目标有冲突，因此仅靠参与协同行动的职能部门各自行动并不能很好地解决协同行动中的配合问题，客观上需要多个协同主体在协同过程中有效互动和沟通，这就需要政府部门超越部门的职责边界思维，从整体性思维角度思考协同任务的价值、目标、行动方案以及行为规则。然而，在实际协同过程中职能部门多从部门职责边界出发思考协同行动的价值和目标，这就造成了协同治理绩效损失。

最后，职责边界冲突造成政府部门之间在协同治理绩效生产过程中职责不清。在政府跨部门协同治理绩效生产过程中，由于公共问题或公共服务的复杂性和模糊性，导致政府跨部门协同治理绩效生产中职责边界模糊，政府职能部门在协同行动过程中多按照各自对职责边界的理解参与协同，必然造成协同行动职责边界界定不清，这就会出现政府职能部门之间互相推诿的现象，造成协同治理绩效损失。

三 条块体制矛盾

在科层制的制度设计中，按照职能分工和层级节制的原则形成了横向和纵向的组织结构，这就形成了条块分割的体制。这种条块体制设置的本意是既发挥上级对下级的控制和监督，又发挥横向部门属地管理的积极性和活力。然而，在政府跨部门协同治理绩效生产过程中，条块体制是造成协同治理绩效损失的重要原因之一。

（一）政府跨部门协同治理绩效生产过程中条块体制矛盾的表现

课题组在调研时，在三个典型案例中都发现了在政府跨部门协同治理绩效生产过程中条块体制矛盾对协同治理绩效产生的不利影响（见附录17）。1999年在北京召开了"政府上网工程启动大会"，这标志着中国开启了政府部门职能上网工程。随着政府部门职能上网工程的不断发展，各职能部门根据各自的业务需要建设办公系统，然而，由于缺乏顶层设计，各办公系统互补融通，造成了数据"烟囱"。在数字社会背景下，为了提升政府公共服务效率，客观上要求各政府职能部门通过业务融合、数据融合和技术融合，实现跨部门、跨层级、跨地域、跨系统和跨业务的更加系统、协同高效的公共服务。然而，在数字时代复杂公共服务供给过程中，条块体制矛盾却阻碍着政府跨部门协同治理绩效生产，造成了协同治理绩效损失，具体表现为数字政府建设中上下级政府部门数据归集、业务技术改造、业务数据对接等方面的矛盾。此外,条块体制矛盾还造成了上下级政府部门在协同治理过程中事权不匹配、执法权不匹配等方面的矛盾。

依据附录 17 的一阶编码结果,我们继续进行二阶编码分析,进一步归纳得出条块体制矛盾是造成政府跨部门协同治理绩效损失的原因之一(见表 4-4)。

表 4-4　政府跨部门协同治理绩效生产过程中条块体制矛盾的二阶编码

一阶编码	二阶编码
数据归集上下级矛盾;上下级系统对接推动力障碍;上下级办公系统融合难;上下级数据系统对接难	数字政府建设上下级矛盾
上下级事权与执法权冲突;市、区事权不匹配	业务权限上下级矛盾

根据表 4-4,条块体制矛盾对政府跨部门协同治理绩效生产的不利影响主要表现在两个方面:一方面,条块体制矛盾造成了数字政府建设上下级部门之间的矛盾。数字政府建设客观上要求打破层级、跨领域和跨部门协同,在既往的数字政府建设中,上下级业务系统很可能是不同的,因此上下级政府部门在数据归集与融合、办公系统对接与融合等方面存在矛盾。另一方面,也造成了在业务权限上上下级政府部门之间的矛盾。在调研中,下级政府的受访者经常回应"按照管理权限,这件事不属于我们部门管理",这意味着一些公共服务的供给事权和决策权存在矛盾。

(二)条块体制矛盾导致政府跨部门协同治理绩效损失的原因

在三个典型案例中,条块体制矛盾对政府跨部门协同治理绩效造成不利影响的原因主要体现在两个方面。

第一,条块体制给上下级部门之间协同信息共享设置了体制障碍。信息共享是政府跨部门协同治理绩效生产顺利运行的基础性和前置性要求,政府跨部门协同治理绩效生产过程中的谈判、协同治理目标界定、协同行动以及协同效果评价都离不开信息共享。然而，调研编码结果表明，在政府跨部门协同治理绩效生产过程中，条块体制在数据归集和办公系统对接等协同任务中发挥了不利的影响，其本质是条块体制的权责分配导致上下级部门自主权力不足。

第二，条块体制造成上下级业务权限的冲突，导致了在协同治理过程中的绩效损失。比如在 XZ 市"随手拍"平台案例中因为 XZ 市与 XF 区上下级之间的事权与执法权的冲突，按照属地管理的原则有些事权（比如处理噪声污染）在下级，但下级政府却没有执法权，这种事权与执法权的不匹配造成协同治理的绩效损失。此外，在 LS 市的机关内部"最多跑一次"改革案例中也发现，市、区之间事权分配不平衡导致了协同治理绩效损失。

四　协同动力不足

上面我们分析了产生政府跨部门协同治理绩效损失的共识性因素、碎片化的职责边界因素和条块体制矛盾因素，政府跨部门协同治理作为应对复杂公共问题的新兴策略，客观上需要克服上述因素给跨部门协同治理造成的不利影响，这就需要政府跨部门协同治理绩效生产过程中有足够的动力促使参与协同的政府部门及其办事人员发挥积极性、活力和责任意识。然而，调研中发现，三个典型案例不同程度地存在协同动力不足问题（见附录18）。

（一）政府跨部门协同治理绩效生产过程中协同动力不足的表现

通过附录18的一阶编码可以发现，协同治理绩效生产协同动力不足体现在以下几个方面：第一，加急办件疲劳症。在按照项目制运行的政府数字化改革过程中，政府跨部门协同绩效生产具有时限性，即在特定的时间范围内完成各种协同任务，因而参与协同治理绩效生产的主体经常遇到各种加急办件。在我们的调研中发现，协同治理绩效生产的参与者面对各种加急办件会产生"疲惫"心理，选择"躺平"。第二，协同治理绩效生产中的观望态度。政府跨部门协同治理绩效生产是一个系统性、整体性的过程。在协同治理行动的初期，参与协同治理绩效生产的主体经常采取观望的态度，观察其他单位的做法。这种观望态度会产生协同治理绩效损失。第三，协同治理绩效生产主体的担当精神不足。在这些紧急任务的压力面前，需要办事人员的担当精神和额外的劳动付出，然而科层制的绩效生产环境导致参与协同治理绩效生产的个体自我效能感不足。第四，协同治理绩效生产过程中协同主体的互相依赖性不足。当前的协同治理绩效生产以科层制为基础，在条块体制和职能分工碎片化的影响下，协同治理绩效生产主体之间存在权力和信息不对称的问题，因而协同治理绩效生产主体之间相互依赖性不足。就单个协同治理绩效生产主体来说，互相依赖性不足导致某些部门协同意愿不足。

柯克·埃默森认为，跨部门协同的发起和实施过程需要领导力、间接激励机制、相互依赖或不确定性当中的一个或多个驱动因素[1]。依据附录18的一阶编码结果，我们进行二阶编码，得到如下结果（见表4-5）。

表4-5　　　　政府跨部门协同治理绩效生产过程中
协同动力不足的二阶编码

一阶编码	二阶编码
加急办文疲劳症；事项梳理观望	协同外部环境激励不足
办事人员自我激励不足；互相依赖性不足	协同内生动力不足

---

[1] 参见王浦劬、臧振雷编译《治理理论与实践：治理议题研究新解》，中央编译出版社2017年版，第311页。

从表 4-5 来看，政府跨部门协同治理绩效生产的协同动力不足可概括成协同外部环境激励不足和协同内生动力不足两类。

（二）协同动力不足导致政府跨部门协同治理绩效损失的原因

从表 4-5 中我们可以发现，政府跨部门协同治理绩效生产过程中的协同动力不足问题，正是协同治理绩效生产行动中协同主体协同动力不足导致的，其具体原因表现在以下几方面。

首先，协同外部环境激励不足导致协同治理绩效生产主体外部驱动力不足。按照系统论的观点，外部环境对协同治理行动具有重要的影响。梅奥通过实验发现工作环境对生产效率的影响，巴纳德进一步从系统论的角度论证了组织环境对组织绩效的影响。从组织行为学角度而言，行为、认知以及环境影响三者作为决定因素都互相影响[①]。在政府跨部门协同治理绩效生产过程中，由于缺乏良好的协同治理环境，导致协同主体的协同动力不足，比如参与协同治理绩效生产的办事人员经常面对众多加急办文，但协同治理的加急办文与其他加急办文并无区别，因此办事人员会感觉疲惫。再如协同治理是多个部门参与的，如果有部门不作为，就会导致其他部门出现观望的心理。正是这些协同治理的外部环境激励不足导致了协同治理绩效损失的产生。

其次，协同内生动力不足导致协同治理绩效生产主体的自我效能感不足。班杜拉认为，自我效能感是个人对自己具备某一行为能力的判断[②]。组织内个体如何行动很大程度上决定了其将得到的结果，因此，当协同治理绩效生产主体自我效能感不足时，必然影响个人绩效，继而造成协同治理绩效损失。在调研中我们发现，在协同治理绩效生产过程中协同主体内生动力不足导致了自我效能感不

---

① 参见［美］阿尔伯特·班杜拉《思想和行动的社会基础：社会认知论》，林颖、王小明、胡谊、庞维国等译，华东师范大学出版社 2018 年版，第 25 页。

② ［美］阿尔伯特·班杜拉：《思想和行动的社会基础：社会认知论》，林颖、王小明、胡谊、庞维国等译，华东师范大学出版社 2018 年版，第 419 页。

足，这具体表现在两个方面：一方面，协同治理绩效生产过程中由于行动双方资源依赖不对称导致协同主体的内生动力不足。政府跨部门协同治理的资源依赖的类型可以分为互补性资源依赖与链条式资源依赖。所谓互补性资源依赖是指每个政府职能部门都有对方所需要的资源。所谓链条式资源依赖是指在协同过程中政府职能部门一方所用的资源是另一方履行职能的前置性条件。在人员调动、退休等办事流程中，组织部门、财务部门、主管部门、社会保障部门等都需要协同办公，这种办公流程的资源依赖更多体现为链条式资源依赖。在科层制内部，不同职能部门所拥有的资源和权力不同，这种情景下就会出现"你求我办事多一些"的情况，这种链条式资源依赖会导致协同主体的自我效能感不足，因此缺乏协同动力。另一方面，协同治理绩效生产过程中参与人员内生动力不足导致自我效能感不足。这是因为参与协同治理绩效生产的一些办事人员认为自己在做额外的工作，或者说认为协同任务是额外的工作，从精力和能力来说，都达不到要求，因此在协同治理绩效生产过程中会出现"领导让我做我才做""观望"等消极态度。

总之，在政府跨部门协同治理绩效生产过程中，协同动力不足是导致协同治理绩效损失的重要原因之一。

五 协同保障不足

国内外学者大都认为政府跨部门协同治理是应对复杂性和不确定性公共问题的有效做法。从常识出发，我们知道任何政府部门的公共行动都需要资源保障，然而，政府跨部门协同治理作为一种新兴的应对公共问题的做法，在具体实施过程中，各政府部门还是以自己的内部资源参与协同行动，并没有额外为协同行动提供资源保障。事实上，政府跨部门协同治理绩效生产需要更多资源保障，包括政治资源、物质资源、人力资源以及信息资源，只有在充分的资源保障下跨部门协同治理绩效生产才能实现良好的效果，减少绩效损失。

(一) 政治资源保障不足

政府跨部门协同治理作为新型治理形式在实际推行过程中有很多阻力，这就需要强有力的政治资源保障。

1. 政府跨部门协同治理绩效生产过程中政治资源保障不足的表现

附录19是政府跨部门协同治理绩效生产过程中政治资源保障不足的一阶编码。首先，领导者（"一把手"或直管领导）在协同治理绩效生产过程中起着非常重要的作用，一些领导者对协同治理的注意力和态度以及推动力不足。其次，参与协同治理绩效生产的协同主体的权力资源不足，如行政权力不足。最后，政治资源不足还表现为法律制度资源不足，比如协同治理绩效生产的法律依据不足、协同治理绩效生产的法律依据有冲突、协同治理绩效生产缺乏顶层设计等。

综上，我们认为，协同治理绩效生产的政治资源是指在协同治理绩效生产过程中所必需的影响其他协同主体的政治性手段。依据附录19的一阶编码结果，我们进行了二阶编码，编码结果表明协同治理绩效损失政治资源不足包括领导资源保障不足、权力资源保障不足和法律制度资源保障不足（见表4-6）。

表4-6　　政府跨部门协同治理绩效生产过程中政治资源保障不足的二阶编码

一阶编码	二阶编码
领导重视不够；领导习惯纸质办公；"一把手"推动力度不足；缺少核心凝聚力；领导关注减退	领导资源保障不足
权威不对称；没有行政权	权力资源保障不足
顶层数据共享不足；没有顶层规划；法规之间冲突；法律依据缺失	法律制度资源保障不足

2. 政治资源保障不足导致政府跨部门协同治理绩效损失的原因

从表4-6的编码结果可以看出，政府跨部门协同治理绩效生产过程中政治资源保障不足导致了协同治理绩效损失。

首先，"一把手"在协同治理绩效生产过程中对协同治理绩效生产支持不足。在政府治理实践过程中，存在"一把手"权力过度集中[1]和"一把手"依赖[2]等现象。在此背景下，在政府跨部门协同治理绩效生产过程中，如果"一把手"对跨部门协同的关注度不够或注意力供给不足，那么将对跨部门协同治理绩效生产过程产生非常不利的影响。我们的编码数据表明，领导资源保障不足（即"一把手"关注度不足）是导致协同治理绩效损失的重要原因之一。

其次，权力资源保障不足导致政府跨部门协同治理绩效生产行动难以推进。在推动政府跨部门协同治理绩效生产过程中，牵头协调部门的权力资源不足导致部门之间地位不对等，难以推进跨部门协同行动。

最后，法律制度资源保障不足会导致协同治理绩效生产缺乏法律依据。一方面，法治是现代社会的基本特征，法律、法规也是现代政府职能履行的基础，因此，政府跨部门协同治理绩效生产若没有法律依据，参与跨部门协同的政府职能部门将难以开展协同行动。另一方面，协同治理绩效生产的顶层设计不健全导致了协同治理绩效损失。中国政府的职能配置具有不同层级的政府在纵向间职能、职责和机构设置上的高度统一、一致的职责同构的特征[3]。在地方政府推动跨部门协同治理绩效生产过程中，职责同构的制度设计逻辑将导致下级职能部门在跨部门协同治理绩效生产过程中受到

---

[1] 李景治：《党政一把手权力运行机制的完善》，《学术界》2014年第4期。
[2] 孙亮：《完善权力配置破解"一把手依赖症"》，《人民论坛》2020年第18期。
[3] 朱光磊、张志红：《"职责同构"批判》，《北京大学学报》（哲学社会科学版）2005年第1期。

上级职能部门的影响，比如在 ZY 市"一库八网三平台"案例中，生态环境局、林业局、水务局、国土资源局之间的环保数据共享行为受到上级职能部门的约束，环保数据共享行动只有在顶层设计的保障下才能开展。

（二）物质资源保障不足

从公共经济学理论来说，任何政府组织行动都会产生交易成本，政府跨部门协同治理绩效生产行动亦不例外。

1. 政府跨部门协同治理绩效生产过程中物质资源保障不足的表现

在政府跨部门协同治理绩效生产过程中，政府部门习惯将协同治理行动作为例外行动而不是常态化的行动，很少给予足够的物质资源保障，附录 20 呈现了三个政府跨部门协同治理绩效生产典型案例中物质资源保障不足的一阶编码。

从一阶编码结果来看，政府跨部门协同治理绩效生产的有效推动不仅需要资金、设备的保障，在数字化时代，也需要技术资源的支持。我们根据附录 20 的一阶编码结果进行了二阶编码，从二阶编码结果来看，物质资源保障不足导致了协同治理绩效损失（见表 4-7）。

表 4-7　　　　政府跨部门协同治理绩效生产过程中
物质资源保障不足的二阶编码

一阶编码	二阶编码
技术保障不足；资金保障不足；配套设备不足	物质资源保障不足

2. 物质资源保障不足导致政府跨部门协同治理绩效损失的原因

政府跨部门协同治理绩效生产过程中因物质资源保障不足导致协同治理进程受到阻碍，继而产生了协同治理绩效损失，具体来说如下。

首先，技术和资金保障不足导致协同治理绩效生产行动受阻。政府数据共享是跨部门协同治理绩效生产有效进行的前提条件，然而，由于政府职能部门在数字化建设过程中各自为政，其所建立的办公系统技术标准不统一，这导致在数据归集过程中需要大量的资金对系统进行改造，而技术、资金保障不足导致政府跨部门协同治理绩效生产的进展缓慢。

其次，配套设备不足，即信息化基础设施不健全导致协同治理绩效生产动能不足。调研发现，有些基层政府信息化建设的基础设施不足，这导致政府跨部门协同治理绩效生产所需要的信息平台和技术建设滞后，继而延迟政府跨部门协同进程，产生协同治理绩效损失。

（三）人力资源保障不足

公务员是从事政府跨部门协同治理活动的基本细胞和微观个体，掌握必备的协同管理技能，对于协同治理的实现具有重要的基础性作用和意义[1]。同样，政府跨部门协同治理绩效生产的有效运行离不开专业人才，即具备协同素质和能力的专业人才。然而，研究发现，在政府跨部门协同治理绩效生产过程中，人力资源保障不足造成了协同治理绩效损失。

1. 政府跨部门协同治理绩效生产过程中人力资源保障不足的表现

附录 21 呈现了政府跨部门协同治理绩效生产过程中人力资源保障不足的一阶编码。从一阶编码结果来看，政府跨部门协同治理绩效生产过程中存在人员流动性较大、协调人员不足、人手不足和专业技能不足等问题。

当前，协同治理作为应对复杂公共事务的有效措施已经成为学界的共识。但协同治理行动与单个部门的治理行动逻辑并不相同，

---

[1] 赖先进：《公务员在跨部门协同治理中的管理技能研究》，《东北师大学报》（哲学社会科学版）2019 年第 1 期。

因此协同治理行动需要专业的协同技能。依据附录21的一阶编码结果,我们进行二阶编码,从编码结果看人力资源保障不足导致了协同治理绩效损失(见表4-8)。

表4-8　　　政府跨部门协同治理绩效生产过程中
人力资源保障不足的表现

一阶编码	二阶编码
人员流动性较大;协调人员不足;人手不足;专业技能不足	人力资源保障不足

2. 人力资源保障不足导致政府跨部门协同治理绩效损失的原因

在政府跨部门协同治理绩效生产过程中,人力资源保障不足导致协同治理绩效损失的原因主要体现在以下几方面。

首先,参与协同治理绩效生产的人员不足导致协同绩效生产的生产效率下降。如前所述,协同治理绩效生产过程中的人员不足既包括参与协同治理的人员流动性较大,也包括参与协同治理的人手不足。一方面,参与协同治理的人员不稳定必然造成工作衔接、工作风格以及工作熟练度互相不匹配等一系列问题,影响协同治理绩效的产出。比如在XZ市"随手拍"平台案例中,融媒体服务中心作为"随手拍"平台的维护者以及督促交办事项有效落实的协调者,在政府跨部门协同治理中发挥着重要的作用,然而,其人员不稳定导致了协同治理绩效损失。另一方面,协同治理绩效生产需要基本的人力保障,如果没有足够的人员参与生产,必然造成人员负荷较重,不能有效发挥人员的专长,进而导致协同治理绩效生产效率较低。比如,在LS市机关内部"最多跑一次"改革过程中,因为缺乏人手导致协同治理绩效损失。

其次,专业的协调人员不足导致协同治理绩效生产主体之间难以形成合力。在政府跨部门协同治理绩效生产过程中,受政府职责碎片化因素的影响,需要有专门的协调人员发挥督促作用,否则,在协同治理绩效生产过程中缺少了监督者、促进者和协调者，将难以形成合力。然而，调研发现，协同治理绩效生产过程中具备专业技术和素质的协调人员不足导致了协同治理绩效生产工作无人督促，因而产生了绩效损失。

最后，协同参与者的专业技能不足导致协同治理绩效生产效率下降。政府跨部门协同治理绩效生产过程中需要参与者具备专业技能，比如谈判能力、协商能力、沟通能力、协调能力等。这些协同治理绩效生产所需要的技能直接影响着协同治理绩效的生产效率。但调研发现，参与政府跨部门协同的人员都是从各个职能部门抽调而来，专业技能不足导致了协同治理绩效损失。

（四）信息资源保障不足

在数字时代，网络技术具有公开性、透明性、便利性和扁平化等特点，因此在政府跨部门协同治理过程中也普遍运用互联网技术。换言之，数字政府建设中数据共享的质量是制约政府跨部门协同治理绩效的原因之一。

1. 协同治理绩效生产过程中信息资源保障不足的表现

附录22呈现了LS市机关内部"最多跑一次"改革案例和ZY市"一库八网三平台"案例在协同治理绩效生产过程中信息资源保障不足的一阶编码。从一阶编码结果可以看出，在数字时代，政府跨部门协同治理绩效生产过程所必需的信息化基础设施不健全、基础数据不足、数据共享不足是造成协同治理绩效损失的主要因素。

在数字时代，准确、全面、及时的数据共享不仅是政府跨部门协同治理绩效生产的基础，同时也是提升协同治理绩效的内在要素。我们依据附录22的一阶编码结果进行了二阶编码，编码结果显示，政府跨部门协同治理绩效生产过程中的信息资源保障不足导致了协同治理绩效损失（见表4-9）。

表4-9 政府跨部门协同治理绩效生产过程中
信息资源保障不足的二阶编码

一阶编码	二阶编码
信息化不充分；数据共享不足；基础数据不全；数据孤岛；数据共享形式化	信息资源保障不足

2. 信息资源保障不足导致政府跨部门协同治理绩效损失的原因

从表4-9的编码结果可见，政府跨部门协同治理绩效生产所需要的信息资源保障不足产生了协同治理绩效损失，具体来说如下。

首先，政府跨部门协同治理绩效生产所需要的基础数据不全导致协同治理绩效生产运行不畅。共享信息是协同治理绩效生产有效运作的前提和基础，只有在共享信息的基础上，政府各部门之间才能迅速获得协同绩效生产过程所需要的业务信息，减少不必要的流程、材料，让数据多跑路，继而才能有效地提升协同治理绩效。研究表明，跨部门协同绩效生产过程中协同信息基础数据不全、不准确和不标准阻碍了协同治理绩效的生产效率。

其次，数据共享不足或信息共享形式化导致政府跨部门协同治理绩效生产缺乏必要的数据。在数字时代，政务服务"跨省通办"和"一件事一次办"推进过程中客观上需要跨部门、跨层级和跨领域的数据共享、共融。然而，研究发现，在推动政务服务"跨省通办"和"一件事一次办"协同治理绩效生产过程中，各部门之间的数据共享存在诸多难题，政府跨部门协同治理绩效生产过程中数据孤岛导致数据获取不对称，这不利于跨部门、跨层级和跨领域目标的实现，因而数据孤岛导致协同治理绩效损失。

最后，政务服务信息化建设不充分导致协同治理绩效所需要的载体不足。政务服务信息化建设是适应数字时代要求的重要举措。政务服务信息化建设包括统一的平台、信息系统以及技术设施。研究发现，在某些基层政府还存在政府服务信息化建设不充分的现象，这必然导致协同治理绩效生产缺乏必要载体，继而导致政府跨部门协同治理绩效损失。

第三节 政府跨部门协同治理绩效损失影响因素的社会心理机制

上面我们分析了导致政府跨部门协同治理绩效损失的影响因素，包括协同共识不足、政府职能碎片化、条块体制矛盾、协同动力不足和协同保障不足五个方面。那么，这五个因素是如何导致政府跨部门协同治理绩效损失的？换言之，这五个因素如何影响政府职能部门的认知和判断，继而诱致了其非协同行为？这就需要回答政府跨部门协同治理绩效损失产生的作用机制问题。因此，本节在对政府跨部门协同治理绩效损失进行归因分析的基础上，进一步分析了政府跨部门协同治理绩效损失产生的微观机制，继而试图把握协同治理绩效损失产生的行为规律以及特征。

在理论基础部分，我们认为在政府跨部门协同治理绩效生产过程中，协同主体的认知和判断对协同治理绩效生产行为有着重要的影响，而协同主体的判断偏差和噪声环境是产生协同治理绩效损失的微观行为机制，因此，本节我们运用社会心理学判断偏差理论和噪声理论分析导致协同治理绩效损失发生作用的微观机制。研究发现，在政府跨部门协同治理绩效生产过程中，协同主体的损失厌恶、禀赋效应、锚定效应和可得性偏差、当前偏差、刻板印象、情境噪声等心理机制影响了协同主体的认知和判断偏差，继而诱发非协同行为，产生协同治理绩效损失，具体运行原理如下。

一 协同主体的损失厌恶影响政府跨部门协同治理绩效损失产生的机制

在社会心理学中，卡尼曼在展望理论（也有学者称为前景理论）中提出，人们对"失去"的心理感觉要强烈于"得到"的心理感觉，换言之，"失去"比"得到"给人的感觉要强烈得多，我们在心理上会放大"失去"带来的感觉[①]。更形象地说，社会心理学的实验表明，当一个人在"确定得到50美元"和"10%的机会损失100美元"之间进行选择时，大多数人都会选择前者，即确定获得50美元。损失厌恶是人们在认知和判断过程中常见的心理机制，在政府跨部门协同治理绩效生产过程中，政府职能部门需要对跨部门协同的得失进行判断，由于政府部门之间并没有对跨部门协同达成共识，因此在政府部门对协同利弊进行判断的过程中可能存在判断偏差，因此导致了认知分歧和目标分歧。

（一）损失厌恶：协同共识不足影响政府跨部门协同认知分歧的发生机制

在科层制的运行逻辑下，作为解决棘手公共问题新策略的跨部门协同一般是由环境挑战或上级政府给定的行政指令而产生的认知刺激的应对手段。所以，在政府跨部门协同治理绩效生产过程中，政府职能部门首先要对跨部门协同的含义、必要性和紧迫性有所认知和判断。从我们对三个典型案例的分析来看，参与跨部门协同治理绩效生产的政府职能部门之间的协同共识不足导致了协同认知分歧，继而产生了协同治理绩效损失。问题在于，我们需要解释协同共识不足这一因素是如何发生作用继而导致了协同认知分歧和协同目标分歧的。社会心理学的损失厌恶理论可以帮助我们分析并解释协同共识不足这一因素是如何导致协同主体之间的认知分歧的。

在协同需求的刺激下，面对上级政府的协同指令，政府职能部门之间在未达成共识的情境下，各个协同主体需要首先认知并判断参与协同任务给本部门带来的利弊得失。在本书的三个典型案例中，参与协同治理的政府职能部门对数据共享、数据归集、事项梳

---

① ［美］康纳曼：《快思慢想》，洪兰译，天下文化出版公司2012年版，第368—370页。

理等跨部门协同任务进行了解和认知，以其认知结果判断协同行为对本部门的影响。我们的调研发现，在政府部门对协同任务认知的过程中，损失厌恶心理机制导致了协同认知分歧。

首先，在ZY市"一库八网三平台"案例中，有部门认为"数据是政府职能部门的核心利益，一旦这个核心利益被共享，必然会给本部门带来负面影响，比如一旦数据泄密，将承担责任"。就生态监管来说，"一旦本部门的核心数据共享出来，那部门行为完全透明掉了，一旦出现生态问题对本部门来说是不利的"。正是在损失厌恶心理机制的作用下，协同主体在协同过程中对数据共享产生消极认知，继而诱发了认知分歧。

其次，在LS市机关内部"最多跑一次"改革案例中，按照"一件事"标准推进机关内部"最多跑一次"改革的目标就是提升机关内部办事效能，通过事项梳理、减材料、减流程、数据共享等改革措施，运用互联网技术实现跨部门、跨层级和跨领域合作，以达到提升政府效能的目的。在改革过程中减材料、减环节、数据归集等必然涉及政府职能部门审批权限归属和核心数据是否共享等部门利益损失问题。在访谈中可以看出一些政府职能部门对数据安全和审批权限等部门损失的担忧。可以说，政府职能部门在协同治理绩效生产过程中的损失厌恶心理导致了它们对治理绩效生产的必要性和合理性等的认知分歧。具体来说，由于协同共识不足，参与政府跨部门协同治理绩效生产的政府职能部门在协同治理绩效生产过程中会将协同的收益和风险与不协同的收益和风险进行比较和判断，以此决定其在协同治理绩效生产中的行为策略。在案例中，一些协同主体认为与现有的稳定收益相比，协同行为带来的风险较高，利益损失较大，导致了政府职能部门在协同认知方面的分歧。

（二）损失厌恶：协同共识不足影响政府跨部门协同目标分歧的发生机理

政府跨部门协同治理绩效目标是参与协同治理绩效生产的政府

职能部门就协同具体任务达成的目标。关于协同治理的已有文献研究表明，协同治理绩效目标的达成和明晰化是在反复谈判磋商中实现的。在这个过程中，各政府职能部门通过反复沟通对本部门所承担的协同任务做出判断。在损失厌恶心理机制的作用下，政府部门在判断过程中可能会发生判断偏差，继而产生协同目标分歧。

在 LS 市机关内部"最多跑一次"改革案例中，各职能部门需要对事项梳理范围、减材料、减环节、减时间等具体事项的目标达成共识。然而，在推进改革的过程中，这些措施将会使某些参与协同的职能部门产生利益损失，比如减环节会减少某些职能部门的审批权，导致其自由裁量权被压缩，导致部门利益损失；再如减流程和减材料，"因为原先设置这种行政许可是保证行政行为具有法律法规支撑，但是我们把它减了，就是可能会存在一个许可的风险"。这就是说，以往业务部门所设置的办事流程和材料清单都是"责任保障"，一旦减掉可能会产生问责风险。总之，在损失厌恶心理机制的作用下，政府职能部门会对协同治理绩效目标产生分歧。

二　协同主体的禀赋效应影响政府跨部门协同治理绩效损失产生的机制

禀赋效应是指，当人们拥有某一个物品（比如杯子）时，他对该物品的价值估值要远远大于未拥有该物品时的价值估值。在一项社会心理学实验中，将被试分成三组，一组卖东西，一组做选择，一组买东西，然后让这三组被试分别给被卖的物品定价，实验结果显示：卖东西的那组被试给被卖物品定价较高，而买东西的那组被试给被卖物品的定价最低；选择者那组被试给被卖物品的定价居中。这个心理学实验形象地表明了禀赋效应对人们心理的影响。

（一）禀赋效应：政府职责碎片化导致政府跨部门协同治理绩效损失的发生机制

按照禀赋效应理论，我们发现在政府跨部门协同治理绩效生产过程中，职责碎片化会导致协同治理绩效损失发生。

如前所述，在政府跨部门协同治理绩效生产过程中，政府职责碎片化导致各协同主体之间职责不清、部门化思维等系列难题。那么，这种导致协同治理绩效损失的消极因素是如何产生的？研究发现，禀赋效应心理机制发挥着重要的作用。具体来说，为了有效应对复杂和棘手公共问题，弥补单个政府职能部门绩效生产能力不足，政府跨部门协同治理绩效生产客观上需要打破部门职责边界、数据边界和系统边界，然而，在科层制的政府运作逻辑下，碎片化的职责体系使政府职能部门将本部门所拥有的法定职责、数据和办公系统作为部门核心利益。在协同过程中，客观上需要参与协同的职能部门共享数据、减少审批环节、压缩各自的自由裁量权限等，但这种改革要求激发了禀赋效应心理机制，政府职能部门倾向于认为"自己已拥有的是最好的"，因而固守部门职责边界，不愿意进行"数据对接"等协同行动。

（二）禀赋效应：条块分割体制导致政府跨部门协同治理绩效损失的发生机制

按照科层制的理论逻辑，条块分割体制是能最大限度实现统一指挥和地方积极性的组织体制。一方面，通过专业化的功能实现纵向的统一指挥；另一方面，通过属地管理发挥地方政府在地方公共事务中的积极性。然而，在政府治理实践中，在控制思维的逻辑下，条块分割体制造成了上级部门和下级部门在财权、事权、执法权、决策权等方面分配失衡。这种权力和利益分配失衡导致上级部门和下级部门出现自我主体意识，使得本应该为了公共利益而协同的两个协同主体产生了隔阂。在禀赋效应心理机制的作用下，参与协同治理绩效生产的上下级政府部门产生了"我的是我的，你的是你的"的想法，并在协同行动中试图最大化地保留"属于自己的利益"。因此，在禀赋效应心理机制的作用下，条块分割体制造成了上下级部门在协同过程中权限冲突、授权不足等。

三 协同主体的锚定效应和可得性偏差影响政府跨部门协同治理绩效损失产生的机制

锚定效应是指人们在判断过程中受到错误的初始值（即锚）的影响，进而产生判断偏差；可得性偏差是指人们受自身知识的局限，在判断过程中经常用自己熟悉或容易获得的事件作为参照进行判断，继而产生判断偏差。政府跨部门协同治理作为不同于传统科层制的新型治理模式，需要新的思维方式。然而，参与协同治理绩效生产的政府职能部门经常按照科层制逻辑下的惯性思维对其进行判断，因此在锚定效应和可得性偏差机制下导致判断偏差，继而产生协同治理绩效损失。

（一）锚定效应和可得性偏差：碎片化职责体系导致政府跨部门协同治理绩效损失的发生机制

从政府职能部门对协同治理绩效生产模式和科层制绩效生产模式的熟悉程度来说，政府职能部门更熟悉科层制绩效生产模式，因此，在政府跨部门协同治理绩效生产过程中，政府职能部门对协同任务和协同行动的判断更容易以比较熟悉的科层制逻辑作为锚定点。从可得性角度来说，政府职能部门更熟悉碎片化职责体系环境，因此政府职能部门在协同过程中往往按照自身职责思考协同任务。比如在XZ市"随手拍"平台案例中，关于餐饮企业的噪声污染问题，政府职能部门习惯性地认为这属于公安局的职能范畴而不属于工商局的职能范畴；同样，关于路边摊、烧烤店的问题，人们习惯性地认为这属于城管部门的职能范畴或者住建局的职能范畴。从这些案例中，我们可以看到不同政府职能部门基于锚定效应和可得性偏差对自己所承担的职责做出的不同判断。在职责不清晰的情境下，各协同主体忽略协同本身所具有的边界模糊特征，产生判断偏差，由此造成协同治理绩效生产过程中不同政府职能部门之间互相推诿，从而产生协同治理绩效损失。

（二）锚定效应和可得性偏差：条块分割体制导致政府跨部门协同治理绩效损失的发生机制

在条块分割体制下，上级政府部门习惯性地遵从锚定效应和可得性偏差的认知机制，从其更熟悉的、既有的办事方式出发来判断上下级协同治理绩效生产问题。LS市机关内部"最多跑一次"改革目标的实现需要数据共享，但下级财政部门的办公系统对接还需要上一级财政部门的同意，只有上下级协同才能完成数据共享目标。但上一级财政部门更容易从可得性偏差（要考虑其他地级市的要求）出发对上下级协同需要进行判断，而以此作为锚定点，必然拒绝下级财政部门系统技术改造的要求。

综上，在碎片化职责体系和条块分割体制的情境下，锚定效应和可得性偏差机制可能导致政府职能部门对协同行动做出误判，继而产生协同治理绩效损失。

四 协同主体的当前偏差导致政府跨部门协同治理绩效损失产生的机制

当前偏差是指在对当下立即获得收益和延后获得收益进行判断和选择时，人们往往选择立即获得收益。社会心理学中有一个当前偏差的心理实验，让被试在5分钟内喝一杯饮料和5分钟后喝两杯饮料之间做出选择，实验结果表明，大部分被试选择立即喝掉一杯饮料，而不会选择5分钟后喝两杯饮料。当前偏差心理机制说明，政府职能部门在考虑当下收益和长远收益时，可能更愿意选择当下收益。当前偏差心理机制可以解释为何在政府跨部门协同过程中会出现协同保障不足的现象。

财政资金不足和编制人员紧张是政府跨部门协同治理绩效生产过程中遇到的普遍难题。在有限的财政资金和人员的约束下，参与协同的政府职能部门需要对是否为协同治理绩效生产提供人、财、物等资源支持做出判断和选择。从收益角度来说，政府跨部门协同的收益具有不确定性和延迟性，因此政府职能部门更愿意选择当下收益，即政府职能部门在有限的财政资金和人员的条件下，更倾向于减少或不给协同治理绩效生产提供资源保障，也很少提供培训来提升人员的协同能力和技能。

政治资源，特别是"一把手"的支持是政府跨部门协同治理绩效生产有效进行的关键要素。协同治理绩效生产所要解决的棘手问题非常多，且大多是难啃的骨头，在此情境下，"一把手"需要在是否解决当前棘手问题上做出判断和选择。由于"一把手"面临较多的工作，从收益角度来说，当下解决棘手问题的收益和延后解决棘手问题的收益相比，"一把手"可能更倾向于延后解决，当下则处理他认为更重要、更迫切的问题。

五　协同主体的刻板印象影响政府跨部门协同治理绩效损失产生的机制

刻板印象是一种认知结构，主要是指人们对某个事物或事件形成的固定看法或偏见，并把这种看法或偏见推而广之，而忽视个体差异[①]。社会心理学的研究表明，在人们的认知过程中，刻板印象可以被自动激活，即人们遇到类似的事件会自动激活业已形成的刻板印象，从而影响判断和选择。刻板印象这一心理机制可以解释政府跨部门协同治理绩效生产过程中的协同共识不足、职责碎片化和政治资源保障不足等。

（一）刻板印象：导致政府跨部门协同治理共识不足的发生机制

如前所述，政府职能部门及其成员的协同共识是跨部门协同治理绩效生产的前提和基础。在长久的科层制绩效生产模式的影

---

① ［加］齐瓦·孔达：《社会认知——洞悉人心的科学》，周治金、朱新秤等译，人民邮电出版社2013年版，第230页。

响下，政府职能部门对自身的职责形成了刻板印象，并按照已经形成的刻板印象对协同治理绩效生产过程中的协同职责进行认知和判断，在这个过程中，就会形成"我们这个 OA 系统已经走得很好了，也没必要一定上你的新平台"，以及"能够熟练操作本部门业务系统并熟悉相关政策法规已经不容易，很难做到熟悉综合业务，实现跨部门业务"等类似错误判断。在刻板印象心理机制的影响下，参与协同治理绩效生产的政府职能部门对协同的必要性和价值认知共识不足，继而不愿意承担自身本应该承担的协同职责。

（二）刻板印象：导致政府跨部门协同治理绩效生产保障不足的发生机制

协同治理作为新型的政府公共服务供给模式，在协同治理行动的初期特别需要政治资源的有效供给。然而，在实际的协同治理绩效生产过程中，一些年纪较大的职能部门"一把手"受刻板印象心理机制的影响，非常容易出现政治资源供给不足的问题，比如我们在调研中发现，"在机关里面有些年纪大一点的领导已经习惯了用纸质材料办公的习惯"的刻板印象，因而导致不愿意网上办公，继而对协同治理绩效生产的关注和支持力度不足，从而产生协同治理绩效损失。

六 情境噪声影响政府跨部门协同治理绩效损失产生的机制

卡尼曼等认为，人们在进行预测性判断和评估性判断过程中，经常受到噪声，即造成错误判断的不必要的变异（variability）的影响。噪声在判断中无处不在[1]。噪声可以分为水平噪声、模式噪声和情境噪声。其中，情境噪声是指因无法预料的环境因素（情绪、天气、压力等情境）影响人们的判断而造成的变数[2]。在

---

[1] ［以色列］丹尼尔·卡尼曼、［法］奥利维耶·西博尼、［美］卡斯·R. 桑斯坦：《噪声：人类判断的缺陷》，李纾、汪祚军、魏子晗等译，浙江教育出版社 2021 年版，第 84—95 页。

[2] ［以色列］丹尼尔·卡尼曼、［法］奥利维耶·西博尼、［美］卡斯·R. 桑斯坦：《噪声：人类判断的缺陷》，李纾、汪祚军、魏子晗等译，浙江教育出版社 2021 年版，第 97—113 页。

研究中，我们发现情境噪声是协同动力不足因素发生作用的重要机制。

协同的关键是如何提供有效的激励①。因此，协同动力是政府跨部门协同治理绩效生产有效进行的重要因素，换言之，协同动力不足是导致协同治理绩效损失的重要原因。协同动力本质上是协同主体在某些驱动因素的影响下对其是否参与协同行动而做出的判断。情境噪声理论启示我们，参与跨部门协同治理绩效生产的政府职能部门及其人员在是否参与协同的判断过程中受到环境因素的影响，可能做出错误的判断。在研究中，我们发现情景噪声是协同动力不足导致协同治理绩效损失的内在机理，具体来说如下。

首先，繁重的加急办公情境造成了协同主体协同动力不足。政府公文是科层制运作的基本形式，一般来说，政府职能部门按照公文的轻重缓急程度处理公文，秉持急事急办、特事特办的原则进行公文流转。这就是说，行政公文是政府职能部门最基本的工作情境，在 LS 市机关内部"最多跑一次"改革案例中，我们发现，存在"三十个文里面有二十个文是加急的，都是特急的，今天发下去，明天后天就要报材料"的情境。如果政府职能部门收到的加急或特急行政公文过多，这种情境会导致政府职能部门参与协同的动力减弱。

其次，繁重的工作压力和家庭负担造成了协同主体协同动力不足。政府职能部门成员的工作压力环境，比如承担多项任务以及家庭因素等工作和生活压力，会导致政府职能部门工作人员参与协同治理绩效生产的动力不足。我们在访谈中发现，"因为单位办公室的烦琐的事情特别多，比如接接电话、打扫卫生，还有就是各种限定期限内的报表，再加上家里头有小孩、老人等事项，兼顾不上'随手拍'"。可见，参与协同治理绩效生产的工作人员在单位工作

---

① 张维迎：《博弈与社会讲义（第二版）》，格致出版社、上海三联书店、上海人民出版社 2023 年版，第 1 页。

场域和家庭生活场域的情境噪声阻滞了其协同行动，进而产生协同治理绩效损失。

最后，我们还发现了时间周期等方面对协同动力的影响。XZ市"随手拍"平台案例从 2014 年持续到我们第二次调研（2019年）时已经有 5 年的时间，在这个时间周期下，面对层出不穷的公共问题的压力，参与协同治理绩效生产的政府入驻部门协同动力不足，继而产生了协同治理绩效损失。

第四节 政府跨部门协同治理绩效损失产生的影响因素与社会心理机制的理论模型

综上，我们运用多案例比较研究法分析了政府跨部门协同治理绩效损失产生的影响因素及其发生机制。我们发现，在政府跨部门协同治理绩效生产过程中，协同共识不足、政府职责碎片化、条块体制矛盾、协同动力不足和协同保障不足五个因素是影响政府跨部门协同治理损失产生的重要原因，继而我们用损失厌恶、禀赋效应、锚定效应和可得性偏差、当前偏差、刻板印象和情境噪声等社会心理机制分析了这五个因素的发生作用机制，即这些因素如何在心理机制的影响下在协同治理绩效生产中做出错误的认知和判断，继而做出非协同行为，最终产生协同治理绩效损失。

在第三章，我们总结了政府跨部门协同治理绩效损失产生的三个过程。我们以政府跨部门协同治理绩效损失产生的最完整链条为例，即以协同治理绩效的认知分歧—协同治理绩效的目标分歧—协同治理绩效生产的行动难题—协同治理绩效损失这一协同治理绩效损失产生过程为例，将上述协同治理绩效损失的致因因素以及这些因素发生作用的社会心理机制综合在一起，抽象出了一个理论模型。具体来说，这些跨部门协同治理绩效损失产生的致因因素及其发生机理的关系见图 4-1。

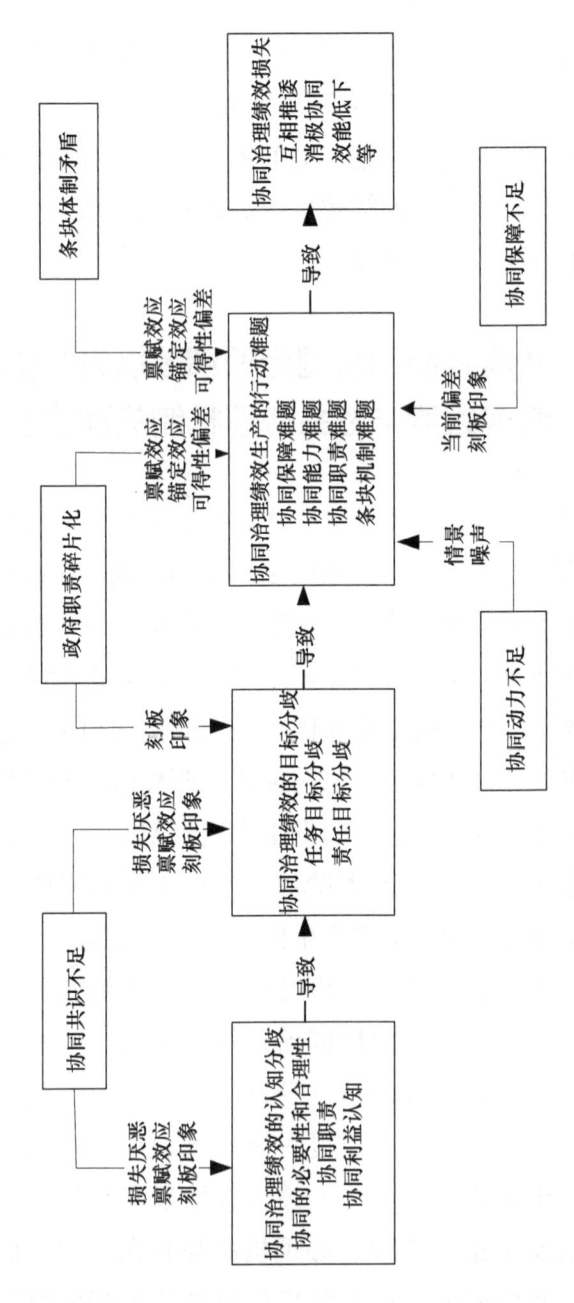

图4-1 政府跨部门协同治理绩效损失产生过程的影响因素及其发生机理模型

从图 4-1 中，我们可以看出政府跨部门协同治理绩效损失产生（以政府跨部门协同治理绩效损失过程 1 为例）过程的影响因素及其发生机制的结论。

第一，在政府跨部门协同治理绩效生产初始阶段，协同主体之间的协同共识不足导致协同治理绩效的认知分歧和协同治理绩效的目标分歧。协同共识不足产生协同治理绩效的认知分歧和协同治理绩效的目标分歧的具体心理机制是损失厌恶、禀赋效应和刻板印象。换言之，在政府跨部门协同治理绩效生产过程中，政府职能部门需要对协同治理绩效生产的必要性、合理性和协同治理绩效目标做出认知和判断，由于政府职能部门存在损失厌恶、禀赋效应和刻板印象心理机制，在协同共识不足的条件下，这些心理机制可能导致政府职能部门对协同治理绩效生产的必要性和合理性产生消极判断，认为协同治理绩效生产可能会损害本部门核心利益，造成职责风险和额外的成本，因此更倾向于做出非协同行为或消极协同行为。

第二，政府职责碎片化分别造成了协同治理绩效的目标分歧和协同治理绩效生产的行动难题。首先，研究发现，长期以来，在科层制绩效生产模式的影响下，政府职能部门更习惯于科层制运作逻辑，碎片化的政府职责体系形塑了政府职能部门对其自身职责认识的刻板印象，在刻板印象心理机制的影响下，政府职能部门更倾向于遵从部门主义逻辑而不是整体主义逻辑，由此在协同治理绩效生产中会产生整体绩效目标与部门绩效目标的冲突和分歧，继而导致协同治理绩效的目标分歧。其次，政府职责碎片化也是导致协同治理绩效生产的行动难题的主要因素之一。在政府跨部门协同治理绩效生产过程中，由于政府职责碎片化形塑了政府职能部门的思维，构造了政府部门日常绩效生产的生存环境和认知环境，在此情境下：（1）在禀赋效应的心理机制影响下，政府职能部门对当下部门所拥有的职权和利益更加珍视，而对协同治理绩效生产所将获得的收益并不重视，因此导致了协同动力不足和协同资源供给不足。（2）在锚定效应的影响下，政府职能部门更容易将熟悉的科层制绩效生产逻辑作为判断的锚定点，而不愿意增加协同治理绩效生产的资源投入和进行人员的能力培养，因此导致了协同治理绩效生产的能力不足等难题。（3）在可得性偏差心理机制作用下，碎片化的职责体系容易使政府职能部门从当前熟悉的科层制绩效生产逻辑出发而不是从整体的角度思考协同职责，因此陷入职责不清难题。

第三，条块体制矛盾是造成协同治理绩效生产的行动难题的重要因素。条块分割体制作为科层制组织的结构性因素，是政府职能部门认知和履行职责的基本情境。首先，研究发现，在禀赋效应的影响下，上级政府部门一般比较重视已有的职责权限，因此导致在协同治理绩效生产过程中对下级授权不足。其次，条块分割体制因素在锚定效应和可得性偏差心理机制的影响下，可能使上下级政府部门在协同治理绩效生产过程中更愿意从部门自身出发思考协同职责，而不愿意跨越边界主动承担责任，因此造成职责不清、相互推诿等协同治理绩效生产的行动难题，继而产生协同治理绩效损失。

第四，协同动力不足是导致协同治理绩效损失的重要因素之一。协同动力本质上是协同主体就是否积极参与协同行动而做出的判断和选择。研究发现，政府职能部门及其成员所面临的工作压力、时间等情境因素所形成的情境噪声会影响政府职能部门及其成员的判断，对协同治理绩效生产的必要性、合理性做出错误的判断，导致协同治理绩效生产的动力不足，继而产生协同治理绩效损失。

第五，协同保障不足是政府跨部门协同治理绩效生产过程中的重要难题，同时也是造成协同治理绩效损失的重要原因。研究发现，在政府跨部门协同治理绩效生产过程中，政治资源、人力资源、物质资源、信息资源等资源保障不足是造成协同治理绩效损失的重要因素。政府跨部门协同治理绩效生产作为应对复杂和棘手问题的新策略，其付出的成本与当下收益并不匹配。因此，在资金和人力资源不足的情境下，当前偏差和刻板印象心理机制发挥了作用，使得政府职能部门更倾向于不提供或提供更少的协同资源保障。基于此，我们认为当前偏差和刻板印象是协同保障不足发生作用的心理机制。

综上所述，结合政府跨部门协同治理绩效损失的产生过程模型，我们借鉴社会心理学判断偏差理论（包括损失厌恶、禀赋效应、当前偏差、锚定效应、可得性偏差和刻板印象等心理机制）和噪声理论（如情境噪声）分析了政府跨部门协同治理绩效生产过程中导致协同治理绩效损失的协同共识不足、政府职责碎片化、条块体制矛盾、协同动力不足和协同保障不足五种因素，并深入分析了这五种影响因素是如何造成协同治理绩效损失的。从研究结果来看，这些微观心理机制并不是单独发挥作用的，而是交叉发挥作用，即这些微观心理机制可以发生在协同主体认知、判断和选择过程的任一阶段。这意味着跨部门协同治理绩效生产是系统性、整体性和过程性的，既包括协同治理绩效生产的观念、思维，也包括协同治理绩效生产的制度体系和绩效生产流程，还包括协同治理绩效生产的环境和资源保障。此外，在协同治理绩效生产过程中还有更复杂的社会心理动机因素的影响。

第五节 小结

在本章，我们围绕政府跨部门协同治理绩效损失产生的影响因素与社会心理机制这一问题展开研究。为解决这一理论问题，首先，本章采用案例研究法，在参照理论的指引下运用二阶编码技术对三个典型案例的质性数据进行编码，分析并得出在政府跨部门协同治理绩效生产过程中导致协同治理绩效损失产生的主要影响因素为：协同共识不足、政府职责碎片化、条块体制矛盾、协同动力不足和协同保障不足。其次，我们运用社会心理学的社会认知理论和噪声理论分析了六个影响因素导致政府跨部门协同治理绩效损失产生。研究发现，在政府跨部门协同治理绩效生产过程中，协同主体的损失厌恶、禀赋效应、锚定效应和可得性偏差、当前偏差、刻板印象以及情境噪声是导致政府跨部门协同治理绩效损失产生的心理机制。最后，我们结合政府跨部门协同治理绩效损失产生过程理论，构建了政府跨部门协同治理绩效损失产生的影响因素与社会心理机制的理论模型，并对该模型做了理论阐释。

第五章

减少政府跨部门协同治理绩效损失的对策

前文我们运用多案例比较研究法从理论上分析了政府跨部门协同治理绩效损失产生的过程、影响因素及其具体的运行机制。本章主要解决如何减少政府跨部门协同治理绩效损失问题。在第三章、第四章研究结论的基础上，提出减少政府跨部门协同治理绩效损失的对策。政府跨部门协同治理绩效生产是一种适应后现代公共管理的政府绩效生产模式，依据上面我们对政府跨部门协同治理绩效损失产生过程、影响因素和产生机制的研究，可以发现政府跨部门协同治理绩效损失的产生是系统性的，也即导致政府跨部门协同治理绩效损失的因素很多且这些因素并不是独立发挥作用的，而是整体发挥作用。

具体来说，首先，导致政府跨部门协同治理绩效损失的因素有观念方面的因素，政府职能部门在绩效生产过程中更倾向于从部门主义逻辑出发，这是一种狭隘的政绩观，而协同治理绩效生产是一种以人民为中心的整体绩效观。其次，在协同治理绩效损失中也有思维方面的因素，在科层制绩效生产情境中，政府职能部门更习惯于非此即彼的线性思维，更愿意用简单粗暴、"一刀切"的思维方式生产绩效，这与政府跨部门协同治理绩效生产的思维完全对立。再次，前面的研究发现，协同治理绩效损失也与环境有关，当前政府职能部门更熟悉碎片化的职责体系和条块分割的体制环境，这些环境对协同治理绩效生产不利。最后，协同治理绩效损失与政府职能部门的协同能力和协同保障密切相关。因此，本章依据前面的研究结论，从绩效观、复杂性思维、利他协同共生环境、协同能力、组织流程再造和政治资源保障六个维度提出减少跨部门协同治理绩效损失的对策，最后提出中国场景下政府跨部门协同治理绩效生产模式的理论设想。

第一节　树立政府跨部门协同治理绩效生产的正确绩效观

马克思主义认为人具有主观能动性，人不仅能够主动认识客观世界，并且还能够在观念的指导下改变世界。观念有其固有的力量[①]已经成为人们的共识。继而，有学者认为，理念是重要的，人的行为不仅受到利益的支配，也受到理念的支配，社会的变革和人的进步基本上都是在新的理念推动下出现的，没有理念的变化就没有制度和政策的变化[②]。当下，我们正步入合作的社会[③]，尽管对合作的理解不同，但合作和协同已经是政府处理复杂、棘手公共问题和满足社会公共需求的基本手段。然而，在观念上我们还被过去的思维所束缚，因此我们需要一场具有启蒙性质的思想运动建立起新的思维方式[④]。政府跨部门协同治理绩效生产作为一种新的政府绩效生产方式也需要在正确观念引导下才能顺利实施，达到其理想的结果。在调研中，我们发现，在政府跨部门协同治理绩效生产过程中，政府职能部门还被科层制绩效思维所束缚，因此，要减少跨

[①] 高瑞泉：《观念的力量及其实现》，《华东师范大学学报》（哲学社会科学版）2019 年第 6 期。
[②] 张维迎：《理念的力量：什么决定中国的未来》，西北大学出版社 2014 年版，第 2 页。
[③] 张康之：《合作的社会及其治理》，上海人民出版社 2014 年版，第 1—16 页。
[④] 张康之：《启蒙，再启蒙》，江苏人民出版社 2020 年版，第 15—23 页。

部门协同治理绩效损失首先要进行观念上的变革，树立跨部门协同治理绩效观。

一　何谓正确的政府跨部门协同治理绩效观

在中国情境下，正确的绩效观与正确的政绩观有重合的部分。正确的政绩观是指在政府行政过程中从国家战略整体出发，不为了过度追求短期经济效益，片面追求 GDP 增长，而忽视生态环境、健康、公共安全等其他关系着人民幸福生活的公共价值。同时，正确的政绩观还需要摒弃为官不实、数据造假等。习近平总书记在讲话中指出："我们要有'功成不必在我'的精神。……要树立正确政绩观，多做打基础、利长远的事，不搞脱离实际的盲目攀比，不搞劳民伤财的'形象工程'、'政绩工程'，求真务实，真抓实干，勇于担当，真正做到对历史和人民负责。"[①] 这段话深刻地概括了正确的政绩观的基本要求：一是正确的政绩观需要坚持以人民为中心，依照如何获得人民群众的"好口碑"而履行政府职能；二是立足长远和社会公共需求，既要关注并满足当下公共需求，也要关注长远公共需求；三是对领导干部来说，正确的政绩观是积极、主动地推动政府绩效的生产，不因为个人的得失而选择性作为。

正确的政绩观对政府跨部门协同治理绩效生产有重要的启示意义。由于社会公共需求的复杂性日益增强，政府各职能部门在完成本部门核心职责的前提下，还要根据本部门的职责配合其他政府职能部门完成诸如生态环境保护、重点项目审批落地、城市规划等综合性业务。这就是说，政府职能部门不仅要实现本部门的核心业务绩效，还需要完成非核心业务绩效[②]。因此，在政府跨部门协同治理绩效生产中，所谓正确的绩效观，是指超越政府职能部门核心业

---

① 《习近平谈治国理政》（第一卷），外文出版社 2018 年版，第 400 页。
② [美] 戴维·H. 罗森布鲁姆、苗爱民、杨晋：《论非任务性公共价值在当代绩效导向的公共管理中的地位》，《公共管理与政策评论》2012 年第 1 期。

务绩效的整体性绩效观。这种整体性绩效观具有以下特点。

首先，政府跨部门协同治理绩效观始终以人民群众的公共需求作为绩效生产的出发点。习近平总书记在党的二十大报告中指出："维护人民根本利益，增进民生福祉，不断实现发展为了人民、发展依靠人民、发展成果由人民共享，让现代化建设成果更多更公平惠及全体人民。"① 这表明政府职能部门的绩效观最终依归"以人民为中心"，尽管政府职能部门实现核心业务绩效也是在满足人民群众的公共需求，然而，在当代社会，人民群众的公共需求往往具有综合性、复杂性和动态性，如果政府职能部门在绩效生产中固守科层制绩效生产逻辑，仅凭某一政府职能部门来满足复杂公共需求，将会力所不及，这就需要其他相关职能部门从"以人民为中心"的理念出发，主动承担与部门相关的非业务性职能，来满足公共需求。

其次，政府跨部门协同治理绩效观具有整合性。习近平总书记指出："不忘初心、牢记使命，说到底是为什么人、靠什么人的问题。以百姓心为心，与人民同呼吸、共命运、心连心，是党的初心，也是党的恒心。想问题、作决策、办事情都要站在群众的立场上，通过各种途径了解群众的意见和要求、批评和建议，真抓实干解民忧、纾民怨、暖民心，让人民群众获得感、幸福感、安全感更加充实、更有保障、更可持续。"② 这段话意味深长，在协同治理绩效生产过程中，政府职能部门需要树立整体绩效观，既要做显性绩效（本部门核心业务绩效），也要做好潜在绩效，从整体出发，重视非业务绩效（配合其他职能部门实现综合性社会公共需求），发扬"我将无我，不负人民"③ 的精神，从"无我"出发，勇于担当，勇于奋斗，不能从部门主义出发，只做显性绩效而忽视潜在

---

① 《习近平著作选读》（第一卷），人民出版社 2023 年版，第 22 页。
② 《习近平谈治国理政》（第三卷），外文出版社 2020 年版，第 138 页。
③ 《习近平谈治国理政》（第三卷），外文出版社 2020 年版，第 144 页。

绩效。

最后，跨部门协同治理绩效观具有超越性。在科层制绩效生产逻辑下，政府职能部门立足本部门核心职责就能实现部门绩效，然而，在政府治理实践中，政府职能部门经常负责综合性业务，这就需要多个部门实现业务协同，按照协同治理绩效生产的逻辑运行，可以有效实现综合性业务绩效。政府职能部门之间的职能具有边界模糊性特征，客观上需要政府职能部门超越本部门核心业务绩效观，树立跨部门协同治理绩效观，本着"功成不必在我"的理念配合其他部门实现业务绩效。

二 政府跨部门协同治理绩效生产为何要树立正确的绩效观

首先，在新时代背景下，树立正确的政府跨部门协同治理绩效观是有效贯彻落实政府职能优化协同高效改革的必然要求。党的十九届三中全会通过的《中共中央关于深化党和国家机构改革的决定》，明确提出了"职能优化协同高效"的改革目标。在改革实践中，面对层出不穷的、复杂的社会公共需求，仅从理顺政府职能部门之间的职责关系、归口管理等改革思路出发很难完成挑战。政府绩效管理理论启示我们，要顺利实现"职能优化协同高效"目标，还需要树立协同治理整体绩效观，改变科层制治理逻辑，按照协同治理逻辑，协商解决政府职能部门之间具有争议的职责分工问题，并在协同治理绩效观指导下通过政府跨部门协同治理行动解决棘手公共问题，这样才能有效实现协同优化的改革目标。

其次，树立正确的政府跨部门协同治理绩效观直接关系着人民群众的幸福。新时代背景下，人民群众的需求具有复杂性和综合性的特征，人民群众对自身幸福的要求日益提升。在此情境下，政府职能部门不能"只顾低头拉车"，只关注本部门内部职责，还要"抬头看路"，从整体性目标出发，树立合作精神，与其他职能部门一起满足人民群众的需求。只有树立正确的绩效观才能做到两者的有效结合，继而才能够有效满足人民群众的需求，实现人民群众的幸福。

最后，只有树立正确的政府跨部门协同治理绩效观才能有效提升公共服务质量。提升公共服务质量是经济社会高质量发展的客观需要，也是实现社会主义现代化强国的内在要求。国内外成功的政府治理实践表明，高质量的公共服务需要政府跨部门协同，即通过政府跨部门合作生产提高公共服务质量。然而，在实际的政府治理实践中，政府跨部门协同动力不足，一些政府职能部门从部门利益出发，按照"各扫门前雪"的治理逻辑履行政府职能，在这种情境下，只有树立政府跨部门协同治理绩效观才能克服科层制治理逻辑的缺陷，切实提升公共服务质量。

总之，提高政府跨部门协同治理绩效要重建价值信仰。许倬云认为，在后现代社会，人们的价值信仰出现了问题，导致功利主义的短期思维，却忽视了人类得以生存的价值信仰[1]。对政府跨部门协同治理绩效生产而言，需要树立正确的绩效观，即树立人民性、整体性、价值共创和协同共生的理念。

第二节　培养政府跨部门协同治理绩效生产所需的复杂性思维

辩证唯物主义认为实践是人类认识的根源和动力，人类的认识对实践具有反作用力，人类主动运用认识指导实践、服务实践。前人研究发现，思维方式是人类认识行为的前提[2]，思维方式对人类的认识活动和实践活动具有支配性、规范性和导向性作用[3]。这就是说，思维方式能够影响甚至决定人的行动。尽管在科层制模式

---

[1] ［美］许倬云：《历史大脉络》，广西师范大学出版社2009年版，第395—399页。
[2] 陈中立、林振义：《思维方式：人类认识活动的前提》，《科学》2013年第2期。
[3] 肖新发：《论思维方式变革的根源、功能和进路》，《青海社会科学》2005年第2期。

下，政府组织具有理性、非人格化的特征，然而政府组织由人组成并通过组织内成员的行动得以有效运行，因此政府组织具有人格化的特点，即政府组织也具有特定思维方式和行为方式。政府跨部门协同治理所处理的公共事务经常是综合性事务，这些综合性事务"是其专业事务之外的额外事务，他们并不想多干活，并且这些事务往往具有时间紧、任务重、压力大的特点，干不好容易费力不讨好"[1]。这种政府职能部门的思维方式表明，政府跨部门协同治理绩效损失与协同主体的线性思维有关，因此减少政府跨部门协同治理绩效损失需要摒弃线性思维，树立复杂性思维。

一 由线性思维转向复杂性思维

线性思维又称作简单性思维。按照合理—合法性原则构建的政府科层制组织按照程式化的方式运作，以最大化地提升组织效率。政府科层制组织的这种程式化运作方式塑造了线性思维模式。在线性思维模式下，政府组织往往具有控制性思维、两极对立思维和单向性思维。在我们的调研中发现，在政府跨部门协同治理过程中，政府职能部门往往从部门利益出发片面地认为跨部门协同治理对其有负面的影响，而忽略了跨部门协同治理对整体政府绩效的提升；政府职能部门也经常从控制性思维出发，片面地认为政府职能部门的数据具有独享性，是本部门的核心利益，不愿意共享数据，继而影响整个数字政府建设进程。此外，线性思维模式严格按照程序办事虽然能够防范政府权力的滥用，但也容易产生官僚主义，将服务对象物化，有脱离群众的危险，继而可能造成更大的绩效损失。

政府职能部门的线性思维模式符合工业社会简单的、程式化的生产要求。在政治—行政二分范式下，政府职能较为简单，线性思维模式能够最大化地提升政府效率。然而，随着政府职能扩大，政

---

[1] 杨华：《县乡中国：县域治理现代化》，中国人民大学出版社2022年版，第11—12页。

府不仅要关注政府内部效率,还要应对日益复杂的社会公共问题。随着市场经济的发展,经济区域一体化、大都市圈建设、乡村振兴、经济高质量发展等公共事务日益呈现出综合性、复杂性和不确定性的特征,在此背景下,线性思维模式所呈现出的控制性、两极对立和单向性的思维方式已经不适合复杂性、棘手性公共事务的解决,因此需要调整治理思路,从线性思维转向复杂性思维[1]。党的二十大报告中指出:"万事万物是相互联系、相互依存的。只有用普遍联系的、全面系统的、发展变化的观点观察事物,才能把握事物发展规律。"[2] 这表明新时代背景下,系统观是具有基础性的思想和工作方法。同样,政府跨部门协同治理绩效生产也需要树立系统性思维。

复杂的、综合性的公共事务客观上需要政府从全局出发,整体设计顶层制度。在完成综合性任务的过程中,需要与其他政府职能部门及时沟通、协商、统筹联动,才能完成各自的业务目标,因此需要关注政府职能部门之间的关系、部门业务之间的关系以及业务与资源的关系。另外,复杂性、综合性公共事务的办理往往不是一蹴而就的,而是需要一个长期的过程,因此需要处理好当下与未来的关系。综合性公共事务的实现过程中涉及多重要素,因此需要处理好职能部门与职能部门、行动与保障、规则与领导等多方面的关系。复杂性思维有整体性、过程性、系统性和关系性等特征。复杂性思维方式更适合综合性公共事务。综上所述,政府跨部门协同治理作为应对综合性公共事务的手段,客观上需要政府职能部门树立复杂性思维。

二 培育复杂性思维的策略

如前所述,政府跨部门协同治理绩效生产模式迫切需要政府职

---

[1] 张铭:《治理思路的调整与线性思维方式的转换——浅论社会管理创新》,《理论视野》2012 年第 1 期。

[2]《习近平著作选读》(第一卷),人民出版社 2023 年版,第 17 页。

能部门树立复杂性思维，那么，问题在于，政府职能部门如何才能树立复杂性思维？社会认知理论的研究成果表明，人类的思维模式一方面通过实践过程自觉培养，另一方面也需要外在干预，通过他人经验习得。

（一）在政府跨部门协同治理绩效生产实践中自觉培养复杂性思维

辩证唯物主义认为实践是人类认识的基础和动力。在政府职能部门解决公共问题和履行业务职责的过程中，在政府职能部门之间资源依赖的条件下，政府职能部门会自觉形成复杂性思维，学会从整体性、系统性等角度思考如何解决综合性公共事务。在 LS 市机关内部"最多跑一次"改革的调研访谈中，人力资源和社会保障局的一位受访领导向我们讲述了机关内部"最多跑一次"改革的动机和过程：在推动改革的过程中发现，虽然整个部门的工作效率得到了提升，但是一旦涉及其他部门，壁垒还是很多，也就是政府内部办事效率亟待提升。因此 LS 市人力资源和社会保障局开始思考如何提升政府内部办事效率，该局先从自身做起，对本单位各业务部门之间的办事流程进行整合和优化，然后提出提高部门外部协同治理绩效的倡议，这一倡议后来被 LS 市采纳并推行。

这段访谈记录表明，在推动机关内部"最多跑一次"改革过程中，政府职能部门发现，本部门办事效率确实提高了，但从整体来看，部门之间办事还存在一些壁垒。这些壁垒使政府部门之间办事效率不高，因此人力资源和社会保障局先从本单位开始，一手抓本单位部门之间协同优化，另一手寻求政治支持，推动职能部门之间"最多跑一次"。由此可见，政府职能部门在履行自身业务职责过程中，自觉认识到部门之间办事单向性、控制性思维的缺陷，主动树立了整体性思维、过程性思维和关系性思维。

LS 市政府跨部门协同治理绩效生产的成功经验证明了哈肯的观点，即政府部门在绩效生产过程中可以自觉地产生协同动机，自愿以协同治理绩效生产方式实现部门绩效。在新时代，特别是在建设社会主义现代化强国和中华民族伟大复兴的过程中，政府部门在绩效生产过程中的相互依赖日益增强，在正确绩效观的引导下，政府职能部门将会自觉地发现绩效生产是一个系统的工程，需要从复杂性思维的角度看待绩效目标。总之，在协同需求日益增长的情况下，政府职能部门在协同治理绩效生产实践中会自觉摒弃线性思维，树立复杂性思维。

（二）通过外在干预培育复杂性思维

在科层制绩效生产逻辑下，很多政府职能部门囿于自身业务的刻板印象，习惯于线性思维的治理方式，在这种情境下，需要通过外在干预树立复杂性思维，即通过上级政府部门推动协同治理改革，在改革实践中培养复杂性思维。在LS市机关内部"最多跑一次"改革的调研中，我们得知：改革之初，很多职能部门的工作人员并不能理解改革的必要性，他们认为，"已有的OA系统已经运行得很好了，没必要一定要上新的平台，强调数字性都没必要"。但随着LS市机关内部"最多跑一次"改革的不断推进，在上级部门的强力推动下，政府职能部门之间在事项梳理、数据归集等实践过程中，逐渐形成了复杂性思维。

LS市的改革实践表明，上级可以通过压力的方式推动政府跨部门协同治理过程，尽管在此过程中，可能会出现协同治理绩效损失，但随着改革的不断推进，协同主体在跨部门协同治理实践中会逐渐学习到关注大局，重视整体和过程等复杂性思维方式。这就是说，上级政府部门从全局出发，敦促下级政府部门克服损失厌恶、禀赋效应、当前效应以及刻板印象等判断偏差，继而从跨部门协同治理绩效生产过程中发现协同治理效应的红利，形成整体性思维。另外，在政府跨部门协同治理绩效生产实践中，根据跨部门协同需要，通过专门的培训等方式，也可以培养政府职能部门的复杂性思维。

第三节　构建跨部门协同治理绩效生产的利他协同共生环境

在公共行政学研究中，怀特很早就发现了行政环境对组织内部效率的影响[①]。之后，巴纳德将组织看作由社会子系统、人员子系统和物质子系统构成的协作系统。巴纳德的组织协作理论认为，不仅要关注组织内部问题而且还要关注组织外部问题，进一步阐释了外部环境对组织的影响。里格斯在《政府生态学》中明确提出政府组织和政府行为必须考虑生态环境[②]。社会认知理论揭示了行为、认知和其他人三个因素，以及环境影响三者相互作用，当环境因素对行为进行强有力的限制时，环境作为压倒一切的决定因素对人的认知和行为有重要的影响[③]。综上，公共行政学和社会认知理论启示我们，政府跨部门协同治理绩效生产模式需要有利的外部环境和土壤。

一　何谓跨部门协同治理绩效生产的利他协同共生环境

所谓利他协同共生环境，是指有利于政府跨部门协同治理绩效生产进行的理念、价值、技术以及物质资源保障等，继而形成跨部门协同过程中的使命共同体、责任共同体和荣誉共同体。具体包括价值共创理念、利他协同共生理念和技术保障等。

（一）价值共创理念

英国学者斯蒂芬·奥斯本根据商业营销管理理论提出了公共服

[①] 参见丁煌《西方行政学说史（第三版）》，武汉大学出版社2017年版，第70—72页。
[②] 参见丁煌《西方行政学说史（第三版）》，武汉大学出版社2017年版，第237页。
[③] ［美］阿尔伯特·班杜拉：《思想和行动的社会基础：社会认知论》，林颖、王小明、胡谊、庞维国等译，华东师范大学出版社2018年版，第25页。

务主导逻辑（public service-dominant logic）[①]。通过文献研究发现，在企业管理领域中，关于顾客价值一直存在两种理论范式，即产品主导逻辑和服务主导逻辑。其中，服务主导逻辑认为服务的生产者和消费者共同创造了价值（co-creation value）。那么，消费者如何与产品的生产者共同创造价值呢？服务主导逻辑理论认为，消费者通过个人消费体验来感知服务的质量，并通过消费反馈来纠正服务的质量，这就实现了价值共创（value co-creation），做到了生产者的专有知识技能与消费者体验参与行为在交往互动中的完美结合。虽然服务主导逻辑理论产生于市场营销领域的研究，但随着该理论的不断成熟，它逐渐拓展到企业管理和公共管理领域[②]。而将服务主导逻辑应用到公共管理领域的学者是斯蒂芬·奥斯本。奥斯本认为，新公共管理理论及其在公共管理领域的实践导致人们普遍认同公共服务是由政府、社会组织和企业共同提供的，然而新公共管理理论更强调政府的内部效率[③]，因此有其局限性。价值共创理论启示我们，在政府跨部门协同过程中，政府职能部门需要超越部门主义，跨越组织边界，积极利用本部门的专业资源优势，共同创造价值。更通俗地来说，在政府跨部门协同治理绩效生产过程中，协同主体应抛弃"这是你的工作，不是我的工作"的部门边界思维，而应认为"这是我们的工作"，共同创造公共价值，实现"1+1>2"的协同增效的目的。

（二）利他协同共生理念

利他是社会心理学和伦理学研究的主题，本意是指对他人有好处，为他人提供方便。在本书中，我们将利他、共生结合在一起，

[①] 参见张学本、孔竞《"服务主导逻辑"视角下的新公共治理理论探究》，《理论界》2020年第1期。

[②] 简兆权、秦睿：《服务主导逻辑：核心概念与基本原理》，《研究与发展管理》2021年第2期。

[③] 敬义嘉主编：《公共行政发展：寻找决定性力量》，上海人民出版社2014年版，第236—244页。

意指在政府跨部门协同治理绩效生产过程中，参与协同行动的政府职能部门意识到所有参与协同行动的主体是共生共在的，具有"一荣俱荣，一损俱损"的共同体意识，这也使得政府职能部门在协同行动中本着"与人方便，与己方便"的利他思维，最终通过协同共生实现协同治理绩效。长期以来，在科层制治理逻辑下，政府职能部门严格按照职责边界履行职责，实现各自的业务绩效，这种"各扫门前雪"的线性思维不利于边界模糊的复杂公共事务的解决，最终可能影响政府整体形象和整体绩效，导致出现协同治理绩效损失。因此，组织的利他思想首先是跨部门协同之本义的要求，其次也是政府部门之间共生的客观要求，只有利他才能实现共生。

（三）技术保障

在数字时代，随着互联网技术的不断发展和移动智能通信设备的普及，我们已经处在一个无线连接的技术环境。利用互联网技术实现跨部门、跨层级、跨区域协同，已经成为政府创新的共识。因此，无线连接的技术环境是政府跨部门协同治理绩效生产重要的技术保障。

二 如何构建政府跨部门协同治理绩效生产的利他协同共生环境

本书在政府跨部门协同治理绩效损失的视角下，通过前期调研发现的各种问题，提出打造政府跨部门协同治理绩效生产利他协同共生的生态系统的建议。如前所述，所谓利他协同共生的生态系统，是指积极调动上级政府部门、下级政府部门、科研机构、新闻媒体、人民群众等的积极性，在树立价值共创、利他协同共生理念的基础上，通过协商达成协同共识，各协同主体一起实现改革成效。具体建议如下。

（一）以党政协同推动政府跨部门协同治理绩效生产

党的十九届四中全会指出，中国共产党的领导是中国特色社会主义最本质的特征，是中国特色社会主义制度的最大优势。党的二十大报告中进一步指出，"党的领导是全面的、系统的、整体的，必须全面、系统、整体加以落实"①。这些论述启示我们，在政府跨部门协同治理绩效生产过程中确实存在诸多难题，必须加强党的全面领导，以党政协同的方式推动协同治理绩效生产。我们在调研中发现，一些党政部门因为各种原因，在协同治理绩效生产过程中存在不主动、不积极的现象。只有加强党的全面领导，运用党的权威，才能有效解决跨部门协同治理绩效生产中的各种难题。

（二）推动政务资源要素形成深度关联

在政府跨部门协同治理绩效生产中，"一件事"是衡量政府部门间协同治理绩效的主要标准。调研中发现，一些部门在事项梳理、数据共享等协同治理绩效生产所必需的要素供给过程中，将本部门不重要、不涉及部门核心利益的事项、数据梳理出来，还没形成政务资源的深度关联。因此我们建议，在发挥党政协同作用的同时，须敦促各政府部门按照"一件事""共同体"的标准，实现政务资源的深度关联，以此实现政府内部的流程再造，提升政府治理效能。

（三）推动树立跨界融合意识

政府部门的组织边界是负责任政府的基础，然而，在复杂性和不确定性的环境下，仅仅界定部门职责边界并不能解决诸多复杂公共问题，从某种程度上说，一定会出现职责缺位、错位、越位和效能不高等问题。因此，在政府跨部门协同治理绩效生产过程中，需要从改革发展的大局出发，从政治的高度理解和认识跨部门协同的重大意义，牢固树立"跨界融合"的意识，如此才能达成改革共识，才能发挥各部门的协同作用。

（四）通过合作拓宽改革宣传渠道和范围，凸显改革最强音

社会心理学研究表明，人类的社会认知是在特定的情境下展开

---

① 《习近平著作选读》（第一卷），人民出版社2023年版，第53页。

的。因此，在改革过程中，需要加强改革的宣传引导工作，构建积极向上、有功必奖、有过必罚的改革生态环境。我们在调研中发现，LS市机关内部"最多跑一次"改革、XZ市"随手拍"平台社会治理创新改革都充分认识到了舆论宣传引导的作用，积极通过当地新闻媒体、内部刊物、微信公众号等途径宣传改革的进展和成效。

因此，本书认为，在科层制绩效生产模式比较流行的情境下，政府部门需要对舆论宣传的形式加以创新，积极利用互联网技术宣传跨部门协同治理绩效生产的价值和意义。在宣传途径上，需要拓宽渠道，比如跟高校、智库合作，通过研究报告、实践案例、科研论文等渠道加强宣传，从而形成有利于跨部门协同治理绩效生产的外部环境。

（五）打造有利于政府跨部门协同治理绩效生产的制度环境

在依法治国的背景下，法律和制度的作用日益凸显。党的十八大以来，我们党把制度建设放在突出的位置。习近平总书记在关于《中共中央关于坚持和完善中国特色社会主义制度　推进国家治理体系和治理能力现代化若干重大问题的决定》的说明中指出："相比过去，新时代改革开放具有许多新的内涵和特点，其中很重要的一点就是制度建设分量更重，改革更多面对的是深层次体制机制问题，对改革顶层设计的要求更高，对改革的系统性、整体性、协同性要求更强，相应地建章立制、构建体系的任务更重。"[①] 习近平总书记关于制度建设的论述高屋建瓴，深刻指出了制度建设在治国理政中的重要作用。

同样，在政府跨部门协同治理绩效生产过程中，如果没有法律、制度的保障，政府跨部门协同治理绩效生产将会失去行为依据和准则。因此，亟需建立健全协同治理绩效的制度环境，包括协同

---

① 《习近平谈治国理政》（第三卷），外文出版社2020年版，第112页。

治理绩效生产的奖惩制度、衡量政府跨部门协同的绩效管理制度、推动协同治理绩效生产的督办制度和协调制度以及政府跨部门协同生产的利益与责任分担协商制度等。只有在有利于协同治理绩效生产的制度环境下,才能减少协同治理绩效损失。

第四节 提升政府跨部门协同治理绩效生产的协同能力

协同能力不足是政府跨部门协同治理绩效损失产生过程中的难题,因此提高协同能力是减少政府跨部门协同治理绩效损失的内在要求。从政府跨部门协同治理绩效生产过程来看,不同协同阶段需要不同的能力。

一 政府跨部门协同治理绩效生产协同能力的构成要素

根据前述政府跨部门协同治理绩效生产过程理论模型,我们可以发现,政府跨部门协同治理绩效生产协同能力包括以下几个方面。

(一)协同共识达成能力

所谓协同共识达成能力,是指参与政府跨部门协同治理的政府职能部门在协同初始阶段能够正确认识协同的价值、达成共识并准确界定协同目标的能力。具体来说,政府跨部门协同共识达成能力包括:首先,政府跨部门协同治理认知能力,即参与协同的政府职能部门能够克服损失厌恶、刻板印象和禀赋效应的心理机制,发现和挖掘协同所蕴含的机遇,并形成协同共识的能力。其次,政府跨部门协同治理目标达成能力,即不同职能部门通过理性协商、沟通和谈判,整合不同利益和分歧,共同界定协同目标的能力。

(二)协同行动能力

协同行动能力是指参与政府跨部门协同治理的政府职能部门依据共同的目标在发挥各部门业务优势的基础上克服协同难题、实现协同治理绩效的能力。具体来说，协同行动能力包括：首先，协同行动规则制定能力。在政府跨部门协同过程中，协同行动规则非常关键。协同行动规则不仅约束协同参与者的行为，还界定了协同行动者各自的责任、利益和激励等协同行动所必需的要素。其次，协同动员能力。在科层制条件下，政府跨部门协同不仅需要政府职能部门打破职责边界，实现政府部门之间的有效互动，而且还需要职能部门内部成员积极参与协同行动，避免"上面热下面冷"的情况出现。这就需要通过协同动员能力激励职能部门以及其内部成员的协同积极性。最后，协同黏合能力。在协同行动中，碎片化的职责体系和条块分割的行政体制在损失厌恶、可得性偏差和禀赋效应的心理机制作用下会产生分歧。因此，在协同行动中需要通过组织机制、激励机制、督办机制等将不同部门黏合在一起，减少因互信、互惠不足而产生的绩效损失。

（三）协同保障能力

协同保障能力是指为政府跨部门协同治理绩效生产提供资源保障的能力。在资金、人力等有限的条件下，为政府跨部门协同治理绩效生产提供必要的资源保障是跨部门协同过程中应具备的能力。协同保障能力包括：首先，资源整合能力。我们知道，政府跨部门协同并不是另起炉灶，重新建立新的组织结构，而是在科层制的模式下，不同的政府职能部门利用自身的业务技能、资源实现跨部门协同。然而，对于政府职能部门而言，其工作重心还是履行并实现本部门核心职责，而协同任务是"额外"的工作。在这种情境下，整合资源的能力显得尤为重要。其次，协同制度供给能力。对于政府职能部门来说，跨部门协同治理行动需要在既定的制度和政策框架内进行。然而，调研发现，在政府跨部门协同治理过程中，政府职能部门经常遇到制度、政策供给不足的问题。协同行动中的制度和政策供给不足导致政府职能部门的协同行动没有法律依据，这给协同行动设置了障碍，会产生协同治理绩效损失。因此，协同制度供给能力对于协同治理绩效生产来说非常关键。

二 提高政府跨部门协同治理绩效生产协同能力的对策

政府跨部门协同治理作为应对棘手问题的新策略，其所需要的协同共识达成能力、协同行动能力和协同保障能力并不是自动形成的，需要经过特定方式才能实现。

（一）协同共识达成能力的实现对策

在政府跨部门协同治理绩效生产过程中，在碎片化的职责体系和条块分割体制之下，受损失厌恶和禀赋效应等心理机制的影响，政府职能部门可能出现不愿合作的现象。因此，政府职能部门需要通过内部协同需求挖掘和外部压力两种方式寻找协同的价值。

1. 通过内部协同需求挖掘实现协同共识达成能力

就内部协同需求挖掘来说，受资源和能力的限制，政府职能部门可从内部寻找履职过程中的痛点或需求，这种痛点或需求只有通过与其他部门协同才能解决，以此产生协同动机。在调研XZ市"随手拍"平台案例时，相关人员跟我们谈道："最初我们对'随手拍'平台交办的业务很反感，但后来我们发现，在XZ市申请国家卫生城的过程中，'随手拍'平台收到的公众环卫公共需求不仅是对环卫处工作的监督，并且为环卫处提供了履职所必需的信息，因此，我们非常愿意配合'随手拍'平台交办的业务。"

在这段访谈材料中可以发现，尽管XZ市环卫处在履职过程中自身设置了很多监控探头，但在履行申请国家卫生城这一核心职责时，通过内部协同需求挖掘看到了自身信息能力的不足，而"随手拍"平台上公众的力量能够弥补环卫处信息方面的不足，因此才转变了观念，激发了协同动力。

2. 通过外部压力实现协同共识达成能力

就外部环境来说，政府职能部门在履职过程中经常会有上级压力或满足公共需求的压力，在资源依赖的刺激下，政府职能部门可通过分析外部环境感知协同的价值和必要性，激发协同动力，达成协同共识。在 LS 市机关内部"最多跑一次"改革的调研中，LS 市人力资源和社会保障局在办理人员调动、退休等业务的过程中，发现人员调动、退休等业务与财政部门等其他政府职能部门有联系，因此本部门内部办事效率提高并不能提高人员调动、退休等业务的整体效率。由此，人力资源和社会保障局通过外部环境分析认识到，自身的业务需要与其他业务部门协同才能达到整体办事效能的提升。由此，其率先倡议实施机关内部"最多跑一次"改革。最后，协同共识的达成还需要合理的程序。在法治时代，程序是政府职能部门履职的基础。在政府跨部门协同过程中，需要通过特定的程序，比如动员大会、项目推进协调会、项目议事协商会等程序设置解决政府职能部门的协同分歧、担忧以及遇到的实际难题，以此达成跨部门协同共识。

（二）协同行动能力的实现对策

通过调研发现，跨部门协同行动的主要障碍是制度性障碍和协同动力不足。因此，协同行动能力提升主要通过制度、压力、信任和激励等方面来实现。

1. 通过政府跨部门协同的顶层制度设计打破协同行动的体制机制障碍

顶层制度设计一般都由上级政府部门负责，因此具有权威性和整体性的特点。调研发现，顶层制度设计能够打破政府职能部门的边界，也能挣脱政府职能部门内部所受到的制度和政策的束缚，为跨部门协同提供合法性依据，同时，顶层制度设计还可以为政府职能部门的协同行动提供行为准则。LS 市机关内部"最多跑一次"改革之所以成效显著，与 LS 市政府 2019 年发布的《LS 市深化部门间"最多跑一次"改革行动方案》（以下简称《行动方案》）这一顶层制度设计有着密切的关系。《行动方案》中明确了总体要求（包括工作目标、事项范围、实施范围）、工作举措（包括事项梳理的原则、规范和时限要求，业务办事环节和流程的优化举措，以及统筹业务平台建设）、职责分工和保障措施等内容。分析 LS 市政府颁布的《行动方案》可以发现，《行动方案》对"事项范围"和"实施范围"的明确界定为政府跨部门协同行动主体提供了政策依据，为后续协同行动扫除了诸多障碍；而顶层制度设计的工作举措则明确了政府跨部门协同行动的主要任务和目标；顶层制度设计的职责分工和保障措施为协同行动的顺利实施提供了制度性的保障。

2. 通过压力机制推动协同行动的顺利实施

压力体制是中国地方政府行政过程的特点[1]。在政府跨部门协同行动中，一方面，可以通过上级压力推动跨部门协同行动。在推进政府跨部门协同行动过程中，上级政府部门可以运用政治压力、考核压力等机制推动政府职能部门积极参与协同行动。另一方面，也可以通过横向竞争压力推动跨部门协同行动。有学者提出"官员晋升锦标赛"理论，来分析中国经济高速增长的原因[2]。尽管在政府跨部门协同行动中，政府职能部门的"一把手"除了可能因为晋升产生竞争压力，还可能为了"面子"或"资源配置"而产生压力。我们在 LS 市的调研中发现，LS 市整体上形成了改革争先的良好生态氛围，"揭榜挂帅"机制是 LS 市各级政府职能部门勇于争先、积极参与跨部门协同行动的重要动力。

3. 通过信任和激励推动协同行动

在政府跨部门协同行动中经常出现政府职能部门对"数据安全""核心数据丧失"等的担忧。这类问题本质上是由政府职能部门之间信任缺失和互惠不足所致。从心理角度来说，这些担忧是正常的，因此，必须重视政府职能部门的这些顾虑，在跨部门协同行动中通过制度设计重构信任，实现互惠，破除这些担忧。

---

[1] 杨雪冬：《压力型体制：一个概念的简明史》，《社会科学》2012 年第 11 期。
[2] 周黎安：《中国地方官员的晋升锦标赛模式研究》，《经济研究》2007 年第 7 期。

（三）协同保障能力的实现对策

通过前面的理论分析可知，政府跨部门协同保障不足产生的心理机制之一是政府职能部门受到当前效应的影响，即政府职能部门在资金、人员不足的情境下，更倾向于增加当前公共事务的资源投入。因此，提升政府跨部门协同保障能力需要破解当前效应的影响。

1. 以协同愿景激励破解当前效应

组织管理理论认为，愿景是组织领导及其成员对未来情景和意向的描绘。在政府跨部门协同行动中，可以加强政府职能部门对协同愿景的描绘和认知，从而使它们认识到跨部门协同的价值，由此破除当前效应的影响，改变政府职能部门领导的刻板印象，增加对政府跨部门协同行动的资源投入。

2. 以协同使命破解当前效应

组织使命是组织存在的合法性依据，也是组织应该承担的责任。组织管理理论认为，使命能够在心理上使组织成员认同"组织存在的价值和意义"，正是组织使命驱动推动了组织不断发展和创新。党的十九大报告中明确提出了"不忘初心、牢记使命"的要求，中国共产党作为使命驱动型的政党，为人民谋幸福、为民族谋复兴的使命是中国共产党自我发展、自我革命的动力。在使命驱动下，可以有效破除狭隘的部门主义思维，使政府职能部门站在满足公共需求、为人民谋幸福的使命高度上履行职能。因此，通过加强政府职能部门的使命认知可以破解当前效应的影响，从而更关注政府职能部门的长远目标。在我们的调研访谈中，XZ 市"随手拍"平台的负责人这样说道："微信那个时候，做到一定程度上曝光不文明，发现美。曝光这还容易，没有什么要求对吧？到了后来老百姓发问政的东西，我本来也可以不发出来，因为我们也不问政，但是后来感觉还是可以发的，发了好多，然后 Z 市长就看到了，他就有好多想法，他说既然有这么多人对这个拥护，他建议'随手拍'

平台也可以问政，让各个部门来入驻，但是你们不能入驻微信号，微信号问政咋办啊？你能看见他看不见，多数人看不见那不成。后来就想弄一个订阅号，但订阅号也解决不了这个问题，实际上解决不了它去哪儿入驻，入驻应该是有些要求的，后来才想到自己建个平台，做个手机版，老百姓说应该有个 App，说的也对，我们就听老百姓的话，后来就开发 App，现在这个 App 它的用户体验还是非常好的，效果也非常好。"通过这段访谈记录，我们可以看到"随手拍"平台的不断发展是"为群众服务"这一使命驱动的结果，通过使命驱动来克服当前效应的影响。

第五节　运用智能技术实现政府跨部门协同的组织流程再造

依据前面的理论分析可知，政府跨部门协同治理绩效损失产生的重要影响因素是碎片化的职责体系和条块分割体制。长期以来，在科层制治理模式中，碎片化的职责体系和条块分割体制一方面使政府职能部门囿于部门主义思维，严格按照部门职责满足社会公共需求；另一方面，碎片化的职责体系和条块分割体制也给政府职能部门设置了组织边界和权力边界。政府职能部门的边界壁垒在损失厌恶、禀赋效应、可得性偏差和刻板印象等心理机制的影响下严重阻碍了政府跨部门协同治理绩效生产的顺利实施。我们发现，在政府跨部门协同中，出现了虚拟整体政府结构形态与科层制结构之间的矛盾，即虚拟整体政府结构形态所需要的公开、透明、效率和效益等必须通过科层制结构的层级链条来实现，若线下的政府科层制结构不做相应的改革，那么将会影响虚拟整体政府结构形态的运行，继而很难有效实现公共价值[①]。因此，在数字时代，减少政府

---

① 霍春龙、任媛媛：《网络时代公共价值实现的结构与机制：一项基于个案研究的探索》，《电子政务》2020 年第 11 期。

跨部门协同治理绩效损失的关键是积极利用互联网技术实现对政府职能部门的流程再造。

一 积极利用互联网技术实现部门业务数据的互联互通、共享共融

随着互联网通信技术的迅猛发展和移动智能设备的普及，人类已进入数字时代。数字时代呼唤数字治理，前几年的新冠疫情使政府职能部门深刻认识到大数据、云技术的重要作用[1]。实际上，地方政府一直在积极运用互联网等技术进行创新。然而，受碎片化的职责体系和条块分割体制的影响，信息碎片化、应用条块化、服务割裂化[2]以及信息壁垒、系统标准缺失等问题束缚着政府创新。因此，需要通过改革推动政府数据互联互通、共享共融。

（一）构建标准统一的协同政务服务平台

自互联网技术引入政府办公以来，通过电子政府建设实现了政府职能上网，提升了政府职能部门的办事效率。然而，在科层制治理模式下，政府职能部门各自为政，根据自身需要建设了各自的政务办事平台，这些平台的技术标准不一（甚至同一个政府职能部门依靠不同的技术公司建立了不同标准的办公场景业务平台），数据运营出现了碎片化的特征。调研发现，一个办事人员需要登录多个账号完成不同的业务，这种现象不仅增加了办事人员的负担，而且不利于跨部门、跨系统协同联动，增加了协同治理绩效损失。随着政府职能部门综合性公共事务的增加，客观上需要进行顶层设计，构建全市、全省甚至全国标准统一的协同办事数据平台，实现统一门户、统一账户以及统一事项标准，这样才能为政府跨部门协同提供必要的技术支撑，减少协同治理绩效损失。在建构标准统一的政务服务平台过程中，可以按照地方政府的实际情况，按照简单实

---

[1] 张建锋：《数字治理：数字时代的治理现代化》，电子工业出版社2021年版，第10—16页。

[2] 张建锋：《数字治理：数字时代的治理现代化》，电子工业出版社2021年版，第10页。

用、分步分批的方式推进协同政务服务平台建设。根据 ZJ 省的经验，在政府数据归集过程中，将省建数据库置于省公共数据平台，各市县数据存本地公共数据平台并同步推送至省公共数据平台；省建数据库按照"按需回流"原则运转，即根据各市县工作任务需求，在各市县申请的基础上，由省公共数据平台同步到各市县公共数据平台。

（二）大力推进政府职能部门之间业务系统互联互通和数据共享

1. 依据应用场景整合业务系统，实现业务系统互联互通

随着电子政务的发展，政府职能部门根据自身业务需要建设了大量的业务系统，但业务系统之间的孤立性造成了协同治理绩效损失，由此凸显了政府跨部门协同过程中业务系统之间互联互通的重要性。根据应用场景整合政府职能部门之间的业务系统，实现不同业务系统之间上下贯通、横向融合的有效对接和互联互通，以此实现政府职能部门之间的数据共享。

2. 加强数据安全建设，防止数据滥用和泄密，实现数据共享

在数字时代，数据是政府跨部门协同治理绩效生产的核心资源。在调研中发现，各政府职能部门都对本部门的数据安全问题非常重视。因此，实现各政府职能部门数据共享共融的前提是解决好数据共享后的数据安全问题。可以说，数据安全是政府跨部门协同治理绩效生产的重要保障，也是消除政府职能部门的顾虑，互信互助的基本要求。具体来说，在数字政府建设实践中，需要做到以下几点。

第一，依据《网络安全法》《数据安全法》等相关法律规定实现数据安全。现代社会是法治社会。党的二十大报告中指出："全面依法治国是国家治理的一场深刻革命，关系党执政兴国，关系人民幸福安康，关系党和国家长治久安。"[1] 因此，需要按照全面依法

---

[1] 《习近平著作选读》（第一卷），人民出版社 2023 年版，第 33 页。

治国的要求，严格落实《网络安全法》《数据安全法》等，制定数据安全的具体法律、法规和条例。

第二，建立健全数据安全治理的制度体系。数据安全治理的制度体系建设是国家治理体系和治理能力现代化的重要组成部分。因此，要根据实践需要，以问题为导向建立健全数据安全治理制度体系，包括数据分类分级保护制度、数据安全风险评估预警与处置制度、数据安全审查制度等。

第三，立足中国，借鉴国外数字安全治理的经验。必须承认，西方国家数字治理比我国起步早，因此在数字安全治理方面经验比较丰富，因此，我们需要立足中国实际，借鉴西方国家数字安全治理的先进经验，最终实现中国特色的数字安全治理。

二 推动政府职能部门之间业务流程再造和加强监管制度

（一）打破部门边界壁垒，推动政府职能部门之间业务流程再造

业务流程化是政府职能部门履职的基本原则，政府职能部门内部业务流程化可以提高办事效率。然而，在政府跨部门协同过程中，传统的业务流程以部门利益为中心，缺乏整体性、协同性，回应性和反馈性不足[1]，因此政府跨部门协同治理绩效损失较高。在调研访谈中，我们发现业务流程再造是提升政府效能的内在要求。在数字时代，组织的效率源自协同[2]，因此，必须强力推动政府职能部门业务流程再造，按照协同要求进行业务梳理，根据实际情况减事项、减环节、减材料、减时间、减次数，以此实现整体业务流程再造。

（二）加强监管制度

调研发现，在推动政府跨部门协同业务流程再造的过程中，偏

---

[1] 张建锋：《数字治理：数字时代的治理现代化》，电子工业出版社2021年版，第10页。
[2] 陈春花：《组织的数字化转型》，机械工业出版社2023年版，第65页。

重部门利益、协同共识不足等导致政府职能部门不愿协同或者消极协同。因此，迫切需要加强监管制度。根据 XZ 市"随手拍"平台案例的经验，可以在办事流程的各个环节设置时限，对办事事项接近承诺时限、超出承诺时限时分别提醒，实现对各部门办事效能的全过程实时监管，并建设超时督办、发工作推进函、绩效考核等制度，督促各部门强化协同配合，落实承诺。这些监管制度有效提升了政府跨部门协同治理绩效。

第六节 加大政府跨部门协同治理绩效生产的政治资源保障

在政府跨部门协同治理绩效生产过程中，协同保障不足也是导致协同治理绩效损失的重要因素。鉴于前面已经对物质保障、人员保障和信息保障的供给对策做了分析，在此，我们主要针对如何加强政府跨部门协同的政治资源（在本书中，政治资源是指推动政府跨部门协同所需要的政治性支持，包括领导关注度、必要的职权、法律法规、制度和政策等）保障提出对策。

一 政府跨部门协同治理绩效生产中政治资源保障的重要性

中国的国家结构是单一制国家结构，实行统一的中央集权制，地方政府受中央政府集中统一领导，政府按照民主集中制的组织原则运行。在这种情形下，讲政治，即从政治的角度观察和处理问题是政府有效运行的前提和基础。从政治学视角来看，政府跨部门协同过程本质上是权力或权威在政府职能部门之间顺畅流动的过程。因此，在政府跨部门协同保障的诸要素中，政治资源保障至关重要。换言之，在我国政府运行过程中，如果没有领导关注度、必要的职权、法律法规、制度和政策等这些政治资源的支持，政府工作就难以顺利推行。

二　加强政府跨部门协同治理绩效生产中政治资源保障的对策

（一）提高领导对协同治理绩效生产的关注度

在我国，党政领导（亦称"一把手"）在政府运行及各项工作推动中具有十分重要且突出的地位，可谓"位高权重"[①]。习近平总书记在中共中央政治局召开的"不忘初心、牢记使命"专题民主生活会的讲话中指出："必须坚持领导机关和领导干部带头。领导机关是国家治理体系中的重要机关，领导干部是党和国家事业发展的'关键少数'，对全党全社会都具有风向标作用。"[②] 然而，由于领导的精力和时间有限，因此领导关注度是一个非常稀缺的资源。在调研中发现，凡是领导关注度较高的政府职能部门，在政府跨部门协同过程中获得的协同治理绩效都较高；凡是领导关注度不高的政府职能部门，在跨部门协同过程中一般会遭遇诸多困境，协同治理绩效损失较高。由此，减少政府跨部门协同治理绩效损失的重要保障之一就是获取"一把手"的关注度，以领导权威解决协同障碍，继而减少协同治理绩效损失。

1. "一把手"需要加强对协同治理绩效生产模式价值的认知

在中国悠久的历史文化中，"一把手"的领导模范作用非常重要。领导的能力、认知和格局直接关系着部门绩效的高低。同样，协同治理绩效生产作为新型的绩效生产模式，需要领导干部深刻认识到其在解决复杂问题中的价值，并且能够熟练运用领导权威推动协同治理绩效生产。这就需要部门"一把手"克服狭隘的部门主义思维，胸怀大局，始终站在人民的立场上。

2. "一把手"需要具有担当精神，推动协同治理绩效生产模式的运转

新时代，"担当作为"是干部特别是领导干部的重要素质。党

[①] 李景治：《党政一把手权力运行机制的完善》，《学术界》2014年第4期。
[②] 《习近平著作选读》（第二卷），人民出版社2023年版，第304页。

的二十大报告中指出："加强干部斗争精神和斗争本领养成，着力增强防风险、迎挑战、抗打压能力，带头担当作为，做到平常时候看得出来、关键时刻站得出来、危难关头豁得出来。"[①] 政府跨部门协同治理绩效生产模式打破了部门之间的边界，客观上造成了边界模糊，这必然造成职责不清。因此，政府跨部门协同治理绩效生产模式存在很多风险，也会出现损害部门利益的情况，这就需要政府职能部门的"一把手"具有担当精神，从无我的角度出发，不计较部门利益得失，推动政府跨部门协同治理绩效生产模式顺利运转。

3. "一把手"需要加大对协同资源的支持力度

任何政府行动都需要消耗成本，政府跨部门协同治理绩效生产也不例外，并且作为一种新型的绩效生产模式，其在初期需要消耗的资源更多。因此，政府职能部门的"一把手"需要克服禀赋效应和当前效应的影响，立足长远，从复杂性思维角度加强协同治理绩效生产的总投入，必要时可以设立专项资金、追加人员和技术设备，为协同治理绩效生产的顺利进行提供物质保障。

4. "一把手"应关注协同治理绩效生产技能和素质培训

政府职能部门的"一把手"要深刻意识到，政府跨部门协同治理绩效生产需要专业的技能和素质，这里的技能和素质不同于科层制绩效生产模式下的技能和素质。因此，需要通过培训专门培养。

（二）赋予参与协同的政府职能部门以必要的职权

权力是政府职能部门履职的前提和基础。在政府跨部门协同治理绩效生产过程中，如果政府职能部门，特别是牵头部门的职权不足，必然导致协同行动各自为政，从而出现协同失灵的现象。在我们的调研中，XZ市"随手拍"平台的负责人说："事业单位就没有权力，没有行政权力，所以说这就是我们现在最尴尬的地方。"这表明，职权是组织存在和发展的基础，赋予相关职能部门必要的

[①] 《习近平著作选读》（第一卷），人民出版社2023年版，第54—55页。

职权是协同行动的内在要求。事实上，我国已经实施的"放管服"改革的初衷就是推动权力下放，制定权力清单，给相关职能部门以自主权。因此，需要给协同治理绩效生产的牵头部门以政策制定的权力、资源分配的权力和必要的监督管理权力。

（三）建立健全政府跨部门协同治理绩效生产行动所需要的法律法规保障

政府按照既定的法律法规履职是现代国家的基本要求。党的十八大以来，习近平总书记对依法治国的本质做出重要论述，他指出："党的十八大强调，依法治国是党领导人民治理国家的基本方略，法治是治国理政的基本方式，要更加注重发挥法治在国家治理和社会管理中的重要作用，全面推进依法治国，加快建设社会主义法治国家。"[1]《中共中央关于全面推进依法治国若干重大问题的决定》中指出，"法律是治国之重器，良法是善治之前提"[2]。以上关于法律制度的重要论述启示我们，在政府跨部门协同过程中，若没有法律法规的保障，政府职能部门的协同行动就没有了依据。因此，加强政府跨部门协同立法是提高协同治理绩效的重要举措。

1. 树立政府跨部门协同治理绩效生产过程中的协同立法思维

习近平总书记在党的二十大报告中强调，要坚持全面依法治国，推进法治中国建设，要"增强立法系统性、整体性、协同性、时效性"[3]。习近平总书记关于协同立法的法治思想，高屋建瓴地指出了当前我国治国理政实践中的重要课题，即政府跨部门协同治理在全面依法治国中的重要地位，同时，也深刻体现了协同治理是我国国家治理的重要内容。党的十八大以来，我国提出了"四个全

---

[1] 《习近平谈治国理政》（第一卷），外文出版社2018年版，第138页。
[2] 《〈中共中央关于全面推进依法治国若干重大问题的决定〉辅导读本》，人民出版社2014年版，第8页。
[3] 《习近平著作选读》（第一卷），人民出版社2023年版，第34页。

面"战略布局和"五位一体"总体布局。"四个全面"战略布局和"五位一体"总体布局客观上要求协同治理，而协同治理需要全方位、多层次的法律保障。广泛的协同治理实践客观上要求树立协同立法思维，即在立法过程中遵循中央立法与地方立法协同、不同部门之间立法内容和要求协同、区域立法协同等原则。只有树立协同立法思维，才能突破传统科层制的边界思维，为区域协同发展、乡村振兴以及环境治理等政府跨部门协同治理绩效生产提供法治保障。

2. 推动关于政府跨部门协同治理绩效生产行为的立法

在新时代，协同共治是我国政府治理的大势所趋[①]。推动协同共治是我国政治、经济和社会高质量发展的客观要求。在跨部门协同治理绩效生产过程中，法治是高质量发展必不可少的前提和基础。因此，针对协同治理绩效生产行为的立法至关重要。只有在法治的条件下，才能有效应对协同治理绩效生产过程中的不稳定性和不可预期性；只有在法治的条件下，才能调节政府部门之间的利益和责任冲突；只有在法治的条件下，才能为协同治理绩效生产提供有效的法治保障。

（四）建立系统性的政府跨部门协同治理绩效生产的制度和政策保障

根据已有文献可知，政府跨部门协同治理绩效生产还需要具体制度安排或政策保障。这些制度和政策都是由上级政府部门按照规范的程序制定的，在某种程度上，制度和政策与法律法规的作用相当。因此，上级政府制定的系统性、配套性的制度和政策是政治性资源，并对政府跨部门协同治理绩效生产有着重要的影响。

1. 建立、健全政府跨部门协同治理绩效生产的顶层制度

中国行政体制的特点之一是集权性，因此，顶层制度具有举足

[①] 宋世明：《共治论：中国政府治理体系建构之路》，国家行政管理出版社2021年版，第2页。

轻重的作用。这就是说，政府跨部门协同治理绩效生产模式的有效运行必须有顶层制度的保障和支持。如果没有顶层制度的保障，那么在现行体制下，协同治理绩效生产模式很难有效运行。

2. 建立、健全合理的政府跨部门协同治理绩效生产制度安排

政府跨部门协同治理绩效生产制度安排必须公正合理。在我们的研究中，政府跨部门协同治理绩效生产模式与传统科层制绩效生产模式不同，在实施过程中，政府跨部门协同治理绩效生产模式会给参与的职能部门带来利益损失和责任风险，因此需要多方征求意见，通过协商、谈判等方式建立、健全政府跨部门协同治理绩效生产制度。以政府跨部门协同治理绩效生产制度的合理性促进协同治理绩效生产的有效性。

3. 健全、完善政府跨部门协同治理绩效生产的配套制度和政策保障体系

如前所述，政府跨部门协同治理绩效生产是整体性的、系统性的，这就需要完善的配套制度，特别是与其相关的责任制度、利益分配制度和信息共享制度以及协同保障制度等。我们的研究表明，只有在一个整体性的、系统性的制度环境中，政府跨部门协同治理绩效生产才能高效运作，减少政府跨部门协同治理绩效损失。

第七节　小结

党的二十大报告中提出"以中国式现代化全面推进中华民族伟大复兴"[1]，所以我们需要立足中国国情，探索中国场景下的政府跨部门协同治理绩效生产模式。

改革开放以来，在党的带领和统筹协调下，我们国家统一各方

---

[1] 《习近平著作选读》（第一卷），人民出版社2023年版，第18页。

力量完成了很多看似不可能完成的任务，比如我国经济保持了连续40多年的高速增长；我国实现了全面建成小康社会的目标。这些奇迹是在党的领导和推动下，汇聚各方力量协同合作的结果。可以说，我国国家治理的辉煌成果都是在党的全面领导下通过政府跨部门协同治理绩效生产取得的，因此，我们完全可以扎根协同治理绩效生产实践，探求中国场景下的政府跨部门协同治理绩效生产模式。

初步来看，中国场景下的政府跨部门协同治理绩效生产模式有其独特的特点。首先，中国场景下的政府跨部门协同治理绩效生产模式是在党的坚强领导下推进的绩效生产模式。习近平总书记指出："中国共产党是中国特色社会主义事业的领导核心，处在总揽全局、协调各方的地位。……党政军民学，东西南北中，党是领导一切的，是最高的政治领导力量。"[1] 同理，在政府跨部门协同治理绩效生产过程中，党的全面领导是题中应有之义。其次，中国场景下的政府跨部门协同治理绩效生产模式是"以人民为中心"的绩效生产模式。再次，中国场景下的政府跨部门协同治理绩效生产模式一直秉持辩证思维、系统思维、整体性思维和过程思维。最后，中国场景下的政府跨部门协同治理绩效生产模式既有效发挥着政府主导作用，也积极发挥着社会组织和个人参与的作用。

总之，通过对政府跨部门协同治理绩效损失产生过程、致因因素及其运行机制的分析，我们可以深刻认识到，尽管政府跨部门协同治理绩效生产模式作为不同于传统科层制绩效生产模式的新兴绩效生产模式，在解决棘手公共问题和满足复杂、多元公共需求的过程中发挥了重要的甚至不可替代的作用，但其被政府部门普遍接受还需要一个长期的过程。在当前的情况下，政府跨部门协同治理绩

---

[1] 《习近平著作选读》（第一卷），人民出版社2023年版，第192页。

效生产模式所遇阻力颇多，因此，必须从正确的绩效观念、复杂性思维以及必要的协同保障等方面综合考量，整体布局，形成合力，只有这样，才能够有效推动政府跨部门协同治理绩效生产模式顺利运行。

附　　录

附录1　访谈数据资料一览表

调研地	访谈形式	受访人	数据获取目的	人数（人）	时长（分钟）
ZJ省LS市第一次	座谈会	"跑改办"相关领导	机关内部"最多跑一次"改革发起的动因；改革方案的制定；改革推动过程中的动力与改革成效	15	150
		专班干部	机关内部"最多跑一次"改革推动基本情况		
		职能部门负责人	职能部门机关内部"最多跑一次"改革的推行情况与成效		
	深度访谈	项目企业负责人	企业参与机关内部"最多跑一次"改革的内容；与政府合作过程中存在的困境与应对策略	2	54
		专班负责人	改革过程中事项梳理的持续性、方式与流程、难点；业务系统对接情况等	5	60
		人社局领导	作为改革发起的倡议单位；发起改革倡议的动因；部门内部业务梳理等改革协同的成效与困境	3	105
ZJ省LS市第二次QT县	座谈会	改革办相关领导	QT县的基本概况与数字化改革的项目概况；数字化改革概念的含义；各级领导对数字化改革的重视情况等	4	118
		QT县相关职能部门	"典型场景应用"的开发背景、核心内容、建设成效与未来发展规划等		

续表

调研地	访谈形式	受访人	数据获取目的	人数（人）	时长（分钟）
ZJ省LS市第二次SC县	座谈会	相关领导	SC县的基本概况；SC县开展"跨越式发展"的思路与措施；SC县数字化建设项目的建设概况等	5	116
		职能部门	"典型数字化项目"的建设历程、功能成效、具体内容与建设问题等		
SX省XZ市第一次	深度访谈	市委宣传部领导	了解"随手拍"平台发起动机；平台运作中跨部门协同的基本情况	3	120
		平台入驻职能部门负责人	平台运作中跨部门协同的实际情况；存在的问题	11	150
	座谈会	拍友代表	参与"随手拍"平台的动机；平台存在的问题	17	150
SX省XZ市第二次	深度访谈	市委宣传部相关领导	"随手拍"平台发展的历程；平台发展的瓶颈性问题；如何解决这些问题	3	100
		市环卫处领导	参与"随手拍"平台的动机；平台与自身职能的关系		
		平台运行工作人员	"随手拍"平台运行过程中的部门协同情况	5	150
		资深拍友代表	"随手拍"平台运行成效、不足	8	160
	座谈会	事业合伙人代表	"随手拍"平台可持续的原因；未来发展的瓶颈	17	270
		入驻职能部门代表	"随手拍"平台实际运行情况；政府协同运行实际困境和解决策略		
		拍友代表	"随手拍"平台的效果；存在的问题		
		工作人员	"随手拍"平台运行的实际情况；协同存在的瓶颈问题；督办效果		
GS省ZY市	座谈会	生态保护相关单位负责人	"一库八网三平台"数据共享的现状；政府部门之间数据共享的动机；存在的障碍	11	154
	深度访谈	生态环境局领导	"一库八网三平台"建设的动因；运转情况以及部门协同成效与困境	1	52

附录2　LS市机关内部"最多跑一次"改革案例协同初始阶段绩效损失的一阶编码

原始数据	一阶编码
因为既然是数据归集,那肯定是要有安全级别的,要打消部门的顾虑,才能给,这里是有一个信任的。ls-wj-2019	数据安全顾虑认知
那么我们这边,要求部门归集出来,就是放在统一的一个地方,作为对外的公共领域的数据,我们机关内部的数据啊,还有各方面的数据,最后都要跟我们的数据中心,其实也跟省里是互联的,现在的归集的方式啊,都不是部门跟部门之间的一种共享方式了。ls-wj-2019	数据所有权认知
其实一开始,从二月份开始,一直到四五月份,绝大多数外围的人基本上连概念都搞不懂。ls-lbq-2021	改革内容认知模糊
现在又出现很多情况,就是说,现在我们在处理中就碰到这种情况,名称不是一模一样的,可能很相似,但是事实就是同一件事情,但是这个县是这样做的,那个县是那样做的,这里就是不是这种标准化。ls-wj-2019	同一件事部门之间标准不统一
就机关内部的这个事情来说的话……我们现在碰到的一个困难就是系统对接的困难。就是有些部门系统建得比较早,它里面用户体系都是自己挑、自己建的,只满足自己部门的需求就行了,然后我自己也组建了一套用户体系、组织架构。然后其他地方都不是这样子的,这种条块分割、没有顶层规划的做法影响了系统对接。ls-wj-2019	系统之间标准认知
那么我们这边要跟他们对接,他们理由会很多,一个是阻力的就比如说用户体系这一块他们要改造……碰到改造的话,又要涉及资金,对不对?即使有钱,还有一些比较早的系统,它要改造的,它价格太高不适合改造,这个改造难度就很大。ls-wj-2019	系统对接成本认知
部门间跑一次是从零开始的,(以前)什么都没有的。我们跑一次事项都没定义的,甚至我们刚开始这个事情,什么叫跑一次,对于这个事情的定义都没有定死的。ls-wj-2019	改革内容认知模糊

续表

原始数据	一阶编码
其实很多单位它是这样的，比如说它报上来第一次并不是梳理得全面的，可能就是一部分。一个就是观望状态，可能有多梳多做的思想在里面，觉得要不要先尝一下鲜，你们挑的那几个我先给你报过来。ls-wj-2019	改革事项梳理观望
因为他们很多理出来的事项啊，一个是不标准。ls-wj-2019	事项梳理不标准
另外这个事情（事项梳理）对于下面提出要求后，他们就要主动去了解这件事情，这件事情最开始为什么叫"跑一次"，他们都不知道，主动问为什么要我们机关内部跑一次。ls-wj-2019	改革认知模糊
比如说他们，就像这个（事项梳理），他们也不了解，就像有人来给你推销一样，你起码得了解他是做什么的，就是这种感觉。ls-sf-2019	事项梳理认知模糊
一开始的话，有些单位，它们也是在抵触，它们觉得自己没有（事项协同）啊。ls-sf-2019	改革必要性认知不足
这个壁垒（确实）存在，从技术角度，网络上是有壁垒的。打个比方，部门专网跟政务外网有些部门不是互通的，它的安全条件里，你的安全级别可能更高，它只是自己跟外面是隔离的，你要把它进去让数据传回来，这里就存在一个交换的问题了。ls-wj-2019	内网与外网交换问题
这块就是观念上的，观念壁垒。ls-wj-2019	观念壁垒
有些人就是觉得原来我自己做得好好的，你干吗？ls-sf-2019	改革认知不足
就是说整合这个过程是很痛苦的，他们也很疑惑，好几个单位啊，我原先也流转得很好的，你为什么要这样子呢？ls-sf-2019	改革认知不足
难度在哪里？因为在我这块，有的办事的人喜欢效率低点，没关系。因为反正是要跑的，是吧？如果要通过我这个网络走，当然时间压缩了，那一方面办（事）的人要节奏快起来；去办的人，节奏也要起来，真的就是双方的工作效率都要提起来。那么这里面其实就涉及什么呢？我的理解啊，这个涉及办事双方的意愿其实都不是很足。ls-wk-2019	改革必要性认知分歧
有些单位它也很死脑筋，这个东西明明就是盖个章，非得让跑来跑去，有什么意思呢？对不对？ls-sf-2019	办事死脑筋

续表

原始数据	一阶编码
就是我有个什么东西,我非得给你来一下,显示一下我们部门的权威啊。ls-sf-2019	部门权威
我们本身的想法是要求单位应梳尽梳,但是这个太难了。怎么说呢?跟单位是否重视有关系。ls-yf-2019	改革必要性认知不足
上上周我去部署平台,我就发现这么一个问题,县里竟然连什么叫机关内部"最多跑一次"都不知道。有没有这个平台,他们不知道。ls-yf-2019	改革认知不足
对接事项什么的,反正怎么说呢?上面热、下面冷,嗯,那个领导热、下面冷的情况很普遍。ls-yf-2019	下级政府改革遇冷
单位让他过来对接,他应付两下就走了,这也存在。ls-yf-2019	业务对接态度消极
比如说我们这个OA系统啊,办公系统已经走得很好了。嗯,我也没必要说你一定要给我平台,这种就是形式主义,你非得给我平台干吗呢? ls-yf-2019	改革必要性认知分歧
我不想对接的,我这个办得很好,我那个怎么样,然后我这个很烦的,你这个对接不了,怎么怎么样啊,这种都有的。ls-yf-2019	改革必要性认知分歧
这个办事确实没有,因为大部分都是其他人求他们,去他们那里办事,他们到其他的办事平台,基本上也能够解决这个问题。ls-yf-2019	协同依赖度不高
其实最早的时候很多人不愿意去做,也不愿意去配合,这个本身也是觉得,唉,我现在不是很方便了吗?为什么非得要按照你的那个路子啊? ls-qlp-2019	协同改革必要性
一旦业务出现问题,到时候责任谁来负啊?对吧?都是这种顾虑。ls-qlp-2019	责任顾虑认知
因为就目前的形势来说,单单靠一个部门去推动这项工作,其实是很难的,而且是要从整个市或者整个省的层面去把这个东西推起来。ls-qlp-2019	改革推动力不足
"部门最多跑一次",主要是我们在运转,刚才讲的,我们主要的难点在这个认识上面,包括刚才讲的两个方面,一个需求方,一个服务方,他们其实都有,都有惰性在这里。ls-wk-2019	改革认知惰性

续表

原始数据	一阶编码
说实话,我授权给你,万一这个事情办不好呢?就是领导也会有这个顾虑,就是自己不把下关,这个事情就怕做不好啊,主要是这个事情。所以机关内部其实最大的也是这个问题。ls – chly – 2019	责任顾虑
所以说农民建房里面需要的这种业务把关还是比较多的,因为它的后遗症是很多的。就是作为部门来说,其实所有的流程改革,我们最担心的就是责任问题。ls – chly – 2019	责任顾虑
但是有可能有些必要的还是减不了,比如像人事这种的话,因为有很多规定,像人事的调入调出,有些还要上会,这些估计是减不了。所以现在来说,机关内部最大(难题)体现在授权问题上。ls – chly – 2019	责任授权顾虑

附录3 XZ市"随手拍"平台案例协同初始阶段绩效损失的一阶编码

原始数据	一阶编码
来以前对("随手拍"平台)的认识不太深刻,只是听说过、注册过,来了以后肯定就特别了解了。xz – zwq – 2019	"随手拍"平台认知模糊
总体上有些事情还是比较有难度的,协调领导关系也好,协调下级的关系也好,有时候就是说各个部门有各个部门的职权和范围,所以这个过程中你如何更好地去把握这个,就是既不要缺,也不要这个东西不到位,这个过程中也需要你更好地去平衡。xz – chyq – 2019	职权与责任平衡认知难
最初压力很大,好多部门排斥它("随手拍"平台)。xz – chj – 2017	平台认同不足
因为每个人(部门)的利益不一样,对,看坐在哪个位置上,即便是大局利益和个人利益统合的时候,也有一个轻重之分。xz – chyq – 2019	利益认知分歧

续表

原始数据	一阶编码
有些业务，它属于，原先就是工商局管，咱不懂这些，以为说工商局还管噪声，你看按照颁布的法律条文来，确实有。但老百姓不分，老百姓一有噪声，就认为应该是公安局管，就把关系弄得非常被动，说那些不属于我们管理，但老百姓不这么认为，我们得给他们普及，普及这个知识。xz – kyf – 2019	职责认知分歧
我们后来起了个名字，叫问政工作推进函，这个东西就柔和一点（原来是督办，后来觉得督办太硬了），不要让它们（入驻部门）太讨厌这个东西，说"随手拍"平台好比纪检委，成了二纪检委了，有的人这样说。xz – kyf – 2019	平台作用认知分歧
有没有"随手拍"平台这些（公共）问题也存在，那么这些问题在当地表达不出来，它就流到省里头去、省里头的平台上、省里头的社情民意平台、省纪检委的平台，甚至上到中央层面，比如人民网的留言板，甚至中纪委这些网站。如果到那时候人家批下来问题了，批到省里再下来以后，那市里就是被动的，你解决了问题，但实际上你是被动的，你原先没解决好，被人家反映到上面去了，现在有了这个"随手拍"平台以后呢，就是自己把这个问题留到本地，本地来解决，那么有问题也没关系，我们自己解决，这是主动作为。xz – kyf – 2019	平台价值认知
首先不是入驻部门不办的问题，这问题是他（入驻部门人员）的问题，入驻人员交办以后，它（入驻部门）不受理，那是入驻部门的问题。他（入驻部门人员）本身解决不了问题，这没关系，因为你是一个中转的作用。但是你没有中转好，这是你的问题。这个责任一定要分清，也不能把入驻人员和入驻部门混为一谈，就是说入驻人员其实很委屈。xz – kyf – 2019	入驻部门与入驻人员角色分歧
当然说"随手拍"平台现在有影响，它们（入驻部门）的领导们也怕这种问题。产生一些情况闹得到时候不好看，他们有这种心理，但有的单位就不在乎。xz – ln – 2019	社会影响重要性认知分歧

续表

原始数据	一阶编码
所以说"随手拍"平台一开始（办的时候）我们也很不高兴，投诉太多，批评太多，后来正确理解以后我们是非常高兴。我在办公室坐着，人家打电话来告诉我哪里有垃圾，替我在看。用正确的思维正确对待，它在替我工作……xz-lv-2019	平台功能认知分歧
城管本身是一个敏感的一个话题，（我们）做了多少好事，流了多少泪水，大家看不到的。但是有一点点的错误就会让大家都很愤慨。一般首先是发现平台的问政诉求以后，分配给大队长，有好多大队长嫌麻烦，认为多一事不如少一事……xz-ll-2019	职责认知分歧

附录4 ZY市"一库八网三平台"案例协同初始阶段绩效损失的一阶编码

原始数据	一阶编码
咱们这个平台建设呢，主要是以咱们这个生态环境局为牵头，然后呢，综合了跟我们生态环境系统相关的，像这个水务啦、林业啦等等的。但是到目前为止，运行的时候这个平台主要还是以我们生态环境局为主，其他各个部门如果有需求的，可能会使用一些，但是没有需求的，它可能不会过度地去关注。zy-hdg-2021	数据共享需求不足
因为毕竟这个平台是一个开放的平台，我们有些东西，是不便于在这个网上公示的，所以说有的时候我们可能有很多的东西，各个部门跟我们交流的时候呢，我们也不完全依靠这个平台，更多的是业务上面的对接，需要什么资料我们可以提供什么样的资料，需要什么数据我们也可以把它提供出来。因为有很多数据呢，是不便于对外公布的，你像我们的自然资源局，有些数据就是不能对外公示，那我们想从这个平台上接入的话也是不行的。zy-hdg-2021	数据涉密认知

续表

原始数据	一阶编码
林业局省里的批复啥的，国土局批是前置手续……人家只要再共享一套，这个有的，咱们共享是这个层面的共享。不是说我们所有部门的系统都接给环保局，我们林业局啥都不管了，都环保一家干，不是这个办法。zy – lcj – 2021	信息共享含义认知分歧
我在我的职能管理的区域里面怎么管理的话，这些数据，这些核心的数据都是涉密的数据，是我们的核心。zy – lcj – 2021	信息共享数据涉密
这些东西就是我的核心利益了，我让你知道了，这可能就会有问题。zy – qbj – 2021	信息共享数据涉密
那时候基本上就是开会也好、干啥也好，谈论最多的、说得最多的就是这个祁连山环境，也就是我们的生态环境问题，这也就是为啥我说以前开会呢，大伙都说给你环保去干这个活，给你们环保部门干的……zy – hdg – 2021	环保职能认知分歧

附录 5　LS 市机关内部"最多跑一次"改革案例协同目标阶段绩效损失的一阶编码

原始数据	一阶编码
比如说他们，就像这个东西（事项梳理），他们也不了解。ls – sf – 2019	事项梳理目标不清
它定"三定"（定职能、定机构、定人员编制）的时候，它也不知道，你这个单位，到底有多少事项，内部制度、内部事项，它也不知道，没有一个单位能够明确地知道。……或者说之前单位的边界也是有一个慢慢清晰的过程，不是说一下子就清晰了。ls – wj – 2019	事项不清晰
也就是说流程不清晰，原先可能说是串联的啊，突然发现我这个流程还能再优化，我们有几个部门是能够并联的，甚至于比如说是那种容缺制，你先批下去没关系，材料我可以补。ls – wj – 2019	流程目标分歧

续表

原始数据	一阶编码
领导热下面不热，这也是一个问题。ls-yf-2019	领导与下属目标分歧
到目前为止虽然说是比较清晰的，但我也不能100%地说这个边界就是很清晰的，大部分应该都是很清晰的。但是个别的事项确实是没法判断，很难判断。ls-yf-2019	事项边界不清晰
很多东西是没标准的，这个事情要不要说、要不要定、材料怎么定，其实这个过程是非常困难的。ls-qlp-2019	材料界定分歧
其实我们，虽然机关内部那么多事情，但是前期主要是针对企业和个人的，那这块审批因为有一些重叠的嘛，所以对这块的审批其实经过了前期的一拨一拨的过程。ls-wk-2019	事项梳理范围分歧
但是就目前来说，像这种的话，相对来说可能还是比较谨慎的，因为原先设置这种许可的话，得保证它有法律法规支撑。涉及改革的话，作为试点来说，可以进行一个，主要行政运行，法律要求你做的，但是我们把它减了，可能会存在一个许可的风险。ls-chly-2019	减环节法律认知分歧
这个首先就是它们部门自己上报，上报的时候，其实都上报得不是太清楚，也不知道这个事情到底应该怎么做。ls-qyfzr-2019	事项梳理标准分歧
像那个财政局的，这个是很复杂的……像这个里面还有多情形的，像"三公"经费包含什么？出国境的、租车的、会议费的、应急费。那这个里面的出国费，它就认为有一些是需要好几个领导进行审核的。所以当时我们不知道，也是想这些环节能不能省，就是能不能减环节嘛，但是有一些是没法减的……ls-qyfzr-2019	减环节分歧

附录6　XZ市"随手拍"平台案例协同目标阶段绩效损失的一阶编码

原始数据	一阶编码
第一个交办部门会收到受理的通知，同时也会收到说这个事情让你来，还有问政工作领导小组的账号，哪个行政单位负责，但它依然可以踢皮球，就是说它可以踢回来说："这个事情，主要是在另外一个部门身上。我建议你们找那个部门牵头……" xz–kyf–2019	职能目标分歧
还有比如说查这个路纱厂对面的烧烤摊冒烟，包括我之前知道这个帖子，6月13日以后我就批不下去，我批给XF区住建，XF区住建说这个事也是市住建局负责的，他们要是过去的话，说实话处理不了。xz–li–2019	职责目标分歧
在这个停车位日益紧张的今天，咱们XZ也一样。主要体现为作为二手车售卖的汽车，商户的三轮车，还有一部分广告车，占用马路停车位的问题。我上网查了一下，我们国家好像没有相关的法律规定，私自占用停车位该怎么处罚，但交警说这个属于城管。但是我们城管去，老百姓就说交警划的车位，汽车也能停，我三轮车为啥不能停？xz–ll–2019	职责目标分歧

附录7　ZY市"一库八网三平台"案例协同目标阶段绩效损失的一阶编码

原始数据	一阶编码
我说现在（平台数据）存在平行不共享、垂直不共享的问题，包括现在，我们全市4个水质监测站检测的数据，我们只能看，但不能用。zy–hdg–2021	数据共享目标分歧
所以当时我们省厅来调研的时候，就说你首先得确认我这个平台跟你的平台应该怎么对接。zy–hdg–2021	上下级信息共享目标分歧

附录8 LS市机关内部"最多跑一次"改革案例协同行动阶段绩效损失的一阶编码

原始数据	一阶编码
那么难点一个是市级改造的技术方面,时间久了还是能做的。但是省级层面,比如财政局要改省里财政厅的系统,那么省财政厅可能说它有总体考虑,说其他地市没有提你这要求,你改动的话,影响到其他地方怎么办? ls-wj-2019	条块权限束缚协同行动
数据归集也碰到这个问题,对下面、对上面提要求很困难的,这就需要省级层面进行一个整合协调。数据归集也是一样的,就是省数管中心去省财政厅要数据可以要到,我们市数据局去要,可能就要不来了。ls-wj-2019	纵向数据归集协同行动难
系统实操起来以后,业务对接是很麻烦的事情,我们也一直在做业务对接。真正耗时间的还是在业务对接那里,就是相当于,我们希望把它的业务整合到系统里面去,可能有些环节就要省了,比如说,之前还请三四个人把关什么的,系统里一个人把关就够了。ls-sf-2019	系统业务对接难
实现了信息化的部门都是独立系统,比如财政、人力社保,都是自己的系统,通过这个系统呢,可以把它们各个环节打通,然后各部门信息能够实现共享,不需要通过纸质流转,更高效,而且还能留存,最主要还有一个留存功能。ls-chly-2019	部门间系统对接难
其他的话还有一个信息化系统的支撑,还不能说完全实现了我们的业务支撑。因为目前是大部分的系统,我们只能说形成了各部门的连贯,但是真正实现数据库的打通,目前还都停留在省级层面,区里县里很难实现。ls-chly-2019	部门间业务信息共享难
所以说有关改革的这个职能,包括你看行政审批中心,"三定"方案里面写的是归我们这边管的,怎么管其实是个问题。但是"三定"方案里面是这么写的。ls-yf-2019	归口管理难题

续表

原始数据	一阶编码
边界就是说,怎么跟群众和企业办事事项区分开来,有些既是群众和企业办事事项的,又是内部的,有这种交叉的,怎么样区分这个边界,这个很难。ls-yf-2019	企业事项与政府内部事项边界冲突
困难就是说平台建设方面遇到的一些困难,现在这个平台定位是什么啊,融会贯通各个业务系统的这么一个平台,偶尔能办理一些事项的一个通用型平台,办理事项都是简单类型啊,复杂的办不了。ls-yf-2019	协同办事平台能力不足
比如说工资系统是设计套改的,几几年套几几年的,我办不了这种东西,那只有用专业的业务系统去办。我只是打通了我们之间的用户体系,我能用同一套账号和密码,就不用输好几套了,不用到他那里,具体办事就在他那里有系统。ls-yf-2019	协同平台能力
然后平台建设里面涉及,比如说系统对接,很多都是省里的系统。我这个怎么说,市里跟省里对接,毕竟差了一个层级啊,推动啊什么的,没有那么方便,就是平台建设方面问题不少,有些问题也不小。ls-yf-2019	跨层级系统对接难题
三十个文里面我有二十个文是加急的,都是特急的,今天发下去,明天后天我就要报材料这种,没办法,就是很急。那反过来就是什么?部门会做疲掉。ls-yf-2019	协同行动激励可持续性不足
就是县市区缺少像我这么一个角色、这么一个人,我就盯在那里,盯在这里。ls-yf-2019	协同行动协调者不足
第一个是要确保人手,我要有足够的人手。ls-zh-2019	协同行动人员不足
这个其实也是相当于要力度很大才能推得下去,因为动到了各个部门的核心的东西,所以这个也是要有"一把手"这种力量才能推得动。ls-schdshjzhx-2021	协同行动领导力不足
虽然说自己整个部门提升了啊,但是一旦涉及其他部门的东西,你就会发现其实有时候壁垒还是很多。ls-qlp-2019	协同行动壁垒
基础数据不全,这是一个问题。数据共享要做到,其实要求很高的,数据要全嘛。对基础数据的这个整理,包括整理这个过程,肯定需要耗费非常多的时间和精力,数据不全会导致数据共享做不了。ls-qlp-2019	协同行动基础数据不足

续表

原始数据	一阶编码
第二个是在基础信息共享方面，就是护照的派发部门，有公安部和外交部啊，双方的这个护照信息管理呢，系统相对独立。仅凭公安系统呢，还不够全面，我们上一次也通过另外的渠道向外交部申请这个护照信息的共享，就是说在领事馆、大使馆办的护照这个信息，如果能给我们共享，那我们这个认证就比较准确了。ls–tzhb–2021	协同行动数据共享不足
我们目前做的其实是不专业的，是我们自己侨务科的同事跟我们县里的大数据改革办、数改办的同事一起搞的，我们其实技术方面是不专业的……所以只有纳入了这个揭榜挂帅以后，我们才可以投入资金再去开发。ls–tzhb–2021	协同行动保障不足
数据在理想情况下可以这么做，但是如果这些东西配套设施没上去的话，其实就相当于两个步调嘛。ls–qlp–2019	配套设施不同步
第二块就是人手不足。像原来我们互相交付的时间可能是一个月，那你说让我现在每天都给你交付，它做不到，其实很多事情它做不到嘛。ls–qlp–2019	协同行动人员不足
难度在哪里？因为在我这块，有的办事的人喜欢效率低点，没关系。因为反正是要跑的，是吧？如果要通过我这个网络走，当然时间压缩了，那一方面办（事）的人要节奏快起来；去办的人，节奏也要起来，真的就是双方的工作效率都要提起来。那么这里面其实就涉及什么呢？我的理解啊，这个涉及办事双方的意愿其实都不是很足。ls–wk–2019	协同行动动力不足
因为这东西（机关内部"最多跑一次"改革）也是新生的东西嘛，原来企业到政府办事情，是有法律法规依据嘛，咱（们）政府机关内部"最多跑一次"改革基本上是我们以政策来运转，（以）这个为支撑的嘛，其实有好多依据就是政策，所以说这个里面呢，前期的（政策）梳理量其实非常大。ls–wk–2019	协同行动任务重

续表

原始数据	一阶编码
人员都是从各部门抽调来的,那把这些人教会,也是从零开始……我要教会怎么处理,所以大家才能够熟门熟路啊,那你去熟悉也要给你一段时间,你没这个东西,说这个事情没有基础啊,那个也是有的。ls–wk–2019	协同行动人员能力不足
现在机关内部("最多跑一次"改革)最大的问题,就是说各部门首先没有实现信息化。ls–chly–2019	协同行动信息化建设不足
但是很多涉及内部系统打通,比如像有些特殊的也没办法,像金融事务局的,它涉密的这种就不可能会给你打通。ls–chly–2019	协同行动数据共享难
因为各个部门,省级都有省建系统,它们的业务都在自己的系统里运行……市里的一窗系统这种功能大部分已经能实现,但是如果说没有和部门的业务系统综合融合,所以对下面实际操作的人来说,肯定还是觉得不太便利,因为要录两次、操作两次,最理想化的状态就是受理以后在一个系统里办理业务就行了。ls–chly–2019	省级系统与业务系统对接难题
如果说我们环节减了、材料减了,但是责任减不了的话,这个就是说到时候会涉及一个追责。ls–chly–2019	部门责任难题
可能我们存在的困难主要是市区体制,因为有可能部分的事权在市级部门……就是说有可能我们的市区联办就涉及区级部门、市级部门,进行的就是一个串联的问题,最主要是协调的问题。ls–chly–2019	市区协调难题
其实短期来说是增加我们自己的内部的负担,只是如何把这个负担转为解决,就是要人财物和政策的支撑。ls–chly–2019	协同行动内部负担重

附录9　XZ市"随手拍"平台案例协同行动阶段绩效损失的一阶编码

原始数据	一阶编码
就像比如说以前人员流动性比较大,这个人负责一年,走了,那个人负责一年,又走了。然后有一些资料呀什么的会有断层。xz-zwq-2019	人员流动大
我觉得这是一种正常现象,它发展到一定阶段肯定会有疲软的这种感觉。xz-zwq-2019	协同行动可持续难题
有时候并不是不作为,它可能受理了,比方说住建局,住建局下面有城建监察支队,有监管,还有城管,又有好多部门,它受理以后,需要把这问政汇报给领导,领导批下来以后,该哪个部门(就)哪个部门去处理,处理完以后把意见汇总上来,然后再发到网上,回复拍友,是这么一个程序。xz-ln-2019	协同流程复杂
事业单位没有行政权力,只有服务现在事业,所以说这就是我们现在最尴尬的地方。……但是我们不能要求他去怎么怎么样,我们只能说是你应该这样,如果你们不这样我们会怎么样。xz-ln-2019	协同行动协调难
有的单位可能它确实是为了把工作做好,所以才这样,但有的不是,它是因为领导要求它做,所以才去做,并不是说要收集这些问题,划分归类,方便它以后的工作做得更好。xz-ln-2019	协同行动主体激励不足
这两个帖子(噪声扰民问题),其实最近反映的还有很多,而且发生的地点都在光明街以北区域,尽管属地是咱们XF区,但是工程审批、项目审批、管理执法权限都在市直部门。xz-li-2019	协同行动权限不足
咱们希望多举办一些培训会,还有座谈会,提升和加强"随手拍"平台分管领导以及入驻人员的业务能力水平,同时通过这个培训,咱们这些入驻人员,也可以有学习、交流、借鉴的机会。xz-li-2019	协同行动业务能力不足

续表

原始数据	一阶编码
第二个，如果是有医保的话，那就是医保局。有社保，那就是人社局。传统的方式，就是说把这个转办信息发给一个牵头部门，让它去负责落实、沟通协调。但是沟通的过程中，因为牵头部门各家都是平等的，是吧？就很难做好沟通。尤其是这个工作过程中，我们的职责啊，他们不一定配合。我们人社局内部当时也搞过，就是好几个科室的职责，如果指定科室让它去牵头，最后汇总，但是这个效果并不好。xz – wlj – 2019	同级协同行动难
还有一个需要多部门协作的问题。就比如说人行道上停车收费，又属于物价局，但是物价局说，有一部分还是可以随着市场调节，可以收费的。又属于交警队，交警队说，停在人行道上，就不属于他们管。但我们就只是管这个占道经营的，管汽车也没办法。xz – ll – 2017	协同行动推诿
就像今年吧，我们单位的事情特别多，尤其是我们办公室的，可能有的人认为办公室没啥事，就接接电话，然后打扫打扫卫生，可是琐碎的事情还是比较多的，因为今天报个这表、明天报个那表全是我们的事儿。人家规定每个星期的星期几报这个表，你就得给它做出来，所以事儿也比较多，再加上家里头有小孩要照顾，这个大家应该也能理解。所以说我就对这个工作，说实话可能有的时候确实是有些怠慢。顾不过来。xz – hw – 2017	精力不足
一方面是这个权限划分得不是特别明确，这方面需要市政府担起来，把这个东西弄好。就像这个部门之间，像我们和房管，平级单位之间就不可能说这些东西。xz – ll – 2019	协同行动权限划分不清

附录10　ZY 市"一库八网三平台"案例协同行动阶段绩效损失的一阶编码

原始数据	一阶编码
我们今天参加的这几个部门呢，各自都有各自的平台，但是因为监管的角度不同，是没有办法信息共享的。zy-hdg-2021	协同行动信息共享不足
因为这个平台建设有先有后，有这个部门专业的需求，那么你的平台你先建了，我的平台我后建了，我的跟你的平台之间如果进行数据共享的话，它需要一个集成、对接，那么在对接的时候，你找的一家开发的，我找的另一家开发的，它们两家绝对不会说是轻易打通的。zy-hdg-2021	平台标准不一致
我要让你接入，要么你必须给我钱，要么我给你钱。那么这个资金就是刚才说的，钱从哪儿来？zy-hdg-2021	信息协同行动资金困难
所以说最主要的核心部门、牵头的这个，没有把这个信息真真实实地融合到一起，所以说各个部门都担心，万一我这个数据涉密呢？作为我们下面来讲的话，那是省里有规定的，我这系统不能轻易让别的部门接啊，那我肯定不敢接……zy-hdg-2021	信息协同授权不足
就算（信息）共享，共享的也不是核心的东西，肯定都是那些表面的东西。zy-hdg-2021	信息共享消极协同
这个（信息平台建设）的制约因素，一个最大的问题就是资金问题。zy-hdg-2021	信息平台建设资金不足
至少在省一级这个层面要实现共享，进一步地推动国家部委之间的融合，才能保证我们基层工作的顺利开展。zy-hdg-2021	协同行动制度依据不足
这个平台我们花了这么多钱，凭啥无偿让你用呢？zy-hdg-2021	协同行动条块阻碍
所以当时我们省厅来调研的时候，就说你首先得确认我这个平台跟你的平台怎么对接啊，你想好了你跟我对接，不是我跟你对接，它就这么个问题。zy-hdg-2021	协同行动条块利益阻碍

附录11　LS市机关内部"最多跑一次"改革案例协同结果阶段绩效损失的一阶编码

原始数据	一阶编码
简单讲，现在有许许多多的系统，相互独立，互不融通，我们叫数据孤岛，叫数据烟囱。LS全市，我们现在统计，大大小小的系统就有7000多个。ls-lbq-2021	数据孤岛
比如说财政局，它就有40多个系统，预算的系统、工资的系统、资产管理的系统等，而且这些系统都相互独立、互不融通。这种不融通的情况存在，大家有需要又去开发一个系统，有需要又去开发一个系统，然后又各自建数据库，造成了这种建设的浪费，造成了效率的低下。ls-lbq-2021	系统融通成本高

附录12　XZ市"随手拍"平台案例协同结果阶段绩效损失的一阶编码

原始数据	一阶编码
就是你看回帖生成记录里面啊，一开始交办一个部门，那个部门又不撤回来，而且这个部门可以直接交办给另外一个它认为应该负责的部门，结果它给另外一个部门，另一个部门认为也不是自己的，它要给弹回去，弹了几次。xz-kyf-2019	踢皮球
这就是我们现在最尴尬的地方，就是我们想去办好这件事情，但是因为它涉及多个部门，72个市直部门，加上14个县市区，涉及的部门太多，我们就协同不了，我们没有这个能力。只能说是我们把遇到的问题一步一步先往上报。xz-ln-2019	协同效率降低
肯定不会不耐烦，该说什么还是说什么，就是配合。但具体做的时候，它就是，又是一个……xz-ln-2019	只说不做
XF区城建和XZ市城建明确划分区域，我们有相关的文件，拍拍小编呢，我们可以提供一下，把这个区域划分更加明确一点，因为我们之间经常也会"推诿"。xz-ll-2019	互相推诿

附录13 ZY市"一库八网三平台"案例协同结果阶段绩效损失的一阶编码

原始数据	一阶编码
各个部门，它们各有各的想法，各自从各自的监管角度或者发展角度来提出各自的想法，没有形成这种合力，这是很难形成的。zy–hdg–2021	形不成合力
那本来就是接到我们这里（数据平台）的，就是为了对我们的环境质量进行监测的一个设备，这个监测的数据又不让我用，只能让我看，那没啥用啊。zy–hdg–2021	环境监测目标未达成
我就知道今天高了明天低了，最后发展成什么样？总体的趋势是什么？我肯定要通过我的平台来进行分析才能够知道，这样的话它才能对我的工作有用，但是呢，它的接口不给你开放，那我就接不上……zy–hdg–2021	环境监测数据不足
一个是指标设计，一个就是数据来源太复杂了，因为我们这里面有山水林田湖草，有6个要素，这6个要素的资料不是我们一家的，这几个要素涉及的部门很多，然后这6个要素还要从水、土、大气、声、人这5个专题进行评估，涉及的部门非常多，而且这个数据是很难获取的。zy–hdg–2021	环境评估数据获取难

附录14 政府跨部门协同治理绩效生产过程中协同价值共识不足的一阶编码

原始数据	一阶编码
另外这个事情（事项梳理）对于下面提出要求后，他们就要主动去了解这件事情，这件事情最开始为什么叫"跑一次"，他们都不知道，主动问为什么要我们机关内部跑一次。ls–wj–2019	不知道机关内部"最多跑一次"改革
比如说我们这个OA系统啊，办公系统已经走得很好了。嗯，我也没必要说你一定要给我平台，这种就是形式主义，你非得给我平台干吗呢？ls–yf–2019	原有业务系统很好

续表

原始数据	一阶编码
比如说他们，就像这个（事项梳理），他们也不了解，就像有人来给你推销一样，你起码得了解他是做什么的，就是这种感觉。ls-sf-2019	不了解事项梳理
其实一开始，从二月份开始，一直到四五月份，绝大多数外围的人基本上连概念都搞不懂。ls-lbq-2021	不懂概念
最初压力很大，好多部门排斥它（"随手拍"平台）。xz-chj-2017	排斥"随手拍"平台
有没有"随手拍"平台这些（公共）问题也存在，那么这些问题在当地表达不出来，它就流到省里头去、省里头的平台上、省里头的社情民意平台、省纪检委的平台，甚至上到中央层面，比如人民网的留言板，甚至中纪委这些网站。如果到那时候人家批下来问题了，批到省里再下来以后，那市里就是被动的，你解决了问题，但实际上你是被动的，你原先没解决好，被人家反映到上面去了，现在有了这个"随手拍"平台以后呢，就是自己把这个问题留到本地，本地来解决，那么有问题也没关系，我们自己解决，这是主动作为。xz-kyf-2019	"随手拍"平台解决问题的主动性
中国的体制就是属地管理，在我管理的区域里面怎么管理，我有这个主导权，因此核心数据属于我们业务部门。zy-lcj-2021	部门具有数据所有权
不是说我们所有部门的系统都接给环保局，我们林业局啥都不管了，都环保一家干，不是这个办法。zy-lcj-2021	数据共享界定

附录 15　政府跨部门协同治理绩效生产过程中协同治理绩效目标共识不足的一阶编码

原始数据	一阶编码
这个首先就是它们部门自己上报，上报的时候，其实都上报得不是太清楚，也不知道这个事情到底应该怎么做。ls-qyfzr-2019	事项梳理上报不清楚

续表

原始数据	一阶编码
也就是说流程不清晰，原先可能说是串联的啊，突然发现我这个流程还能再优化，我们有几个部门是能够并联的，甚至于比如说是那种容缺制，你先批下去没关系，材料我可以补。ls－wj－2019	流程再优化
很多东西是没标准的，这个事情要不要说、要不要定、材料怎么定，其实这个过程是非常困难的。ls－qlp－2019	减材料没标准
像那个财政局的，这个是很复杂的……像这个里面还有多情形的，像"三公"经费包含什么？出国境的、租车的、会议费的、应急费的。那这个里面的出国费，它就认为有一些是需要好几个领导进行审核的。所以当时我们不知道，也是想这些环节能不能省，就是能不能减环节嘛，但是有一些是没法减的……ls－qyfzr－2019	减环节标准不确定
第一个交办部门会收到受理的通知，同时也会收到说这个事情让你来，还有问政工作领导小组的账号，哪个行政单位负责，但它依然可以踢皮球，就是说它可以踢回来说："这个事情，主要是在另外一个部门身上。我建议你们找那个部门牵头……" xz－kyf－2019	问政职责不清
在这个停车位日益紧张的今天，咱们XZ也一样。主要体现为作为二手车售卖的汽车，商户的三轮车，还有一部分广告车，占用马路停车位的问题。我上网查了一下，我们国家好像没有相关的法律规定，私自占用停车位该怎么处罚，但交警说这个属于城管。但是我们城管去，老百姓就说交警划的车位，汽车也能停，我三轮车为啥不能停？xz－ll－2019	车位管理职责不清
我说现在（平台数据）存在平行不共享、垂直不共享的问题，包括现在，我们全市4个水质监测站检测的数据，我们只能看，但不能用。zy－hdg－2021	数据只能看
所以当时我们省厅来调研的时候，就说你首先得确认我这个平台跟你的平台怎么对接啊，你想好了你跟我对接，不是我跟你对接，它就这个问题。zy－hdg－2021	上下级数据对接标准不足

附录 16　政府跨部门协同治理绩效生产过程中职责碎片化的一阶编码

原始数据	一阶编码
实现了信息化的部门都是独立系统，比如财政、人力社保，都是自己的系统。ls–chly–2019	办公系统各自独立
这两个帖子（噪声扰民问题），其实最近反映的还有很多，而且发生的地点都在光明街以北区域，尽管属地是咱们 XF 区，但是工程审批、项目审批、管理执法权限都在市直部门。xz–li–2019	属地管理与审批权限冲突
我们可能关注的点不一样，这样的话呢，可能就是两家信息交流和互通的时候，不是同步的，因为另一家关注的一些东西，我们可能就把它忽略了。zy–hdg–2021	部门之间关注点不同
在这个停车位日益紧张的今天，咱们 XZ 也一样。主要体现为作为二手车售卖的汽车，商户的三轮车，还有一部分广告车，占用马路停车位的问题。我上网查了一下，我们国家好像没有相关的法律规定，私自占用停车位该怎么处罚，但交警说这个属于城管。但是我们城管去，老百姓就说交警划的车位，汽车也能停，我三轮车为啥不能停？xz–ll–2019	城管与交警部门职责不清
还有一个需要多部门协作的问题。就比如说人行道上停车收费，又属于物价局，但是物价局说，有一部分还是可以随着市场调节，可以收费的。又属于交警队，交警队说，停在人行道上，就不属于他们管。但我们就只是管这个占道经营的，管汽车也没办法。xz–ll–2017	停车收费职责归属不清
我们今天参加的这几个部门呢，各自都有各自的平台，但是因为监管的角度不同，是没有办法信息共享的。zy–hdg–2021	监管焦点不同

附录17　政府跨部门协同治理绩效生产过程中条块体制矛盾的一阶编码

原始数据	一阶编码
比如财政局要改省里财政厅的系统，那么省财政厅可能说它有总体考虑，说其他地市没有提你这要求，你改动的话，影响到其他地方怎么办？ls-wj-2019	数据归集上下级矛盾
然后平台建设里面涉及，比如说系统对接，很多都是省里的系统。我这个怎么说，市里跟省里对接，毕竟差了一个层级啊，推动啊什么的，没有那么方便，就是平台建设方面问题不少，有些问题也不小。ls-yf-2019	上下级系统对接推动力障碍
因为各个部门，省级都有省建系统，它们的业务都在自己的系统里运行……市里的一窗系统这种功能大部分已经能实现，但是如果说没有和部门的业务系统综合融合，所以对下面实际操作的人来说，肯定还是觉得不太便利，因为要录两次、操作两次，最理想化的状态就是受理以后在一个系统里办理业务就行了。ls-chly-2019	上下级办公系统融合难
我们存在的困难主要是市、区体制，因为有可能部分的事权在市级部门……就是说有可能我们的市区联办涉及区级部门、市级部门，需要串联，最主要是协调的问题。ls-chly-2019	市、区事权不匹配
这两个帖子（噪声扰民问题），其实最近反映的还有很多，而且发生的地点都在光明街以北区域，尽管属地是咱们XF区，但是工程审批、项目审批、管理执法权限都在市直部门。xz-li-2019	上下级事权与执法权冲突
所以当时我们省厅来调研的时候，就说你首先得确认我这个平台跟你的平台怎么对接啊，你想好了你跟我对接，不是我跟你对接，它就这么个问题。zy-hdg-2021	上下级数据系统对接难

附录18　政府跨部门协同治理绩效生产过程中协同动力不足的一阶编码

原始数据	一阶编码
三十个文里面我有二十个文是加急的,都是特急的,今天发下去,明天后天我就要报材料这种,没办法,就是很急。那反过来就是什么？部门会做疲掉。ls – yf – 2019	加急办文疲劳症
其实很多单位它是这样的,比如说它报上来第一次并不是梳理得全面的,可能就是一部分。一个就是观望状态,可能有多梳多做的思想在里面,觉得要不要先尝一下鲜,你们挑的那几个我先给你报过来。ls – wj – 2019	事项梳理观望
有的单位可能它确实是为了把工作做好,所以才这样,但有的不是,它是因为领导要求它做,所以才去做,并不是说要收集这些问题,划分归类,方便它以后的工作做得更好。xz – ln – 2019	办事人员自我激励不足
这个办事确实没有,因为大部分都是其他人求他们去自己那里办事,他们到其他的办事平台,因为是党委机构人员,基本上也能够解决这个问题。ls – yf – 2019	互相依赖性不足

附录19　政府跨部门协同治理绩效生产过程中政治资源保障不足的一阶编码

原始数据	一阶编码
领导重视不够,主要的还是这一点,思想认识上不到位。ls – yf – 2019	领导重视不够
但是有些地方它可能存在网络办公,其实机关里面有些人员也是,因为我们内部可能习惯了用纸质运转,这里面,一个单位的领导的习惯是很关键的,有些领导年纪大一点,可能他更习惯那个。ls – wk – 2019	领导习惯纸质办公
这个其实也是相当于要力度很大才能推得下去,因为动到了各个部门的核心的东西,所以这个也是要有"一把手"的这种力量才能推得动。ls – schdshjzhx – 2021	"一把手"推动力度不足

续表

原始数据	一阶编码
至少在省一级这个层面要实现共享，进一步地推动国家部委之间的融合，才能保证我们基层工作的顺利开展。zy-hdg-2021	顶层数据共享不足
没有顶层规划会影响这种系统对接的。如果我们这边要跟它对接，它会理由很多，一个是阻力的，就比如说用户体系这一块他们要改造……ls-wj-2019	没有顶层规划
因为我们法律法规多，有些法律法规之间会出现冲突，那这样子的话我们在推进这个东西的时候，可能互相打架，走不出来。ls-wk-2019	法规之间冲突
我做的这个，真感觉下面政府部门不容易，它（入驻部门）受到各种各样的制约，这些问题其实管不了，法律上讲确实管不了这么多。xz-kyf-2019	法律依据缺失
最初过去的时候，也不好做，比如说，我是一个普通的工作人员，让我去要求乡里面的书记按我的意图去办，那不可能……xz-chj-2017	权威不对称
事业单位没有行政权力，只有服务现在事业，所以说这就是我们现在最尴尬的地方。……但是我们不能要求他去怎么怎么样，我们只能说是你应该这样，如果你们不这样我们会怎么样。xz-ln-2019	没有行政权
我们去调研的人都很清楚，说实话，我们这些调研的人往往说了不算，真正说了算的这些人他们又不懂。或者就是懂，他也不敢去拍板，所以就导致缺少那么一个核心的、具有凝聚力的一个部门，把大伙拧成一股绳、劲往一处使，它没有，都是存在着各自的利益。zy-hdg-2021	缺少核心凝聚力
但是后来时间再长一些，问政的问题越来越尖锐，遇到的问题多了，实际上他（如领导）内心也会产生一种变化，对吧？他对这东西内心的那种喜悦，或者一开始的那种新鲜感在减退。xz-kyf-2019	领导关注减退

附录20　政府跨部门协同治理绩效生产过程中物质资源保障不足的一阶编码

原始数据	一阶编码
我们目前做的其实是不专业的,是我们自己侨务科的同事跟我们县里的大数据改革办、数改办的同事一起搞的,我们其实技术方面是不专业的……所以只有纳入了这个揭榜挂帅以后,我们才可以投入资金再去开发。ls–tzhb–2021	技术保障不足
我要让你接入,要么你必须给我钱,要么我给你钱。那么这个资金就是刚才说的,钱从哪儿来？zy–hdg–2021	资金保障不足
这个（信息平台建设）的制约因素,一个最大的问题就是资金问题。zy–hdg–2021	资金保障不足
数据在理想情况下可以这么做,但是如果这些东西配套设施没上去的话,其实就相当于两个步调嘛。ls–qlp–2019	配套设备不足

附录21　政府跨部门协同治理绩效生产过程中人力资源保障不足的一阶编码

原始数据	一阶编码
就像比如说以前人员流动性比较大,这个人负责一年,走了,那个人负责一年,又走了。然后有一些资料呀什么的会有断层。xz–zwq–2019	人员流动性较大
就是县市区缺少像我这么一个角色、这么一个人,我就盯在那里,盯在这里。ls–yf–2019	协调人员不足
第二块就是人手不足。像原来我们互相交付的时间可能是一个月,那你说让我现在每天都给你交付,它做不到,其实很多事情它做不到嘛。ls–qlp–2019	人手不足
人员都是从各部门抽调来的,那把这些人教会,也是从零开始……我要教会怎么处理,所以大家才能够熟门熟路啊,那你去熟悉也要给你一段时间,你没这个东西,说这个事情没有基础啊,那个也是有的。ls–wk–2019	专业技能不足

附录22 政府跨部门协同治理绩效生产过程中信息资源保障不足的一阶编码

原始数据	一阶编码
现在机关内部（"最多跑一次"改革）最大的问题，就是说各部门首先没有实现信息化。ls–chly–2019	信息化不充分
其他的话还有一个信息化系统的支撑，还不能说完全实现了我们的业务支撑。因为目前是大部分的系统，我们只能说形成了各部门的连贯，但是真正实现数据库的打通，目前还都停留在省级层面，区里县里很难实现。ls–chly–2019	数据共享不足
基础数据不全，这是一个问题。数据共享要做到，其实要求很高的，数据要全嘛。对基础数据的这个整理，包括整理这个过程，肯定需要耗费非常多的时间和精力，数据不全会导致数据共享做不了。ls–qlp–2019	基础数据不全
所以说最主要的核心部门、牵头的这个，没有把这个信息真真实实地融合到一起，所以说各个部门都担心，万一我这个数据涉密呢？作为我们下面来讲的话，那是省里有规定的，我这系统不能轻易让别的部门接啊，那我肯定不敢接……zy–hdg–2021	数据孤岛
现在（平台数据）存在平行不共享、垂直不共享。zy–hdg–2021	数据共享不足
就算（信息）共享，共享的也不是核心的东西，都是表面的东西。zy–qbj–2021	数据共享形式化

参考文献

一 中文参考文献

（一）中文图书

《习近平谈治国理政》（第一卷），外文出版社2018年版。

《习近平谈治国理政》（第二卷），外文出版社2017年版。

《习近平谈治国理政》（第三卷），外文出版社2020年版。

《习近平谈治国理政》（第四卷），外文出版社2022年版。

《习近平著作选读》（第一卷），人民出版社2023年版。

《习近平著作选读》（第二卷），人民出版社2023年版。

陈春花、朱丽：《价值共生：数字化时代的组织管理》，人民邮电出版社2021年版。

陈春花、朱丽、刘超、徐石：《协同：数字化时代组织效率的本质》，机械工业出版社2019年版。

陈春花：《协同共生论：组织进化与实践创新》，机械工业出版社2021年版。

陈春花：《组织的数字化转型》，机械工业出版社2023年版。

陈振明等：《公共管理学（第二版）》，中国人民大学出版社2017年版。

丁煌：《西方行政学说史（第三版）》，武汉大学出版社2017年版。

黄璜：《合作的逻辑：一种演化模拟的视角》，科学出版社2017年版。

蒋敏娟：《中国政府跨部门协同机制研究》，北京大学出版社 2016 年版。

敬乂嘉主编：《公共行政发展：寻找决定性力量》，上海人民出版社 2014 年版。

赖先进：《论政府跨部门协同治理》，北京大学出版社 2015 年版。

李亮、刘洋、冯永春编著：《管理案例研究：方法与应用》，北京大学出版社 2020 年版。

李燕：《人类合作之谜新解：基于社会网络与仿真实验的研究》，浙江大学出版社 2020 年版。

罗家德：《复杂：信息时代的连接、机会与布局》，中信出版社 2017 年版。

马伊里：《合作困境的组织社会学分析》，上海人民出版社 2008 年版。

庞波编著：《政府效能建设理论与实践》，国家行政学院出版社 2012 年版。

宋世明：《共治论：中国政府治理体系建构之路》，国家行政管理出版社 2021 年版。

孙波：《绩效管理：本源与趋势》，复旦大学出版社 2018 年版。

孙迎春：《发达国家整体性政府跨部门协同机制研究》，国家行政学院出版社 2014 年版。

唐琦玉：《政府效能评价体系》，湖南人民出版社 2012 年版。

王国成等：《人类为什么合作——基于行为实验的机理研究》，商务印书馆 2017 年版。

王浦劬、臧雷振编译：《治理理论与实践：经典议题研究新解》，中央编译出版社 2017 年版。

夏志强、田桑：《西方公共行政学平议》，商务印书馆 2021 年版。

杨华：《县乡中国：县域治理现代化》，中国人民大学出版社 2022 年版。

俞可平主编：《治理与善治》，社会科学文献出版社2000年版。

曾凡军：《基于整体性治理的政府组织协调机制研究》，武汉大学出版社2013年版。

张建锋：《数字治理：数字时代的治理现代化》，电子工业出版社2021年版。

张维迎：《博弈与社会讲义（第二版）》，格致出版社、上海三联书店、上海人民出版社2023年版。

张维迎：《理念的力量》，西北大学出版社2014年版。

［奥地利］阿尔弗雷德·阿德勒：《洞察人性》，张晓晨译，上海三联书店2016年版。

［澳］维维恩·沃勒、［澳］卡伦·法夸尔森、［澳］德博拉·登普西：《如何理解质性研究》，刘婷婷译，中国人民大学出版社2021年版。

［德］哈特穆特·罗萨：《新异化的诞生：社会加速批判理论大纲》，郑作彧译，上海人民出版社2018年版。

［德］韩炳哲：《暴力拓扑学》，安尼、马琰译，中信出版社2019年版。

［德］韩炳哲：《精神政治学》，关玉红译，中信出版社2019年版。

［德］韩炳哲：《倦怠社会》，王一力译，中信出版社2019年版。

［德］赫尔曼·哈肯：《协同学：大自然构成的奥秘》，凌复华译，上海译文出版社2013年版。

［加］齐瓦·孔达：《社会认知——洞悉人心的科学》，周治金、朱新秤等译，人民邮电出版社2013年版。

［加拿大］朱迪丝·A. 霍尔顿、［法］伊莎贝尔·沃尔什：《经典扎根理论：定性和定量数据的应用》，王进杰、朱明明译，北京大学出版社2021年版。

［美］阿尔伯特·班杜拉：《思想和行动的社会基础：社会认知论》，林颖、王小明、胡谊、庞维国等译，华东师范大学出版社

2018年版。

［美］彼得·德鲁克：《卓有成效的管理者》，许是祥译，机械工业出版社2005年版。

［美］B. 盖伊·彼得斯：《政府未来的治理模式（中文修订版）》，吴爱明、夏宏图译，中国人民大学出版社2013年版。

［美］科琳·格莱斯：《质性研究入门指南（第5版）》，崔淼、苏敬勤译，北京大学出版社2021年版。

［美］罗伯特·E. 斯塔克：《案例研究的艺术：好的故事、好的分析、好的报告》，赵丽霞译，世界图书出版公司2022年版。

［美］罗伯特·K. 殷：《案例研究：设计与方法（原书第5版）》，周海涛、史少杰译，重庆大学出版社2017年版。

［美］马克·H. 穆尔：《创造公共价值：政府战略管理》，伍满桂译，商务印书馆2016年版。

［美］曼纽尔·卡斯特：《网络社会的崛起》，夏铸九、王志弘译，社会科学文献出版社2001年版。

［美］尤金·巴达赫：《跨部门合作：管理"巧匠"的理论与实践》，周志忍、张弦译，北京大学出版社2011年版。

［美］约翰·罗尔斯：《政治自由主义（增订版）》，万俊人译，译林出版社2011年版。

［美］约翰·D. 多纳休、［美］理查德·J. 泽克豪泽：《合作：激变时代的合作治理》，徐维译，中国政法大学出版社2015年版。

［美］约翰·弗雷尔、［美］詹姆斯·埃德温·凯、［美］埃里克·波伊尔：《跨部门合作治理：跨部门合作中必备的四种关键领导技能》，甄杰译，化学工业出版社2018年版。

［美］约翰·吉尔林：《案例研究：原理与实践》，黄海涛、刘丰、孙芳露译，重庆大学出版社2017年版。

［瑞典］乔恩·皮埃尔、［美］B. 盖伊·彼得斯：《治理、政治与国家》，唐贤兴、马婷译，格致出版社2019年版。

[以色列]丹尼尔·卡尼曼、[法]奥利维耶·西博尼、[美]卡斯·R.桑斯坦：《噪声：人类判断的缺陷》，李纾、汪祚军、魏子晗等译，浙江教育出版社2021年版。

[英]卡尔·波兰尼：《大转型：我们时代的政治与经济起源》，冯钢、刘阳译，浙江人民出版社2007年版。

[英]马丁·登斯库姆：《怎样做好一项研究——小规模社会研究指南（第五版）》，张玉婷译，上海教育出版社2020年版。

[英]齐格蒙特·鲍曼：《流动的时代：生活于充满不确定性的年代》，谷蕾、武媛媛译，江苏人民出版社2012年版。

丹尼尔·卡尼曼、保罗·斯洛维奇、阿莫斯·特沃斯基编：《不确定状况下的判断：启发式和偏差》，方文、吴新利、张擘等译，中国人民大学出版社2013年版。

马尔科姆·泰特：《案例研究：方法与应用》，徐世勇、杨付、李超平译，中国人民大学出版社2019年版。

（二）中文期刊

包国宪、马翔：《基于PV–GPG理论框架的公共项目绩效损失问题研究——以G省世界银行项目为例》，《公共行政评论》2018年第5期。

包国宪、马翔、李树军：《公共项目绩效损失结构、测度与评价方法研究》，《上海行政学院学报》2020年第4期。

包国宪、王学军：《以公共价值为基础的政府绩效治理——源起、架构与研究问题》，《公共管理学报》2012年第2期。

包国宪、张弘：《基于PV-GPG理论框架的政府绩效损失研究——以鄂尔多斯"煤制油"项目为例》，《公共管理学报》2015年第3期。

鲍宗豪：《论马克思主义的社会需求理论》，《马克思主义研究》2008年第9期。

陈俊星：《论中国"大部制"改革的基础》，《社科纵横》2009年第 3 期。

陈中立、林振义：《思维方式：人类认识活动的前提》，《科学》2013 年第 2 期。

高瑞泉：《观念的力量及其实现》，《华东师范大学学报》（哲学社会科学版）2019 年第 6 期。

顾昕：《走向互动式治理：国家治理体系创新中"国家—市场—社会关系"的变革》，《学术月刊》2019 年第 1 期。

郭燕芬、柏维春：《政府效能的概念界定、辨析与发展》，《广西社会科学》2017 年第 8 期。

何文盛、蔡泽山、杜丽娜：《公共政策绩效损失的实证分析——以 G 省农业水价综合改革政策为例》，《北京行政学院学报》2021 年第 1 期。

何文盛、廖玲玲、李明合：《我国地方政府绩效评估结果偏差的分类研究：概念、类型与生成机制》，《福建论坛》（人文社会科学版）2012 年第 10 期。

何文盛、王焱、蔡明君：《政府绩效评估结果偏差探析：基于一种三维视角》，《中国行政管理》2013 年第 1 期。

何艳玲：《指向真实实践的中国行政学研究：一个亟待关注的问题》，《中国行政管理》2009 年第 8 期。

何艳玲、汪广龙：《我们应该关注什么：关于公共行政学"大问题"的争论》，《中国行政管理》2011 年第 12 期。

胡宁生：《国家治理现代化：政府、市场和社会新型协同互动》，《南京社会科学》2014 年第 1 期。

霍春龙：《认知分歧与共享现实：公共政策绩效损失是如何产生的?》，《兰州大学学报》（社会科学版）2017 年第 3 期。

霍春龙：《认知分歧与内群偏私：公共政策绩效损失问题研究》，《兰州大学学报》（社会科学版）2016 年第 2 期。

霍春龙、包国宪：《论公共行政发展过程中的绩效范式变迁及其演化规律》,《兰州大学学报》(社会科学版) 2018 年第 4 期。

霍春龙、任媛媛：《网络时代公共价值实现的结构与机制：一项基于个案研究的探索》,《电子政务》2020 年第 11 期。

简兆权、秦睿：《服务主导逻辑：核心概念与基本原理》,《研究与发展管理》2021 年第 2 期。

井润田、孙璇：《实证主义 vs. 诠释主义：两种经典案例研究范式的比较与启示》,《管理世界》2021 年第 3 期。

敬乂嘉：《合作治理：历史与现实的路径》,《南京社会科学》2015 年第 5 期。

蓝江：《功绩社会下的倦怠：内卷和焦虑现象的社会根源》,《理论月刊》2022 年第 7 期。

蓝志勇：《也谈当代中国公共管理的大问题——一个多视角的思考》,《中国行政管理》2019 年第 10 期。

郎玫、郑松：《政策弹性、执行能力与互动效率：地方政府政策执行绩效损失生成机制研究》,《行政论坛》2020 年第 3 期。

李景治：《党政一把手权力运行机制的完善》,《学术界》2014 年第 4 期。

吕力：《案例研究：目的、过程、呈现与评价》,《科学学与科学技术管理》2012 年第 6 期。

马翔、包国宪：《政府绩效损失：概念建构、测度方法和因果推论》,《公共管理评论》2022 年第 4 期。

孟飞、冯明宇：《从规训社会到功绩社会——韩炳哲对生命政治学话语范型的改写及其理论失误》,《世界哲学》2023 年第 1 期。

渠敬东：《迈向社会全体的个案研究》,《社会》2019 年第 1 期。

尚虎平、李逸舒：《一种概念界定的工具：原子图谱法——以"绩效"、"政府绩效"、"政府绩效评估"概念为例》,《甘肃行政学院学报》2011 年第 4 期。

史传林：《社会治理中的政府与社会组织合作绩效研究》,《广东社会科学》2014年第5期。

孙亮：《完善权力配置破解"一把手依赖症"》，《人民论坛》2020年第18期。

锁利铭、廖臻：《京津冀协同发展中的府际联席会机制研究》，《行政论坛》2019年第3期。

王宁：《代表性还是典型性？——个案的属性与个案研究方法的逻辑基础》，《社会学研究》2002年第5期。

王浦劬：《利益政治分析的模型建构》，《政治学评论》2022年第2期。

王学军：《政府绩效损失及其测度：公共价值管理范式下的理论框架》，《行政论坛》2017年第4期。

王学军、王子琦：《公共项目绩效损失测度及治理：一个案例研究》，《中国行政管理》2019年第1期。

吴建南、阎波：《政府绩效：理论诠释、实践分析与行动策略》，《西安交通大学学报》（社会科学版）2004年第3期。

袭亮、陈润怡：《政府跨部门协同：困境与未来路径选择——以"河长制"在M市的实施为例》，《山东行政学院学报》2018年第4期。

肖新发：《论思维方式变革的根源、功能和进路》，《青海社会科学》2005年第2期。

许为民、李稳博：《从经典学术论文的视角分析绩效内涵研究》，《东华大学学报》（社会科学版）2009年第4期。

杨雪冬：《压力型体制：一个概念的简明史》，《社会科学》2012年第11期。

余明锋：《绩效社会的暴力和自由》，《读书》2022年第8期。

俞可平：《重构社会秩序，走向官民共治》，《国家行政学院学报》2012年第4期。

臧乃康：《政府绩效的复合概念与评估机制》，《南通师范学院学报》（哲学社会科学版）2001年第3期。

张成福：《意识的转化与内在革命——关于我们时代公共行政大问题的对话》，《中国行政管理》2019年第10期。

张成福、李昊城、李丹婷：《政府横向协调机制的国际经验与优化策略》，《中国机构改革与管理》2012年第5期。

张成福、李昊城、边晓慧：《跨域治理：模式、机制与困境》，《中国行政管理》2012年第3期。

张康之：《合作是一种不同于协作的共同行动模式》，《文史哲》2013年第5期。

张康之：《论参与治理、社会自治与合作治理》，《行政论坛》2008年第6期。

张康之：《论合作行动的条件：历史背景与人的追求》，《行政论坛》2016年第1期。

张立荣、冷向明：《协同治理与我国公共危机管理模式创新——基于协同理论的视角》，《华中师范大学学报》（人文社会科学版）2008年第2期。

张铭：《治理思路的调整与线性思维方式的转换——浅论社会管理创新》，《理论视野》2012年第1期。

张乾友：《绩效合法性与行政哲学的可能性》，《公共管理与政策评论》2019年第2期。

张学本、孔竞：《"服务主导逻辑"视角下的新公共治理理论探究》，《理论界》2020年第1期。

周黎安：《晋升博弈中政府官员的激励与合作——兼论我国地方保护主义和重复建设问题长期存在的原因》，《经济研究》2004年第6期。

周黎安：《中国地方官员的晋升锦标赛模式研究》，《经济研究》2007年第7期。

周志忍：《"大部制"：难以承受之重》，《中国报道》2008年第

3 期。

周志忍、蒋敏娟：《中国政府跨部门协同机制探析——一个叙事与诊断框架》，《公共行政评论》2013 年第 1 期。

朱光磊、张志红：《"职责同构"批判》，《北京大学学报》（哲学社会科学版）2005 年第 1 期。

卓越、罗敏：《制度优势如何转化为治理效能？——基于比较分析的视角》，《广西师范大学学报》（哲学社会科学版）2021 年第 6 期。

二 外文参考文献

Anna A. Amirkhanyan, "Collaborative Performance Measurement: Examining and Explaining the Prevalence of Collaboration in State and Local Government Contracts", *Journal of Public Administration Research and Theory*, Vol. 19, Issue 3, 2009.

Ann Marie Thomson, James L. Perry, "Collaboration Processes: Inside the Black Box", *Public Administration Review*, Vol. 66, Special Issue, 2006.

Ann Marie Thomson, James L. Perry, Theodore K. Miller, "Conceptualizing and Measuring Collaboration", *Journal of Public Administration Research and Theory*, Vol. 19, Issue 1, 2009.

Bryson, John M., Barbara C. Crosby, Melissa Middleton Stone, "The Design and Implementation of Cross-sector Collaborations: Propositions form the Literature", *Public Administration Review*, Vol. 66, Special Issue, 2006.

Choi, I., Moynihan, D., "How to Foster Collaborative Performance Management? Key factors in the US Federal Agencies", *Public Management Review*, Vol. 21, Issue 10, 2019.

Chris Ansell, Alison Gash, "Collaborative Governance in Theory and

Practice", *Journal of Public Administration Research and Theory*, Vol. 18, Issue 4, 2007.

Chris Skelcher, Helen Sullivan, "Theory – driven Approaches to Analyzing Collaborative Performance", *Public Management Review*, Vol. 10, Issue 6, 2008.

Christopher Pollit, "Joined – up Government: A Survey", *Political Studies Review*, Vol. 1, Issue 1, 2003.

Donald F. Kettl, "Managing Boundaries in American Administration: The Collaboration Imperative", *Public Administration Review*, Vol. 66, Special Issue, 2006.

Emerson, K., Nabatchi, T., Balogh, S., "An Integrative Framework for Collaborative Governance", *Journal of Public Administration Research and Theory*, Vol. 22, Issue 1, 2012.

Emerson Kirk, Nabatchi Tina, "Evaluating the Productivity of Collaborative Governance Regimes: A Performance Matrix", *Public Performance & Management Review*, Vol. 38, Issue 4, 2015.

Hildreth John Angus D., Anderson Cameron, "Failure at the Top: How Power Undermines Collaborative Performance", *Journal of Personality and Social Psychology*, Vol. 110, Issue 2, 2016.

Katz, D., Kahn, R. L., *The Social Psychology of Organizations*, New York: Wiley, 1966.

Meier, K. J., Favero, N., Zhu, L., "Performance Gaps and Managerial Decisions: A Bayesian Decision Theory of Managerial Action", *Journal of Public Administration Research and Theory*, Vol. 25, Issue 4, 2015.

Michael McGuire, "Collaborative Public Management: Assessing What We Know and How We Know It", *Public Administration Review*, Vol. 66, Special Issue, 2006.

Mu Rui, Martin de Jong, Joop Koppenjan, "Assessing and Explaining Interagency Collaboration Performance: A Comparative Case Study of Local Governments in China", *Public Management Review*, Vol. 21, Issue 4, 2019.

Perri 6, *Holistic Government*, London: Demos, 1997.

Peter Smith Ring, Andrew H. van de Ven, "Developmental Processes of Cooperative Interorganizational Relationships", *Academy of Management Review*, Vol. 19, Issue 1, 1994.

Robert D. Behn, "The Big Questions of Public Management", *Public Administration Review*, Vol. 55, Issue 4, 1995.

Sandra Van Thiel, Frans L. Leeuw, "The Performance Paradox in the Public Sector", *Public Performance & Management Review*, Vol. 25, Issue 3, 2002.

Scott Douglas, Chris Ansell, "Getting a Grip on the Performance of Collaborations: Examining Collaborative Performance Regimes and Collaborative Performance Summits", *Public Administration Review*, Vol. 81, Issue 5, 2021.

Scott Douglas, Olivier Berthod, Martijn Groenleer, José Nederhand, "Pathways to Collaborative Performance: Examining the Different Combinations of Conditions under Which Collaborations Are Successful", *Policy and Society*, Vol. 39, Issue 4, 2020.

Victor Pestoff, Taco Brandsen, Bram Verschuere, *New Public Governance, the Third Sector, and Co-Production*, Routledge, 2012.

Weber, E. P., Khademian, A. M., "Wicked Problem, Knowledge Challenges, and Collaborative Capacity Builders in Network Settings", *Public Administration Review*, Vol. 68, Issue 2, 2008.

后　　记

《政府跨部门协同治理绩效损失问题研究》即将付梓，回顾整个研究和写作过程，百感交集。从严格意义上说，我是政府绩效管理研究的"编外人员"和门外汉。尽管很早以前就阅读了政府绩效评估领域的文章，但真正对政府绩效感兴趣并纳入自己的研究议程始自2008年入职兰州大学管理学院。入职伊始，我就加入了包国宪教授的政府绩效治理研究团队，2012年我有幸跟随包国宪教授做博士后研究。作为政府绩效研究的后进，我深知自己的知识储备和研究经验不足，因此在做博士后期间，我谨慎地选择了政府绩效损失这一研究领域：一则这个研究属于团队研究的前沿领域，迫切需要投入精力去研究；二则政府绩效损失这个研究领域与我既有的知识储备结合得比较紧密，可以发挥我的学术特长；三则我对政府绩效损失这个领域非常感兴趣，愿意投入精力为之贡献绵薄之力。在博士后出站后，我又将政府绩效损失与我比较感兴趣的政府协同治理研究结合起来，因此有了本书这一研究成果。

我是一个愚笨的人，今天拿出来的这本书算是我这十多年关于绩效损失的总结和探索。记得十多年前，在博士后入站答辩的时候，我按照包国宪教授提出的基于公共价值的政府绩效治理理论的思路研究绩效损失。当时我的判断是，包老师提出政府绩效的产出要基于公共价值，因此公共价值建构之于政府绩效治理有着重要的意义。基于这样的判断，我认为公共价值建构本质上与绩效生产主体的认知和判断有关系。因此，我打算从社会心理学，确切地说是社会认知理论入手研究政府绩效损失。后来陆续发表了一些成果，可喜的是，我的一篇成果获得了甘肃省哲学社会科学成果奖二等奖。关于政府跨部门协同治理绩效损失的研究延续了博士后期间的研究思路，即从社会心理学的视角分析绩效损失产生的过程和微观机理。

越是思考，我越对知识产生敬畏。绩效损失是包国宪教授及其团队根据政府绩效管理实践提出的一个新概念，但也因为是新概念，所以必须论证这个概念提出的合理性。而概念的合理性论证离不开概念的界定、相似概念的比较和证成。有一位学者对协同治理绩效损失的概念非常不赞同，他认为协同治理绩效损失与协同障碍或协同失灵是一回事。为了回答这个问题，我又尝试提出协同治理绩效生产的概念，由此一方面论证协同治理绩效生产过程中协同障碍因素与协同治理绩效损失的区别和联系；另一方面也论证协同治理绩效生产过程与政府治理过程的关系。这些思考有些是清晰的，并体现到了本书的研究成果之中，有些还是不清晰的，需要继续进行研究。

在本书的研究过程中，我越发认识到政府绩效管理学基础研究的重要性。如果政府绩效管理学在未来的发展过程中进一步发挥作用，需要转化对政府绩效管理研究的刻板印象。很多知名学者一直将政府绩效作为管理工具，并严格按照工具性价值研究政府绩效管理。诚然，自公共行政诞生以来，政府绩效管理确实一直是有效的管理工具。然而，如果仅仅停留在管理工具的理解上，政府绩效管理学的研究必然越来越窄，因此，包国宪教授及其团队一直从广义政府绩效角度做研究，并将公共价值与政府绩效管理结合，提出了基于公共价值的政府绩效治理模型。在本书中，通过对协同治理绩效损失的研究，我尝试提出协同治理绩效生产的概念（这个概念本身也需要进一步进行论证），并比较了科层制绩效生产逻辑和协同治理绩效生产逻辑。而对协同治理绩效生产的研究是我未来的研究议程。综上，我想说的是，政府绩效管理学的未来在于以基础研究拓展政府绩效管理的研究视角和研究逻辑。

最后，本书能够出版，有很多贵人帮助。我要感谢包国宪教授，是他带我进入了政府绩效研究领域。包国宪教授在百忙之中还为本书提出了很多有价值的修改建议，并为本书写了推荐序。包老师不但是我学术上的引路人，他还是我生活中为人处世的模范。感谢何文盛院长，正是他的支持本书才能获得"兰州大学管理学院教师学术出版基金"的资助。感谢学院同事兼好友郎玫教授、孙斐教授和团队其他成员，与他们的每一次交谈，都会给我的研究提供启迪。感谢本书的编辑和校对老师。感谢我的学术研究生高富红、殷舒琦，书稿的资料收集、文字校对、文献格式修改校正以及有些图表工作都是她们帮助做的。感谢我的妻子钟静女士，在本书的写作期间，她在繁重的工作之余还得担负管孩子的工作，其辛苦我感同身受。此外，她还是一名编辑，本书的初稿就是由她从头至尾做了校正，并从编辑的角度提出了很多修改建议，可以说本书的出版有她一半的功劳。最后，本书肯定还有很多不足，作者文责自负。

霍春龙于兰州
2024 年 3 月